코로나19 팬데믹 시대의 마을목회와

교회 건물의 공공성

| 노영상 편집 |

김 정 김홍일 노영상 박재필 백광훈 백상욱 손호현 송용섭 안경근
오화철 이은석 장대은 한경균 한국일 황명환

쿰란출판사

코로나19 팬데믹 시대의 마을목회와
교회 건물의 공공성

발간사

　본 총회한국 교회연구원에서 '마을목회' 시리즈 스물한 번째 책으로 『코로나19 팬데믹 시대의 마을목회와 교회 건물의 공공성』(2021)이란 책을 출간하게 된 것을 기쁘게 생각합니다. 지난 5년간 마을목회에 대한 연구 서적을 펴내면서, 그간 이 운동이 여러 교단으로 확산하게 된 것에 대해 보람을 느끼고 있습니다.
　처음 이에 대한 책을 펴낼 시엔 많은 분들이 이 마을목회를 농어촌에서 실천하는 목회로 이해하였으나, 그간 연구원의 노력을 통해 도시에서 이 운동이 더 필요함을 알게 된 것 같습니다. 도시가 공동체성이 더 파괴된 곳으로, 이 마을목회는 도회지에서 더 필요한 목회인 것입니다.
　어떤 분들은 마을목회가 지역사회를 돕는 목회로, 어느 정도 규모가 큰 교회에서는 할 수 있는 일이지만 작은 규모의 교회에선 할 수 없는 일이라 생각하기도 하였습니다. 그러나 이 마을목회는 오히려 작은 규모의 교회들이 더 열심히 실천한 목회로, 큰 교회들만이 할 수 있는 것이 아님을 여러 사례들을 통해 서술하기도 하였습니다.
　이번 스물한 번째의 책은 공유교회에 대한 사색에서 출발하였으나 그 범위가 좀 더 넓혀졌습니다. 코로나19 팬데믹으로 교회당을 잃어버린 많은 교회들이 동네의 카페를 이용하기도 하고 여러 시설들을 이용하여 예배를 드리고 있는 중, 예배당을 공동으로 사용하는 공유교회가 생기게 되었으며, 이에 이런 문제에 대한 고찰이 요청되었던 것입니다.

그간 본 연구원은 마을목회를 통해 지역사회 친화적 목회에 대해 많은 언급을 하여 왔는데, 이번 책도 그런 일에 작은 공헌이 될 수 있기를 기대하여 봅니다. 코로나19로 어려운 목회를 하시는 모든 목회자들이 파이팅하실 것을 바라며 이 작은 책을 그들의 노고 앞에 드리는 바입니다.

총회한국교회연구원 채영남 이사장
(본향교회)

서문

코로나19가 기승을 부리고 있다. 어제는 확진자 수가 7천 명을 넘었다. 이제까지의 충격도 대단한데, 이 재난의 기간이 몇 년 더 계속된다면 세계 경제는 물론 우리나라의 경제도 큰 위기에 휩싸일 것이 분명하다. 계속 지탱하기 어려운 교회들이 속출하고 있다. 무엇보다 매월 임대료를 내는 상가교회들이 무너지고 있는 중이다. 규모가 큰 상가교회도 임대료를 내지 못해 교회의 모든 집기들을 창고로 옮기고 폐쇄하였다는 소식도 들린다.

이 같은 상황에서 예배장소를 구하지 못한 작은 교회들이 뭉쳐 교회당을 공유하는 운동을 벌이고 있는 중이다. 이 책에 실린 수서교회나 부천교회, 요한서울교회, 부천노회 등 어떤 교회들은 교회 건물의 일부를 이런 일을 위해 내놓기도 하였다. 한 지붕 세 교회, 네 교회의 형태들이 생기고 있다. 긴급의 상황이라 이와 같은 교회 건물 공유의 처방이 나오긴 하였지만, 이런 일이 지속되려면 여러 안전장치들이 필요할 것 같다.

교회 건물을 나누어 쓰는 것에 대한 신학적이며 총회 규정상의 지원이 요구되기도 한다. 예배처소를 나누어 쓸 경우 예배시간 배분은 어떻게 할 것인지, 교회당의 관리는 어떻게 분담할 것인지, 여러 교회가 함께 예배드리는 주일도 가질 것인지 등 실제 검토해야 할 것들이 한둘이 아니다. 또한 우리 교단에선 교회들이 서로 거리를 두어 세워져야 할 것을 권면하고 있는데, 한 건물을 교회들이 같이 사용하는 경우는 예외로 해야 할 것이 아닌가 생각된다.

이런 차제에 본 연구원은 예배공간 공유에 대한 신학적 이해 및 실제 문제들에 대해 연구할 필요성을 느껴 이 책을 기획하게 되었다. 책에 대한 기획을 하며 예배당의 공유 문제뿐 아니라 지역사회와 교회 시설들을 공유하는 문제들에 대해서도 같이 검토하면 좋겠다는 생각을 하게 되어, 그 범위를 좀 더 넓혀 이 책을 내놓게 된 것이다. 이 책은 공유교회에 대한 박재필 교수, 한경균 대표, 김정 교수 등의 신학적 성찰을 포함하고 있으며, 백광훈 원장, 장대은 목사, 송용섭 교수, 김홍일 신부 등이 교회 건물들을 공공을 위해 다양하게 사용하는 실제적 예들에 대한 글을 써주시기도 하였다.

최근 5년여 동안 본 연구원은 마을목회의 연구를 위해 노력해 왔다. 어떻게 지역사회 친화적 목회를 할 것인가에 대한 다각적 검토를 하여 왔던 것이다. 교회가 지역사회를 위해 할 수 있는 여러 일들이 있지만, 그중 최근 활발히 전개되고 있는 운동 중 하나가 교회의 남는 공간들을 지역사회와 나누는 일이다. 평일에 주차장 나누기, 도서관을 건립하여 주민들과 함께 사용하기, 카페를 통한 지역사회 섬김, 쉼터와 셰어하우스, 본당 이외에 교회의 남는 공간들을 세미나실이나 연습실 등으로 지역사회에 적은 비용을 받고 빌려주기 등

공간을 함께하는 일들이 전개되고 있는 것이다.

특히 집값이 천정부지로 오르고 있는 요즈음 젊은 층들이 살 집을 구하기가 정말 어렵게 되었는데, 이런 때에 공유기숙사, 청년공유주택, 셰어하우스, 노숙자들의 거주시설 등에 대한 노력은 우리 사회에 정말 필요한 일이라고 생각한다. 집을 서너 채 가진 분들은 그 중 한 채를 이런 공유적 주택으로 싼값에 임대를 내놓는 것도 고려해 보아야 할 일이라 생각한다. 지자체가 마을의 싼 집을 사서 잘 수리하여 청년들이 거주할 수 있는 곳으로 내놓는 일도 고려해 볼 만한 일이다. 같은 건물을 청년들이 나누어 쓰며, 좀 많이 버는 청년들은 주거공동체를 위해 더 많은 비용을 내며, 어려운 청년들을 위해선 임대료를 상당히 면제해 주는 등 서로 도움이 되는 청년 거주공동체를 만드는 것도 중요하리라 생각한다.

요즈음 들어 공유경제, 사회적 경제란 용어의 사용이 빈번해졌다. '공'이라는 말과 '사회'라는 단어를 싫어하시는 분들이 있어, 필자는 공유경제를 '나눔의 경제'로 번역하기를 추천해 본다. 공유경제란 영어로 'sharing economy'로 쓰는데, 서로 간의 나눔을 강조하는 경제생활에 대한 말이다. 공유경제는 국가가 주도하여 부를 분배하려는 것이 아니며, 사유재산제도를 보존하면서 국민들이 자발적으로 자신의 남은 재화들을 이웃과 나누는 입장을 강조한다. 이에 교회도 이런 나눔의 미덕을 갖춰 지역사회와 교회가 가지고 있는 것들을 나누는 운동을 한다면 오늘과 같은 어려운 시기에 큰 도움이 될 수 있을 것이다.

이에 있어 이 책은 이런 공간 나누기에 대한 실제적 문제들을 다루며, 아울러 더 본질적인 문제로서 건물의 공공성 문제에 대한 사색을 포함하고 있다. 새문안교회는 몇 년 전 새로운 교회 건물을 건축하면서, 그 건물에 공공 디자인의 개념을 불어넣은 바 있다. 교회의 건물이 지역사회 주민에 가깝게 다가가야 한다는 입장이다. 특히 교회당의 1층 부분을 열린 공간으로 하여 지역사회 주민들의 접근을 쉽게 함으로써, 지역 주민들의 쉼터 역할을 하게 한 것은 이런 취지에 잘 부합한다고 사료된다. 이번 새문안교회의 건축설계를 담당한 이은석 교수의 글과 함께 건물의 공공성 문제를 다룬 손호현 교수와 오화철 교수의 글도 포함되어 있어 글을 읽는 이의 재미가 더해질 것이다.

최근 들어 우리나라의 정치인들은 앞다투어 세금을 올려 국민복지를 증진하려는 노력들을 하려 하는데, 이런 국가 주도적 부의 분배와 함께 중요한 것이 국민 스스로 서로를 돕는 경제생활을 하는 것이라 할 수 있다. 국가가 국민의 모든 복지를 책임지려고 할 경우 국가의 권력이 중앙에 집중되어 독재적 국가로 화할 위험이 적지 않다. 평등한 국민의 경제생활을 위해 또 다른 큰 것이 희생될 수 있는 상황이다. 이에 필자는 이러한 국가 중심의 부의 분배보다, 국민 한 사람 한 사람의 자발적 나눔 운동이 더 필요한 것이 아닌가 강조하고 싶다. 국가가 어느 정도 가난한 사람의 살림살이를 책임지고, 자세한 부분은 지역사회 주민 스스로의 나눔 정신에 의탁해 보는 것이다.

종교단체, 지역사회, 지역의 기업들과 병원, 학교 등 지역의 주요한 주체들이 나눔의 정신을 실천할 때 우리 사회는 더 유연한 발전을 할 수 있을 것이라 생각한다. 그러나 이런 일을 위해 우리는 준비가 너무 안 된 모습을 보이고 있다. 자신이 번 재산을 공공적인 입장에서 사용하는 것에 대한 생각이 우리에게는 너무 미천하다. 유치원, 초등학교 시절부터 경쟁과 개인주의 문화에 익숙한 교육을 받아왔기에 남과 나누는 문제에 대해서는 인색하기 그지없는 우리의 삶이다. 이에 이런 나눔의 경제생활이 가능해지려면 어릴 때부터의 나눔에 대한 교육이 요청된다. 서로 나누는 삶이 얼마나 행복한 것이며, 그렇게 하는 것이 우리 사회를 얼마나 건강하게 하는지에 대한 교육 없이 이런 나눔의 사회는 오지 않을 것이다.

코로나19로 모든 것이 얼어붙었다. 우리의 삶이 어느 정도까지 후퇴할지 걱정된다. 이런 상황에 교회가 할 일들은 더욱 많아진 것 같다. 코로나19 팬데믹 시대에 교회가 사회를 위해 좀 더 노력한다면, 교회의 사회적 신뢰를 더 쌓아나갈 수 있을 것이다. 이런 정황에서 교회들은 여러 가지 할 일들을 구상할 수 있을 것이다. 구제도 할 수 있고, 병자들을 치료하는 일을 도울 수도 있다. 그러나 이보다 우리가 더 쉽게 할 수 있는 일들은 교회의 남는 공간들을 지역사회의 주민들과 나누는 일이다. 코로나19로 집회 시간과 규모가 줄어들어 교회의 많은 공간들을 문 걸어 잠그고 안 쓰고 있는 중이다. 교회가 새로운 자원을 출연하여 지역사회를 위해 봉사하는 것도 중요하겠으나, 실제 놀고 있는 공간들을 유용하게 사용한다면 이보다 더 간단히 지역을 도울 수 있는 일은 없을 것이라 생각한다. 교회의 공간들을 쓰임에 맞게 리모델링하여 주민이 자주 드나드는 공간을 마련한다면 교회는 지역의 더 가까운 친구가 될 수 있을 것이다.

노영상 원장
(총회한국교회연구원)

목차

발간사 총회한국교회연구원 채영남 이사장(본향교회) • 4
서　문 노영상 원장(총회한국교회연구원) • 6

제1부 교회 건물의 공공성과 지역사회 친화적 교회

1장 코로나19 시대에 있어 지역사회 친화적 교회로서의 마을목회 • 16
　　한국일 은퇴교수/ 장로회신학대학교 선교학

2장 교회 건물의 공공성에 대하여: 상처받은 자의 집 • 44
　　손호현 교수/ 연세대학교

3장 공공 건축물로서의 새문안교회 • 71
　　이은석 교수/ 경희대학교 건축학과

4장 공공 디자인에 대한 신학적 성찰: 신앙과 마음을 돌보는
　　교회 건축의 공공성 • 89
　　오화철 교수/ 강남대학교 기독교학과

제2부 코로나19 팬데믹 시대의 예배공간 공유에 대한 이해

1장 예배공간 공유에 대한 공간 신학적 이해 • 116
　　박재필 교수/ 장로회신학대학교

2장 코로나19 팬데믹 시대의 교회 공간의 공유 · 142
  한경균 대표/ 한국교회생태계연구원N

3장 코로나팬데믹 시대에 요청되는 교회 건물의 공공성에 대한 예배학적 논의 · 150
  김정 교수/ 서울장신대학교 예배학

4장 코로나19 이후 예배당을 공유하는 교회들 · 166
  백상욱 목사/ 요한서울교회

5장 수서교회 공유교회 프로젝트에 대하여 · 187
  황명환 목사/ 수서교회

6장 부천노회 공유예배당 시행계획과 준비 · 198
  안경근 목사/ 부천노회 노회장

제3부 교회 건물들을 공공을 위해 다양하게 사용하기

1장 교회 건물들을 공공을 위해 다양하게 사용하기 · 210
  백광훈 원장/ 문화선교연구원

2장 마을을 위한 교회 도서관 짓기 · 234
  장대은 목사/ 도서관교회

3장 지역의 소외계층을 위해 교회 건물 사용하기 · 263
  송용섭 교수/ 영남신학대학교

4장 교회의 선교와 주거문제: 영국 교회와 숨과 쉼 사례를 중심으로 · 289
  김홍일 신부/ 성공회 희년교회

교회 건물의 공공성과
지역사회 친화적 교회

1장

코로나19 시대에 있어 지역사회 친화적 교회로서의 마을목회

한국일 은퇴교수
(장로회신학대학교 선교학)

1. 들어가는 말

　인류 역사상 유례없는 코로나19의 전 세계적 확산과 그로 인한 어려움은 21세기를 살아가는 우리에게 많은 성찰적 질문을 제기한다. 근대화 문명으로부터 비롯된 과학기술의 발전은 인류에게 무한한 욕망을 충족시켜 주는 것처럼 보였다. 더 많이 가지고 더 편리한 생활을 하면 행복할 것이라 생각해 왔다. 그러나 최근에 전 세계적으로 직면한 기후환경의 이변, 4차 산업혁명, 인공지능, 그리고 한국사회가 겪고 있는 심각한 현장인 지역소멸 등은 지금까지 누려온 삶에 대한 근본적인 질문을 제기한다. 물질 중심적이며 인간 중심적인 세계관과 가치관이 과연 적합하며 옳은가?[1]

울리히 벡은 근대화와 산업화 중심의 사회에 경종을 울리며 현대사회의 특징을 위험사회로 진단한다. 서구사회의 근대화 모델을 전 세계로 확산시킨 서구 중심의 근대화 문명은 이제 기후환경이라는 세계적 재앙을 초래하면서 종말을 예고한다. 현대문명에 대한 근본적인 비판적 성찰과 대안을 구하지 않으면 인류 생존의 위기를 막을 수 없다고 경고한다. 그는 대안으로 성찰적 근대화를 제안한다.[2]

코로나19의 확산은 기존의 교회와 세상의 관계에 대한 한국 교회의 인식을 바꾸어 놓았다. 교회와 지역사회(세상)는 떨어질 수 없는 공동운명체. 세상이 아프면 교회도 아프고, 세상이 힘들면 교회도 힘들다는 사실을 이번 상황을 통하여 확실하게 깨닫는다. 사실, 교회와 지역사회(세상)는 서로 분리될 수 없는 관계임에도 불구하고, 현실적으로 교회는 자기중심적 교회관 안에 매몰되어 있었다. 지역사회에 활발한 봉사와 선교활동이 있었지만 의식은 언제나 교회 중심적이었으며, 지역사회는 교회의 전도대상에 머물렀다.

지방소멸 시대를 직면하면서 교회와 지역사회의 관계가 하나의 공동운명체라는 사실을 더욱 확실하게 깨닫는다.[3] 지역의 학교가 폐교되면서 교회학교가 사라진다. 전국의 교회 중 교회학교가 없어지는 교회가 약 50%에 육박한다.[4] 농촌교회들은 지역의 고령화 현상을 극심하게 경험하고 있으며, 이런 현상은 교회의 존폐위기를 초래한다. 그동안 교회는 세상의 현상과 상관없이 언제나 부흥하고 성

---

1) 박성원 박사는 현재 세계가 직면하고 있는 문제를 크게 네 가지 범주로 언급한다: 코로나19의 확산, 4차 산업혁명의 일상화, 기후변화, 지역소멸. 경안대학원대학교 생명공동체학교 강의 중(2021년 12월 8일).
2) 울리히 벡, 홍성태 역, 『위험사회』(서울: 새물결, 1997).
3) 유선종·노민지, 『지방소멸, 어디까지 왔나』(서울: 매일경제신문사, 2018).
4) 김도일, 『가정.교회.마을 교육공동체』(서울: 동연, 2018), 231-232.

장할 것으로 생각해 왔다. 그러나 이런 생각이 크게 잘못된 것이라는 사실이 지방소멸과 코로나 확산으로 인하여 분명해진 것이다. 교회만의 독주시대는 끝이 났다.

그러면 이제 어떻게 할 것인가? 지금도 늦지 않다. 교회는 지역사회 안에 존재하며, 다양한 주민들과 이웃으로 지내야 한다는 당연한 사실을 인식하고 실천하는 것이다. 그것을 위하여 지금까지 교회 중심적이며 지역사회와 분리된 교회론, 목회론, 교인의식을 과감하게 벗어나 지역 안으로 들어가는 것이다. 교회는 세상을 위해 주어진 그리스도의 몸으로서의 본질적 사명을 실천하기 위해 교회 문을 열고, 전 지역을 하나님의 선교현장으로 인식하며, 교회와 지역사회 사이에 놓인 경계를 넘어가야 한다. 즉 지역 친화적인 교회, 지역과 함께하는 교회로서 본래의, 어떤 의미에서 새로운 정체성을 정립할 시기이다.

2. 코로나19가 교회에 주는 메시지

코로나19의 확산으로 인하여 전 세계가 어려움을 겪고 있다. 인류 역사 이래 지금처럼 전 세계가 동시에 같은 질병으로 인하여 고통을 겪은 적이 없다. 과거에 교통이 오늘날처럼 발달되지 않은 시대에는 전염병은 발생한 지역을 중심으로 확산되었고, 다른 지역은 무사하였다.[5] 그러나 지금은 하루면 전 세계에 신속하게 도달하는 원활한 교통체계로 이로움도 얻지만 고통도 함께하는 상황이 초래

---

5) 장로회신학대학교출판부, 『재난과 교회: 코로나19 그리고 그 이후를 위한 신학적 성찰』, 박경수 이상억 김정형 책임편집 (서울: 장로회신학대학교출판부, 2020), 20.

되었다.

코로나19의 발병 원인을 간단하게 진단하기는 어려우나 대체로 전문가들의 견해를 종합하면, 인간의 한계를 모르는 욕망이 자연을 침범하여 파괴하고 그 안에 살고 있던 바이러스가 인간에게 옮겨진 것으로 추정한다. 곧 자연 생태계 파괴가 불러온 재앙이다.[6]

코로나19는 사회뿐 아니라 교회에도 심각한 영향을 미쳤다. 모이는 교회의 특징이 강한 한국 교회는 예배를 중시하는데 공적 예배 참여가 제한되는 초유의 사태에 직면하게 되었다. 더구나 코로나 확산의 중심에 교회가 종종 원인이 된다는 소식은 교회에 대한 사회적 인식을 더욱 부정적으로 만들어 간다. 이런 답답한 상황에서 교회의 지역사회를 향한 선교나 봉사활동도 중단되고, 내부적으로 예배와 모임이 제한되면서 침체상태를 지속하고 있다. 코로나 확산으로 더욱 심각한 현상은 농촌교회나 작은 교회들에게 나타난다. 비대면 예배와 같은 새로운 예배방식에 대처능력이 떨어지는 작은 교회들은 아무것도 못하고 문제가 해결되기만을 기다리는 상황이다.[7]

교회의 활동이 제한받는 어려운 상황이지만, 다른 한편 코로나가 주는 이점도 발견한다. 서론에서 언급한 바와 같이, 교회와 세상이 분리된 상황이 아니라 함께 연결된 '공동운명체'임을 확인하게 된다는 점이다. 기존의 한국 교회는 교회 중심적 특성에 기반을 두고 모이는 교회 형태를 강조하면서 교회와 세상, 지역이 분리된 교회관을 가지고 있다. 신앙은 주로 교회 안에서 진행되는 생활과 동일시하면

---

[6] 최재천 외, 『코로나 사피엔스』(문명의 대전환, 대한민국 대표 석학 6인이 신인류의 미래를 말한다) (서울: 인플루엔셜, 2020), 29.
[7] 필자는 11월 중 안동지역의 농촌교회들을 방문하면서 코로나 상황이 교회에 미친 영향이 얼마나 지대한가를 목회자들과의 대화를 통해 확인할 수 있었다. 대부분 80대 이상인 교인들은 대면 예배가 금지된 이후 비대면 예배에 적응하지 못한 상황에서 교회는 매우 침체되어 있었다.

서 교회 밖은 단지 전도의 대상으로 인식하고 있다. 교회와 지역사회의 분리현상은 성장시대에는 인식하지 못한 주제이다. 왜냐하면 교회의 전도에 세상이 응답하고 교회로 들어오기 때문이다. 그러나 침체기를 겪고 있는 교회가 코로나 확산으로 인하여 어려움을 겪으면서 깨닫게 된 사실은 교회와 세상이 서로 분리할 수 없이 연결되어 있다는 사실이다.[8]

세상이 어려우면 교회도 어렵고, 세상이 아프면 교회도 아프다는 사실이다. 이 명료한 사실을 그동안 교회는 자기 안에 관심을 집중하느라 깨닫지 못한 것이다. 성경이나 신학적으로 교회는 세상과 깊이 연결되어 있는 것이 분명하지만, 현실적으로 편협한 교회론, 세상에 대한 이해가 교회를 세상과 무관한 것으로 여기게 만든 것이다.

짧은 기독교 역사를 성찰하면, 다종교사회에서 시작한 한국 교회는 기존의 종교들과 차별성을 강조하고, 또한 박해와 핍박 속에서 모이는 교회를 강조하면서 성장하는 동안 교회가 내향적이 되었다.

그동안 교회 중심적 특성을 장점으로 강조해 온 한국 교회가 이제 전환점을 맞이할 때가 되었다. 교회와 세상, 교회와 지역사회는 분리될 수 없이 서로 영향을 주고받는 공동운명의 관계를 갖고 있다는 사실이다. 그동안 자신이 만든 제도적 경계선에 머물러 있는 개교회주의에 근거해 왔다면, 앞으로 교회는 세상 속에서 공교회성과 공동체성, 공공성을 회복하는 방향으로 전환해야 한다. 코로나 상황이 교회의 예배를 제한한다고 불평을 할 것이 아니라 모두가 전염의 두려움으로 위축되어 있는 상황에서 초대교회와 중세교회가 보여준 희생적, 헌신적인 모습으로 세상을 격려하고 위로하는 일을 해야 한다.[9]

---

8) 성영은 외 7인, 『포스트코로나와 교회의 미래』 (서울: 생명의 양식, 2021), 139-150.
9) 이도영, 『코로나19 이후 시대와 한국 교회의 과제』 (서울: 새물결플러스, 2020).

3. 친사회적, 지역 친화적 교회론에 대한 신학적 숙고

1) 스스로 고립된 '섬 같은 존재'로서의 교회

초등학교 교장선생님과 학부모 모임에 지역 교회의 목사가 참석하였다. 그 모임에서 발제를 맡은 교장선생님은 고백적인 이야기를 하였다. "우리 학교는 지역사회에서 섬 같은 존재가 되었습니다." 교장선생님의 성찰적 고백을 들은 목사는 "우리 교회는 지역사회에서 섬 같은 존재가 되었습니다"로 들렸다고 말한다. 지역사회에 존재하지만 지역과 주민들과의 관계가 단절된, 소통하지 않는 섬 같은 교회, 이런 모습이 현재 한국 교회가 직면한 현실이 아닌가?[10]

서울의 한 지역에 5층 건물로 신축한 교회가 있다. 담임목사는 교회 내부에 도서관을 설립하여 교회 주변의 아파트에 거주하는 주민들, 특히 중고등학교 학생들이 주중에 활용할 수 있는 계획안을 당회에 제안하였으나 거절당하였다. 이번엔 교회가 속한 지역의 구청장이 같은 도서관 계획을 제안하였으나 역시 당회가 거절하였다. 이유는 지역 주민들이 드나들면 새 건물이 상한다는 것이었다. 5층으로 신축된 교회는 그 지역에서 가장 멋있는 건물이었으나 대부분 고령층인 교인들이 주일예배를 위해 사용하는 것 외에 주중에는 늘 비어 있다.[11]

건물과 교회를 동일시하며, 건물 자체를 중시하는 얕은 생각은 교회를 스스로 지역과 세상으로부터 고립된 섬과 같이 만든다. 이런 결과는 이 교회에서만 볼 수 있는 현상일까?

---

10) 오창우, 경안대학원대학교 주최 생명공동체학교 비대면 강의(2021년 12월 2일).
11) 필자가 교회를 방문하여 담임 목회자에게 들은 내용인데 교회 이름은 공개하지 않는다.

교회 건물 안에 갇힌 성도와 목회자, 교회생활을 신앙생활과 동일시하는 신앙관, 하나님 나라를 현실과 무관한 내세의 천국으로만 여기며, 교회와 지역을 성속으로 분리하는 분리된 교회론 등은 한국 교회가 처한 극단적인 위기상황의 현주소를 보여준다. 교회 안과 밖의 경계선을 두텁게 세우고, 지역 주민은 단지 전도의 대상일 뿐 그 외에는 교회와 무관한 '밖의 사람들'로 여기는 편협한 배타주의적 교회관은 전도는 하지만 사실은 반선교적 교회이다.

한국 교회는 짧은 역사에서 '모이는 교회', '전도하는 교회', '예배 공동체'를 강렬하게 경험한 교회이다. 바쁘고 어려운 상황에서도 성도들은 교회를 중심으로 신앙생활을 하였으며, 그렇기 때문에 교회는 부흥하고 성장할 수 있었다. 적어도 60년대까지 한국 교회는 이런 교회 중심적 특징이 선교에 장점으로 기능하였다. 대부분의 지역 교회는 '동네 교회'로서 지역의 주민들과 가깝게 있었고, 교회는 지역사회에서 공신력을 확보하고 있었기 때문에 교회적인 활동들이 사회로부터 신뢰와 좋은 결과를 얻었다. 그러나 70~80년대에 밖으로부터 안으로 모여드는 성장을 경험한 한국 교회는 개교회주의와 교회 간 치열한 경쟁관계 속에서 교회 안에서의 생활에 절대적 의미를 부여하였고, 결과적으로 교회를 건물 안으로 축소시키면서 교회 밖과는 단절을 초래하였다.[12]

오늘날 전도에 응답하지 않는 사회를 보면서 그 원인을 진단할 때 가장 심각한 현상은, 교회가 교인들만을 위한 교회를 지향하며 이웃에 대하여 폐쇄적 공동체가 되어 스스로 문을 닫고 있다는 점이다. 물론 이런 비판에 반론을 제기하는 교회가 있을 것이다. 한국

---

12) 신앙과 교회의 축소주의적 특징에 대해서는 다음의 자료를 참고하라. 대릴 구더, 조범연 역, 『교회의 선교적 사명에 대한 신선한 통찰』 (서울: 미션툴, 2005), 186-209.

교회만큼 전도와 선교, 봉사와 구제에 열심인 교회를 찾아보기 어려운 것은 사실이다. 그럼에도 불구하고 지역과 세상으로부터 고립된 교회상을 가져온 이유는 어디에 있을까? 신학적으로 여러 가지 원인을 파악할 수 있겠으나 가장 큰 원인은 편협한 교회론 자체에서 찾을 수 있다. 방주적 교회, 교회와 세상을 분리한 교회, 건물 중심의 교회론은 신앙생활을 교회생활로 제한하면서 지역으로부터 단절된 상태이다.[13] 이런 상황은 마치 유대인들이 신약시대 이후에도 이방인에 대한 문을 닫아두고 유대 중심적 배타적 선민의식에 사로잡혀 있는 상태와 동일하다고 말할 수 있다. 축소된 교회론, 배타주의적 신앙관은 오늘의 시대에 한국 교회가 극복해야 할 시대적 과제다.[14] 교회는 본질적으로, 그리고 현실적으로 세상을 향해 열린 공동체로서 함께 가야 한다. 코로나로 인한 현실이 그 사실을 재촉한다.

2) 지역 친화적 교회론: 선교적 교회론

교회론이 중요한 것은 목회자의 목회관, 성도의 신앙관이 대부분 교회론에 영향을 받고 있기 때문이다. 앞에서 언급한 바와 같이 축소주의적 교회론을 극복하지 못하면 성도들의 신앙생활은 교회생활이 되고, 목회활동은 교인들 안에 머물게 된다. 교회는 자체적으로 만족하고 있을지 모르지만, 교회 밖에 있는 주민들이나 지역사회의 시각에서 볼 때 교회는 교회 자체를 위한 이기적 집단으로 보인다.[15] 교회론이 성경이 증거 하는 교회론으로 확장되어야 한다.

---

13) 한국일, "선교적 교회와 마을목회," 노영상 외, 『마을목회개론』 (서울: 킹덤북스, 2020), 165-166.
14) 대럴 구더, 『교회의 선교적 사명에 대한 신선한 통찰』 (2005), 210-246.
15) 도시에 있는 큰 대형교회 목회자와 대화하는 중에 들은 이야기는 충격적이었다. 그 교회

성경이 가리키는 교회란 어떤 공동체인가? 신약시대의 교회론은 구약의 성전과 근본적으로 다른 특성을 갖는다. 성전은 이스라엘 백성이 하나님에게 제사를 드리는 공간으로 유대인에게만 허용된다. 반면에 신약 이후의 교회는 예배장소일 뿐 아니라 세상에 보냄을 받은 흩어진 교회로서의 특성이 있으며, 유대인을 넘어 모든 사람들에게 개방된 장소다. 더 나아가 교회는 세상을 사랑하시는 하나님의 사랑의 범주와 일치한다.[16]

성경의 중심 주제인 요한복음 3장 16절은 오랫동안 구원론 중심을 읽는 경향이 있다. 특히 구원 중심의 신앙관을 가진 한국 교회에 그런 경향이 두드러진다. 그렇게 되면 본문에서 강조하는 단어는 '영생'이다. 즉 개인 구원, 영혼 구원 중심으로 읽으면 본문에 나타난 본래의 뜻을 매우 축소시킨다.

본문은 크게 두 부분으로 구분된다. 전반부는 하나님의 궁극적 관심이 세상에 있으며, 세상은 아들을 주기까지 사랑하는 대상이다. 후반부는 이러한 하나님의 사랑에 믿음으로 응답할 때 주어지는 영생이다. 본문의 구조를 보면, 후반부에 믿음으로 얻는 영생은 전반부에 세상을 향한 하나님의 사랑에 기원한다. 전반부가 없으면 아무리 믿음을 강조해도 후반부는 성립하지 않는다. 그럼에도 개인

는 70~80년대 새벽기도회와 총동원전도로 성장한 교회다. 목사님이 은퇴하고 새로운 목사가 부임하였는데, 어느 날 지역의 시장이 담임목사를 만나자는 요청을 하였다. 시장은 목사에게 이렇게 말하였다. "우리 지역에 크고 작은 많은 교회들이 있습니다. 작은 교회들도 이 지역을 위해 무엇인가 하려고 노력하는 것을 봅니다. 그런데 이 시에서 가장 큰 이 교회는 그동안 지역을 위해 한 일이 무엇입니까?" 시장과의 첫 만남에서 이런 말을 들은 목사는 충격을 받았다. 한국에서 대표적으로 성장한 그 교회는 열심히 기도하고 전도하여 성장하여 교계에는 잘 알려진 유명한 교회였으나, 지역 사람들이 볼 때는 자신만을 위해 존재하며 지역에 대해서는 관심도 관계도 갖지 않는 교회로 보인 것이다.

16) 박영호, 『에클레시아(에클레시아에 담긴 시민공동체의 유산과 바울의 비전)』(서울: 새물결플러스, 2018), 25.

구원을 강조하는 한국 교회는 전반부를 간과한 채 후반부의 영생만을 강조한다. 본문의 본래 의도는 영생을 얻는 구원은 전반부에 나타난 세상을 향한 하나님의 사랑에 있다. 이 사실을 세상이 알지 못하기 때문에 하나님은 교회를 세우시고 자신을 증거 하신다.[17]

바울은 공교회성을 강조하는 에베소에 보내는 편지에서 교회의 차원이 우주적이라는 사실을 강조한다. "교회는 그리스도의 몸이며 만물 안에서 만물을 충만하게 하시는 그(그리스도)의 충만함"이다. 교회는 사람들을 "불러내어 모은 공동체이나, 또한 세상 안에서 세상을 충만하게 하시는 예수 그리스도의 충만함"이다. 여기에서 교회의 차원이 건물이나 교파, 개교회가 아니라 온 세상을 품는 세계적, 우주적 차원이라는 사실을 증거 한다. 세상을 품는 교회론은 세상을 사랑하는 하나님의 사랑의 범주와 정확하게 일치한다. 유대인의 사고처럼 교회는 세상으로부터 믿는 사람들만 불러내는 편협하고 폐쇄적인 공동체가 아니다.[18]

지역 교회는 에베소서가 증거하는 공교회를 지역 차원에서 구체적으로 실현하는 공동체이다. 그러므로 그리스도의 이름으로 모이는 모든 지역 교회는 세상으로부터 부름 받은 하나님의 백성인 동시에, 세상으로 보냄을 받은 선교적 공동체이다.[19]

크리스텐덤의 유형을 가진 교회는 중세교회 역사에서 볼 수 있는 것처럼 세상의 중심이며, 세상을 지배하려는 권력적 특성을 갖는다. 바울이 증거한 그리스도의 몸으로서, 복음서가 증거한 역사적 예수

---

17) 데이비드 보쉬, 전재옥 역, 『세계를 향한 증거』 (서울: 도서출판 두란노, 1995), 275-276.
18) 데이비드 보쉬, 『세계를 향한 증거』 (1995), 70-71.
19) 위르겐 몰트만, 박봉랑 외 4인 역, 『성령의 능력 안에 있는 교회』 (서울: 한국신학연구소, 2007), 23-27.

의 삶과는 정반대의 특성을 보여준다.[20]

세상에서 누가 더 높은가를 주제로 논쟁을 벌이고 있던 제자들에게 예수는 자신이 세상에 온 것은 세상을 섬기려 하며 자신의 생명을 모든 사람들에게 주려 함이라고 가르친다.[21] 그리스도의 몸으로서 그의 현존인 교회는 복음서에 기록된 예수의 인격과 삶을 실현하기 위해 세워졌다. 이상한 것은 한국 교회는 크리스텐덤을 경험하지 않았음에도 불구하고 교회에 대한 인식은 크리스텐덤의 형태를 가지고 있다.[22]

오늘의 교회는 더 이상 세상의 중심이 아니다. 교회가 가진 힘은 세속적 힘, 즉 권력이나 물질에서 나오는 힘이 아니다. 교회의 힘은 예수가 보여준 사랑과 희생에서 드러난 섬김의 힘이다. 기존의 교회론으로부터 인식의 전환과 선교 패러다임의 전환이 필요하다. 지역교회는 지역사회의 중심이 아니라 한 부분으로 존재하며, 언제나 지역사회를 가르치려는 선생의 입장이 아니라, 지역사회로부터 기꺼이 배우려는 겸손한 태도를 가져야 한다.[23]

오늘날 교회는 다양한 이름으로 불린다. 지역사회와 함께하는 교회, 지역사회 친화적 교회, 선교적 교회, 마을목회를 지향하는 교회는 지역사회와 기쁨과 아픔을 함께하는 교회로서 자신의 정체성을

---

20) 마이클 프로스트, 앨런 허쉬, 지성근 역, 『새로운 교회가 온다』 (서울: IVP, 2009), 26-27, 35-37.
21) 마가복음 10장 42~45절.
22) 크리스텐덤에 대한 한국 교회 인식과 구조에 대해서는 다음의 책을 참고하라. 장동민, 『포스트크리스텐덤 시대의 한국 기독교』 (서울: 새물결플러스, 2019).
23) 북미 인디언 지역에서 활동하는 안맹호 선교사는 백인 선교사에 대한 비판적 성찰을 통해 배우고 함께하는 선교사의 상을 제시한다. 선교사는 인디언의 선생이 아니라 그들의 역사와 문화로부터 배우려는 학생의 태도를 갖는 것이 필요하다고 역설한다. 마을목회 관점에서 지역사회와 함께하는 서울 은평구의 성암교회는 지역사회로부터 배움이 있고, 그로 인하여 교회의 변화를 경험한다고 말한다.

새롭게 인식해야 한다.

4. 지역 친화적 교회를 위한 실천원리

1) 목회적 접근(선교적 목회): '교회 밖으로 나온 목사'

　기존의 교회 중심적 목회로부터 지역사회와 함께하는 선교적 교회로 전환하는 그 새로운 출발점은 "목회자가 교회 사무실을 나오는 것이다." 이것은 마치 목회자가 타 문화권 선교현장에 파송받아 활동하는 선교사와 같은 태도를 갖는 것이다.[24]

　선교사가 현지에 도착하여 가장 먼저 할 일은 현지인과 사귐을 갖는 일이다. 현지 사회가 이슬람 혹은 불교나 타 종교가 다수인 사회라고 할지라도 선교사들은 주변의 사람들을 이웃으로 삼고 일상에서 친교를 가져야 한다. 그렇지 않으면 선교사의 존재 자체가 불가능하다. 둘째, 선교사는 현지 사회를 잘 이해하는 것이다. 현지의 역사와 문화, 사회적 특성, 종교, 정치와 경제적 상황에 이르기까지 가능한 한 사회를 구성하는 모든 요인들을 공부해야 하며, 그 사회를 이해해야 한다. 셋째, 선교사는 현지 언어를 배워야 한다. 언어를 익혀 현지 주민들과 소통하지 않으면 복음이 기쁜 소식, 복된 소식이라고 할지라도 전할 방법이 없다. 넷째, 인내하면서 하나님께서 열매를 거두실 것을 확신하며 기다리는 것이다. 짧은 시간에 열매를

---

24) 지역사회를 선교현장으로, 목회를 선교사와 같은 태도로 접근하여 마을과 함께하는 교회 사례들이 적지 않다. 대표적으로 한남제일교회 오창우 목사, 양평의 공명교회 황인성 목사는 지역사회를 선교현장으로 인식하고, 선교사와 같은 태도로 접근하면서 기존의 제도적 교회 중심의 목회를 뛰어넘어 선교적 운동성을 회복하는 선교적 목회를 실현한다.

구할 수 없다. 또한 지역 주민을 섬기며 봉사할 때 그들의 빠른 응답을 요구하거나 기대하기도 어렵다. 선교사의 삶, 봉사와 섬김 자체가 하나님의 선교에 참여하는 선교사의 활동이다.

오늘의 목회자는 타 문화권 선교사와 같이 교회 안에 머물거나 교인들과의 관계 안에 제한되지 말고 지역과 세상으로 나와야 한다. 우리 사회는 이미 힘든 선교현장이 되었다. 교회언어와 사회언어가 다르다. 교회와 목회자를 존중하지 않는 사회이다. 무신론자가 인구의 절반을 넘었다. 게다가 젊은 세대는 교회에 대한 혐오적 태도를 갖고 있다. 전도하면 세상이 응답하던 시대는 지났다. 목회자의 신학과 관점이 변화하지 않으면 교회가 변할 수 없다. 모든 변화는 교회와 교회 안의 중직의 변화에서 시작한다. 필자는 목회자의 변화로부터 교회의 변화가 시작된다는 사실을 교회 현장으로부터 수없이 확인하였다.

필자가 만난 한 농촌교회 목회자는 10년 넘게 충청도의 한 작은 지역에서 교인 수도 거의 변함이 없는 교회에서 목회활동을 해왔다. 다른 교회와 마찬가지로 이 교회도 지역사회로부터 별 관심을 얻지 못하고 교인 중심으로 존재하는 교회였다. 더구나 교인들은 지역 주민들로부터 인정을 받지 못하는 사람들이었기 때문에 교회의 부흥을 기대하는 것은 어려운 상태였다.

교회 안에서 어떤 돌파구를 찾지 못하던 목회자는 지역사회를 향해 문을 열고 새로운 관계를 형성하는 선교적 교회에 대해 듣고 새로운 시도를 하였다. 지역에 토지 1,000평을 임대하여 밭농사를 시작한 것이다. 그동안 지역사회 주민들과의 관계는 주로 교인들의 역할이라고만 생각하고 목회자는 적은 교인들이었지만 대부분의 시간을 그들과 보냈다. 그러다가 목회자가 교회 밖으로 나가 농사를 지으면서 마을 주민들과 실제적인 만남을 갖게 되었다. 그런 경험에서 나온 고백이 "여기에도 사람이 살고 있구나"이다. 농사일에 관해 질문을 하고 대화를 하면서 자신이 그동안 교회 내부적인 일과 교인들과의 관계 안에 갇혀 있었다는 사실을 깨달았다. 교회 밖으로 나갈 때 지역 주민들을 만날 수 있었고, 이런 새로운 관계형성은 교회의 변화를 기대할 수 있는 새로운 기회라는 사실을 알게 된 것이다. 필자는 목회자가 교회 영역을 넘어서 지역사회로 나가 주민들을 만나게 되는 활동을 "선교적 목회"라고 부른다.[25]

한 지역 교회에서 14년간 목회하면서 지역의 동장이나 이장과 같은 기관장들과 교류가 전혀 없었던 목회자가 마을과 함께하는 교회로 방향을 전환하면서 첫걸음으로 동장을 만나서 교회가 지역사회를 위해 할 일이 없는가 물었을 때, 동장은 매우 반가워하면서 목회자가 동장을 찾아와 물어본 것은 처음 있는 일이라고 했다. 지역사회 안에 있으면서도 실질적으로 지역과 교류 없이 단절되었던 교회의 굳게 닫힌 문을 열고, 지역 친화적인 교회와 선교적 목회의 출발은 이렇게 시작되었다. 안산의 한 목회자는 기성교회 목회에서 마을목회로의 전환의 첫 출발을 이렇게 묘사한다. 기존의 교회 중심적 목회에서 지역사회와 함께하는 마을목회로의 전환의 첫 출발은 "목회자가 교회 안 사무실을 나와 지역으로 나아가는 것이다."

지방도시의 한 지역 교회의 남임 목회자는 사택이 교회로부터 멀리 떨어져 있지 않았음에도 늘 자동차로 출퇴근하였다. 그러다가 어느 날부터 걸어서 교회로 출근하기 시작하였다. 동네의 골목길과 시장길을 걸어가자 동네가 새롭게 보이기 시작하였다. 주변의 상점 주인들과 인사를 나누게 되었고, 그중에 어떤 주민과 대화하는 가운

---

[25] 한국일, 『선교적 교회의 이론과 실제』 증보판 (서울: 장로회신학대학교출판부, 2019), 10, 11장을 참고하라.

데 과거에 신앙생활을 하였으나 현재는 교회에 출석하지 않는다는 사실을 알았다. 목회자는 그 주민에게 기도해 드려도 되겠냐고 질문하고 그를 위해 간절히 기도하였다. 이런 경험들을 통해서 목회자는 자신의 목회영역이 그동안 교회 안에, 교인 중심으로 머물렀다는 사실을 깨닫고, 영역을 동네와 마을로 확장하기로 했다.[26]

어떤 특별한 계기가 있어서가 아니라 일상에서 경험하는 목회자의 각성, 새로운 성찰은 교회와 목회 영역을 확장시킨다. 성서를 새롭게 볼 수 있는 눈이 열린다. 마치 베드로가 고넬료를 만나면서 유대인 중심의 선교에서 이방인 선교와 세계 선교로 전환한 것 같은 사실을 오늘날에도 동일하게 경험한다. 지역과 세상은 교회 밖에 있는 세속적 영역이 아니라, 이미 하나님이 사랑하시는 세상, 이미 일하고 계시며, 교회를 불러내어 동참시키신 하나님의 선교영역이다.

목회자가 교회 문을 나서면 지역이 보이고, 사람이 보이고, 건물이 새롭게 보인다. 이런 현상을 필자는 목회자의 신학적, 선교적 회심이라고 부른다. 이미 뉴비긴이 사도행전 10장에서 베드로의 경험을 "회심"으로 칭한 것같이, 목회자와 성도들은 그의 신앙과 사역의 여정에서 계속적인 회심을 통해 하나님의 넓고 깊은 세계를 경험하며 사명의 현장을 확장해 간다.[27] 위에서 교회론이 선교적 교회론으로 확장되었다면, 그와 함께 목회자의 실천영역도 지역사회 전체를 목회영역으로 확장해야 한다.[28]

---

26) 이런 사례는 필자의 현장연구를 통해서 수없이 확인한 바 있다. 목회자의 각성으로부터 교회와 목회의 새로운 전환이 시작된다는 사실을 확인한다.
27) 레슬리 뉴비긴, 최성일 역, 『선교신학개요』 (서울: 한국신학연구소, 1995), 81.
28) 양평에 있는 국수교회(김일현 목사)는 교회 주변의 6개 리를 국수교회 영역으로, 목회의 영역으로 선포하였다. 단원고와 담을 같이하고 있는 안산 명성교회 김홍선 목사는 그 어떤 교회보다 세월호로 자녀를 잃은 유가족의 아픔을 함께하는 사회적 목회를 실천하고 있다. 김홍선 목사는 성도를 주일 교인과 주중 교인의 두 개의 범주로 구분한다. 주일 교

2) 일상적 접근: 성도와 주민으로서 그리스도인의 이중적 정체성

성도는 누구인가? 이 질문은 지역 친화적 교회, 마을교회를 실천하기 위한 성도의 정체성에 대한 질문이다. 교회에 대한 편협한 이해는 교회 구성원으로서 교인개념의 성도이해를 형성한다. 모이는 교회를 강조하면 성도는 주로 교회 안에서의 활동을 신앙생활의 전부로 인식한다. 종종 매스컴에 보도되는 부정적 사건에 교인들이 등장하는 경우가 적지 않다. "교회 다니는 사람들이 왜 그래?"라는 말 속에는 성도에 대한 기대도 있지만, 사실은 사회 속에서 보여지는 그리스도인의 부정적인 모습을 지탄하는 발언이다.

교회와 세상을 분리하는 '분리된 교회론'은 거룩의 개념을 교회 안에서의 예배와 기도와 같은 종교생활에 국한시킨다.[29] 교회에서의 거룩한 삶과 세상에서의 세속적인 삶의 분리 현상은 교회에 대한 공신력을 약화시키며, 교회의 존재 자체에 대한 의문을 갖게 한다. 교회는 건물이나 조직이 아니다. 교회는 성도와 성도 공동체다. 바울서신과 특히 에베소서에서 그렇게 증거 한다. 그렇다면 지역사회와 세상 안에서 살아가는 성도의 삶은 교회가 무엇인가를 증거하여 준다. 메신저가 메시지가 된다.

지역 교회는 성도의 친교의 범위를 교회 안에서 지역사회와 주민들에게로 확장해야 한다.[30] 교인들만의 친교는 성도의 삶을 축소시켜 결국 세상 속에서 실현되어야 할 하나님 나라를 교회 안 예전으로 제한한다. 세상에서 성도의 정체성은 하나님의 자녀인 동시에 지역의 주

인은 예배에 출석하는 700명의 성도이며, 주중 교인은 안산에 거주하는 70만 명의 주민들이라고 생각한다.
29) 한국일, "일상의 거룩함,"「교회와 신학」제81집(2017), 291-310.
30) 한국일,「선교적 교회의 이론과 실제」(2019), 296-298.

민으로서 이중적 정체성을 갖는다. 이 두 가지가 원활하게 자신 안에서 작동하도록 하기 위해 어느 한편을 약화시키거나 무시할 수 없다.

성도의 교제 범위를 지역사회와 주민들에게로 확장하기 위해서는 언어의 변화가 생겨야 한다. 오랫동안 신앙생활을 한 성도들은 언어 자체가 신앙적 언어에 국한되어 있다. 교회 밖의 사람들과 상식적 차원에서 대화하는 것이 쉽지 않다. 그러므로 언어도 신앙언어와 함께 사회적 언어, 즉 이중언어를 구사할 수 있어야 한다.

교회성장시대에는 사람들을 주로 전도를 통해서 교회 안으로 모이게 하는 것에 초점을 두었다면, 이제 지역사회와 함께하는 교회가 되기 위해서는 성도들이 지역사회 속에서 건강하게 살아가도록 잘 훈련해야 한다. 그리스도의 몸인 교회가 세상 속에 건강하게 세워지는 것은 결국 성도의 삶을 통해서 실현된다. 그러므로 모여서 드리는 예배도 중요하지만, 그것과 함께 주중에 지역사회에서 주민들과 더불어 살아가는 삶으로 드리는 예배, 즉 '예배 후의 예배'도 중요하다. 전자는 성도가 하나님 앞에서 드리는 성도를 위한 예배라면, 후자는 성도가 하나님 앞에서 세상을 위해 드리는 '선교적 예배'가 된다. 성도의 삶 자체가 메시지가 되는 것이다.

지역 친화적인 성도의 삶이 되기 위해서는 세상과 구별된 영성이 필요하지만, 동시에 세상 속에서 살아가는 일상의 영성, 생활영성이 요구된다. 성도의 일상은 어떤 시간이나 공간의 예외 없이 '하나님 앞에서'(coram Deo) 살아가는 삶이기 때문이다. 그리스도인의 삶은 교회 안에서 행하는 종교적 행위로만 규정될 수 있는 것이 아니라 세상 안에서 그들의 일상생활 속에서 어떻게 살아가는가에 의해 실현된다.[31] 교회가 직면하는 가장 큰 유혹은 성도들로 하여금 신앙이

---

31) 일상의 영성에 관하여 다음의 자료를 참고하라. 폴 스티븐스 & 앨빈 웅, 김은홍 역, 『일

해를 일상과 사회적 관계로부터 교회 안으로 도피하게 하는 것이다.

그렇기 때문에 오늘의 한국 교회의 가장 중요한 선교적 과제는 성직자들의 목회에 집중되어 있는 교회의 내부적 활동을 넘어서 이 세상 안에서 성도들이 어떻게 그들의 삶을 선교적으로 진지하게 살아가게 하는가에 있다.

3) 공간적 접근: 지역과 함께하는 교회 공간, 교회와 지역이 만나는 '근접공간'

한국 교회는 교회 건물에 많은 비중을 둔다. 아마도 교회를 건물 자체와 동일시하는 경향이 있기 때문일 것이다. 또한 건물을 구약의 성전개념으로 이해하면서 건물을 신성시하기 때문에 교인을 위한 예배 중심으로 사용한다. 따라서 아름다운 교회 건물도 건축한 후에 주일예배에만 사용하고 주중에는 거의 비워 놓는 교회가 적지 않다. 지역사회가 필요에 따라 함께 사용하기를 요청해도 거절한다. 외부인이 들어오면 건물이 상한다고 생각하기 때문이다. 건물 중심의 교회론, 교인들만을 위한 교회는 스스로 세상으로부터 단절되어 섬같이 고립되어 있다.

지역사회를 향해 열린 교회, 선교적 교회가 되기 위해서는 건물 자체도 선교적이어야 한다. 특별한 활동만 아니라 주중에 다양한 목적을 위해 지역의 주민들이 자유롭게 드나들 수 있는 교회가 되는 것이다. 교회는 하나님께 예배하는 성전이 아니라 하나님 앞에서 세상을 섬기며 봉사하기 위해 지은 건물이다.

삶 구원』(서울: IVP, 2011); 마이클 프로스트, 홍병룡 역, 『일상, 하나님의 신비』(서울: IVP, 2002).

서울에 소재한 작은 교회는 지역 주민을 위한 교회가 되기를 원하였다. 교회와 성도는 기꺼이 지역사회와 함께하고 건물도 공유하려는 마음의 준비가 되어 있었다. 그런데 그 방법을 알지 못하였다. 어느 날 담임목사가 지역에서 '마을계획단'을 모집한다는 현수막을 보고 자원하여 참여하였다. 지역 주민들이 모여 정기적으로 마을의 현안들을 주제로 대화하는 중에 공동육아를 위한 공간을 구하고 있음을 알았다. 목회자는 자신이 속한 교회에 공간이 있음을 알리고, 구청은 공간을 리모델링하는 재정지원을 하여 교회 안에 지역의 젊은 엄마들이 사용할 수 있는 편안하고 새로운 공동육아 공간이 마련되었다. 이 교회는 그 사건을 계기로 하여 지역사회 안으로 점점 깊이 들어갈 수 있었고, 주민들의 신뢰를 받으며 부흥하는 교회가 되었다.[32]

　선교학에서는 교회와 지역 사이에 단절된 관계를 회복하기 위해 주민들과 만남이 가능한 제3의 장소를 '근접공간'이라고 부른다. 이곳은 불신자들이 부담 없이 드나들고 서로 만나는 장소가 된다. 이런 공간은 주로 카페나 책방, 도서관 등 다양한 형태로 사용하는데, 중요한 것은 기독교적 분위기를 드러내지 않는 것이다.[33]

　양평의 공명교회는 지역의 특성을 조사한 후에 어린이들이 부모와 함께 책을 볼 수 있는 책방이 필요하다고 생각하여 '책보고가게'란 이름의 책방을 개설하였다. 그리고 주일은 책방을 빌려 예배하는 공간으로 사용한다. 산뜻하고 아름답게 장식한 책방은 맘스카페에 소개하자마자 기다렸다는 듯이 주민들의 열렬한 호응을 받았다. 그리고 젊은 엄마들이 아이들을 데리고 와서 자녀들은 책을 보고 엄

---

32) 행복한교회 선우준 담임목사와의 대화.
33) 장남혁, "지역사회에 대한 선교적 교회의 접근법 – 한국의 문화적 상황을 중심으로," 한국선교신학회 엮음, 『선교적 교회론과 한국 교회』 (서울: 대한기독교서회, 2015), 269-270.

마들은 옆에서 커피나 차를 마시며 편안하게 대화를 나누는 모습을 볼 수 있다. 책방에서는 다양한 주제로 인문학 공부나 대화모임 등 흥미로운 프로그램들을 제시하는 마을학교를 운영하며, 여기에 참여하는 사람들로 주중에 늘 책방은 활기를 띠고 있다. 문을 연 지 얼마 지나지 않아 동네에서 유명한 책방이 되었으며, 그러한 주민 참여는 주일예배로 연결되어 교회도 부흥하고, 기독교에 관심을 갖는 사람들도 늘어나고 있다.[34]

교회는 근본적으로 세상을 향해 열린 공간이어야 한다. 교회는 크게 예배와 코이노니아의 두 가지 목적에 열려 있어야 한다. 예배하는 거룩한 공간이며 동시에 이웃과 함께하는 친교의 공간이다. 그러므로 건물 자체도 지역사회와 소통하고 함께 다양한 목적을 위해 사용되는 플랫폼 역할을 해야 한다. 교회가 부흥하던 이전과 달리 지역사회는 교회를 낯설게 여긴다. 사회는 점차로 무신론자가 증가하며, 교회는 침체되어 간다. 이런 상황에서 여전히 교인만을 위한 교회가 되어 예배 시간 외에는 교회 문을 굳게 닫아 놓는다면 교회는 스스로 단절을 초래한다. 플랫폼은 표현 그대로 많은 사람들이 오가는 정거장 역할을 한다. 교회가 지역사회에 열린 공간이 되어 누구나 다양한 필요와 목적에 따라 사용할 수 있는 다목적 공간이 된다면 교회는 보다 많은 사람들과 만남을 가질 수 있으며, 건물 자체도 지역사회와 주민을 위해 봉사하고 섬기는 교회 본래의 목적을 수행하는 것이 된다.

---

[34] 황인성, 화평교회 마을사역위원회 강의 중 발췌(2021년 12월 7일).

4) 사역적 접근: 지역과 친화적인 교회의 실천원리

한국 교회는 실천 프로그램에 관심이 많다. 다양한 세미나에서도 프로그램을 제시하는 곳에 참석자들이 몰리고, 사례연구를 위해 교회들을 방문할 때에 어떤 프로그램을 하는가에 관심이 집중되곤 한다. 대부분의 목회자들은 좋은 교회들의 사례를 보면 자신이 목회하는 교회에 적용하고 싶은 마음에서 가장 실제적인 프로그램에 관심이 가는 것은 당연하다. 그러나 프로그램은 교회마다 차별성이 있으며, 지역적 특성이나 목회자의 성향, 교회의 규모 등 교회가 처한 다양한 상황적 요인이 작용하고 있기 때문에 쉽게 다른 교회에 복제하여 따라 하는 것은 바람직하지 않다. 프로그램은 교회마다 필요에 따라 창의적으로 개발해야 한다. 중요한 것은 그 다양한 활동을 만들어내는 공통적 원리가 무엇인가를 찾아내는 것이다.

첫째, 다양한 실천 활동들을 개별적으로 만드는 것이 아니라 보다 큰 영역으로 범주화한다. 지역과 함께하는 교회를 선도적으로 실천하고 있는 부천의 새롬교회는 마을에서 매우 활발한 활동을 실행하고 있다. 부천지역에서 어린이들을 돌보는 지역아동센터와 처음으로 작은도서관을 시작하였으며, 지역 주민들과 함께하는 인문학교실을 운영한다. 매주 금요일, 지역의 청소년들에게 식사를 제공하는 금요식당과 부천영화제에 동행하는 '꼽사리 영화제'를 개최한다. 지역 어른들이 주체적으로 프로그램을 만들어 참여하는 신중년 모임을 진행하며, 그 외에도 지역사회의 필요에 따라 매우 창의적인 활동들을 교회와 지역사회가 함께 협력하여 개발하여 진행하고 있다.[35] 새롬교회의 이러한 수많은 프로그램들은 크게 복지, 학습(교

---

35) 김도일, 『가정.교회.마을 교육공동체』(2018), 381-390.

육), 문화, 돌봄의 네 영역으로 범주화한 것이다. 프로그램의 범주화는 단지 많은 프로그램들을 서로 연관성 없이 개별적으로 만드는 것이 아니라 지역사회의 필요와 교회가 가진 자원들을 효과적으로 접목시켜 개발하는 원리이다.

둘째, 단계별로 지역사회에 접근한다. 홍천 도심리에서 목회자의 이주를 강력하게 반대하였던 마을에 정착하여 주민들을 섬기는 삶을 통해 지역의 복음화와 마을의 발전을 실현해 온 홍동완 목사의 단계별 접근과정이 의미가 있다.

홍 목사는 지역사회 안으로 들어가 함께하는 교회로서 네 가지 접근단계를 소개한다.

첫 번째 단계는 서로 알아가는 단계이다.

도심리교회는 주일 오전에 교인들이 함께 예배를 드린 후에 오후 예배는 대부분 농업활동을 하는 가정에 필요한 부분들에 함께 봉사하고 실천하는 시간으로 활용한다. 이 봉사활동을 '지역섬김예배'라 부르면서 신앙적 관점에서 적극적으로 실천한다.

두 번째 단계는 서로 반응하는 단계이다.

농촌사회에서 이주하는 사람이나 교회를 매우 낯설어한다. 원주민들과 사귐을 갖기까지 시간이 필요하다. 지속적으로 주민들과 소통하며 섬기는 과정을 통해서 마을 모임에 초대를 받고 비로소 어울림을 갖는다. 이런 과정을 통해서 깨닫는 것은 "하나님 나라 이야기는 지역의 이야기와 교회의 이야기가 서로 만나 함께 순환되면서 전개된다"는 사실이다. 하나님 나라를 경험하기 위해서는 교회 이야기뿐 아니라 지역의 이야기에 귀를 기울이는 것이 중요하다는 사실이다.

세 번째 단계는 서로 신뢰하는 단계이다.

서로 반응하며 좀 더 깊이 알아가는 과정을 통해서 홍 목사는 한 주민으로부터 "낮에는 일하고 밤에는 기도와 찬송을 하는 교회를 시작하자"는 말을 듣는다. 그 이유는 홍 목사가 오기 전에 마을 안에서 주민들 사이에 갈등과 분쟁이 많이 있었으나, 홍 목사의 가정이 이주한 후에 갈등이 사라지고 주민들의 사이가 좋아졌다는 것이다. 동네에서 온갖 궂은일들을 마다하지 않고 앞장서서 봉사하고 섬겨온 목회자 가정과 그의 삶을 지켜본 주민들이 목사를 신뢰하고 기꺼이 영향을 받기를 원하게 된다. 도심리교회는 목사의 이주를 반대하던 주민들에 의하여 시작된 교회이다.

네 번째 단계는 함께 꿈꾸는 단계이다.

홍 목사가 동네 반장이 되면서 지역 주민들은 실로 하나의 공동체를 이루어 행복한 마을을 꿈꾸기 시작한다. 정기적으로 실행하던 단오제는 단오축제로 바뀌었고, 매년 초 실시하던 거리의 제사들은 주민들이 교회에 나오면서 자연스럽게 폐지되었다. 추수감사예배는 교인이건 아니건 주민 전체가 참석하여 한 해의 농사에 감사하는 마음으로 진행한다. 그리고 드디어 주민들의 요청으로 교회를 새롭게 건축하며, 홍천군에서 알려진 행복한 마을로 선정되었다.

지역사회와 함께하는 교회와 선교적 사명은 목회자의 주도적 활동이나 교인들의 의도적 활동으로 추진되는 것이 아니라 지역 주민들과 함께 만들어가는 것이다. 교회와 지역 사이에 놓인 장벽을 헐고 주민 전부가 단계적으로 하나의 마을 공동체를 이루어가는 것이다.[36]

필자는 현장의 교회사례 연구를 통해서 확인할 수 있는 몇 가지 실천원리들을 다음과 같이 정리한다.[37]

---

36) 홍동완 목사의 비대면 강의, 경안대학원대학교 생명공동체학교-평신도 과정에서 발췌 (2021년 10월 14일).
37) 한국일, 『선교적 교회의 이론과 실제』 (2019), 175-184 중 요약.

- 지역사회와 이웃 관계 형성

기존의 지역 교회의 선교 개념 안에서는 교회 밖의 사람들을 대상화하며 타자화하는 데 익숙해져 있다. 그런 점에서 지역 주민을 이웃으로 보기보다는 교회의 전도 대상으로 여기는 관행을 가져왔다. "지역사회 전도는 하지만 지역사회에 관심은 없는 교회"이다. 선교에서 이웃과 진정으로 함께(with)하지 않으면서 위하는(for) 행위는 그들을 시혜자와 수혜자 관계에서 보는 것이며, 교회 목적을 위해 도구화하는 잘못을 범한다.[38]

지역사회와 함께하는 교회가 되기 위해서는 성육신적 모델을 따라야 한다.[39] 성육신 사건은 하나님이 인간을 위해 활동하기 위해 먼저 우리에게 오시고, 우리와 함께하시며, 우리와 같이 되셨다. 이 세 가지 원리를 지역사회에 적용한다면 교회는 지역 주민과 함께하며, 지역 주민에게 먼저 다가가야 하며, 일상의 차원에서 지역 주민과 같이 되는 과정이 필요하다. 이 과정은 시간과 인내와 기다림이 필요하다. 총동원전도와 같이 주민을 초청하는 전도방식은 교회가 주민에게 다가가기보다 주민이 교회에 오도록 하는 방식이다. 하나님이 세상을 이처럼 사랑하신 것같이 교회도 지역사회를 사랑하는 마음으로 먼저 다가가서 인내한다면 반드시 좋은 결과를 얻게 된다.

- 접촉점과 사역개발의 원리: 필요성의 원칙

지역 교회는 지역사회의 필요성을 발견하고 그것을 접촉점으로

---

38) 순더마이어, 채수일 역, 『선교신학의 유형과 과제』 (서울: 대한기독교서회, 1999), 53, 68-78.
39) 마이클 프로스트, 앨런 허쉬, 『새로운 교회가 온다』 (2009), 74-84.

삼아 지역사회 안에 선교적 교회를 실현하게 된다. 선교적 교회 관점에서 지역 교회 현장을 연구하면서 발견한 것은, 작은 규모에 비하여 지역사회와 함께 매우 다양하고 많은 활동들을 하고 있는데, 이런 교회들은 프로그램이나 활동으로 교회를 이끌어가지 않는다. 지역 교회가 사회와 관계를 만들어가는 초기에는 매우 소박하고 단순한 내용으로 시작하였다. 시간이 지나고 교회와 사회의 관계가 긴밀해지면서 점차적으로 교회가 하는 활동의 종류가 많아진다.[40] 지역 교회가 지역사회, 주민들과 함께하고 그들을 이해하면서 진정성 있는 만남을 이루게 하는 원리를 지역사회의 필요성에서 찾는다.

지역사회를 향한 관심과 사랑으로 대하면 "지역이 보이며 지역사회가 무엇을 필요로 하는지를 알게 된다."[41] 다시 말하면 지역 교회가 지역사회 속에 거할지라도 지역과 무관하게 지낸다면 지역사회의 필요성이 보이지 않는다. 그러나 지역사회를 향해 교회가 진정성 있는 태도로 바라볼 때 교회가 지역과 관계를 맺을 수 있는 지역사회의 필요성이 보이게 되고, 그것이 교회와 지역을 연결하는 중요한 매개역할을 하게 되는 것을 사례를 통해 확인하였다.[42]

- 교회 안에 다양한 자원을 발견하기: 교회는 지역사회에서 인적, 물적, 공간적 자원을 갖추고 있다.

---

40) 제주구좌제일교회 박미란 사모는 이런 과정을 '디딤돌'이라는 단어로 표현한다. 현재 하고 있는 활동들이 예상하지 못한 다음 활동들을 만들어내고, 이런 과정을 통해서 시작할 때는 작고 소박한 활동이었지만 진행과정에서 예상하지 못한 풍성한 활동 프로그램들을 창의적으로 만들어내게 된다.
41) 이종명, 송악교회 소개 동영상 CTS 제작 프로그램 "복음동네."
42) 송악교회, 국수교회, 한남제일교회, 율현교회 등 필자가 연구한 대부분의 교회들은 현재 지역사회와 연계된 많은 선교활동을 실천하고 있는데 그 내용은 모두 지역사회의 필요성에 응답하는 과정에서 형성된 것이었음을 확인하였다. 김일현, "은사 따라 섬기는 목회," 「농촌과 목회」 2008년 겨울호, 76-83.

실제적으로 교회는 지역사회에서 가장 많은 자원을 갖추고 있는 곳이다. 교회는 지역사회 발전을 위한 풍부한 인적 자원과 물적 자원을 가지고 있다. 또한 교육적 차원에서 보면 제도적 교육 이외에 성인을 대상으로 하는 사회교육의 장으로서도 교회는 매우 훌륭한 잠재적 가치를 지니고 있다. 교인들이 정기적으로 드리는 예배와 다양한 성경공부, 강의와 실천 프로그램 등은 지역에서 다른 어떤 기관이나 단체에서 볼 수 없는 영향력을 갖고 있다. 교회가 이런 자원을 지역의 변화, 즉 지역을 하나님 나라로 변화시키는 선교적 일에 활용한다면 놀라운 결과를 가져올 것이다.

- '지역을 하나님 나라로'

선교적 교회를 추구하는 지역 교회의 궁극적 목표는 무엇인가? 이 질문에 대하여 한국 교회의 가장 익숙한 답변은 전도를 통한 영혼 구원이며 교회 성장일 것이다. 그러나 이 과정은 궁극적 목표를 향해 가는 과정의 중간적 목표이지 궁극적 목표가 될 수 없다. 선교의 궁극적 목표는 하나님 나라의 실현이다.

교회의 사명은 말씀을 선포하는 일뿐만 아니라, 성령의 능력 안에서 사랑으로 역사하는 믿음으로 사회 안에서 봉사함으로써 하나님 나라를 세상 사람들에게 보여주는 일이다. 그러므로 교회의 사명은 하나님 나라와 세상과의 관계에서만 바르게 이해할 수 있다.[43] 온 세상이 예수 그리스도의 주권이 실현되는 하나님 나라의 영역이라면 지역사회는 그 세상의 구체적인 부분이기 때문이다.

아산의 송악교회는 "지역사회를 하나님 나라로"라는 표어를 세우

---

43) 르네 빠딜리, 이문장 역, 『복음에 대한 새로운 이해』 개정증보판 (서울: 대장간, 2012), 265.

고 지역사회의 다양한 영역에 생명의 복음을 포괄적이며 총체적으로 증거 하는 일에 힘쓰고 있다. 녹색교회를 지향하는 송악교회는 농어촌의 작은 교회이지만 하나님 나라의 생명의 풍성함을 친환경 생명농업, 현 교육제도 안에서 대안교육, 장애인 자립활동, 이주민 선교 등 지역사회가 안고 있는 문제들에 전체적으로 접근하면서 교회 안에서 이미 맛보는 하나님 나라의 복음을 지역의 주민들과 함께 나누고 있다.

5. 나가는 말

코로나19의 확산은 전 세계를 강타하여 열렸던 국가 간 경계를 다시 강화시키고, 경제적으로 손실을 끼칠 뿐 아니라 일상의 삶을 크게 위축시킨다. 사람 만나는 것이 두려워진다는 것은 우리 사회의 비인간화를 촉진할 수 있다. 코로나는 저절로 발생하지 않는다. 근대화 이래 인간의 욕망이 무한하게 충족될 수 있다는 신화에 빠져 더불어 살아가는 자연 생태계를 파괴한 결과이다.

교회는 이러한 현상에 대하여 어떤 신앙적, 신학적 성찰을 하고 있는가? 하나님 앞에서 창조세계질서의 회복과 선물로 주신 생태계를 아름답게 지키고 보전해야 할 책임을 교회의 소명으로 선포하고 있는가? 여전히 내세 중심의 탈세상적 개인구원론을 선포하는가? 교회가 선포하는 하나님 나라가 현재성을 상실하고 내세 천당만 강조한다면 교회는 사회로부터 계속 외면당할 것이다. 교회는 세상을 하나님의 뜻에 따라 섬기며 봉사하기 위해 세워졌다.

하나님의 선교의 행적을 생동감 있게 묘사하는 사도행전은 선교의 동기를 언제나 긍정적으로만 기록하고 있지 않다. 스데반의 죽음과 예루살렘에 임한 환난이 오히려 예루살렘을 넘어 사마리아와 이방인의 세계로 복음을 확장하는 계기가 된다. 재난이 하나님으로부터 오는 것은 아니지만, 기독교 역사를 보면 인간의 생각과는 다르게 재난과 어려움 속에서 복음의 확장과 하나님의 선교가 실현되었다. 이사야가 선언한 바와 같이 하나님의 생각은 인간의 생각과 다르다(사 55:8-9).

코로나19는 교회가 더 이상 세상과 분리되어 독자적으로 존재할 수 없음을 분명하게 보여준다. 교회와 세상은 고통과 기쁨을 함께 나누고 공유하는 관계임을 코로나가 증명한다. 성경은 하나님의 구원이 교회만의 구원이 아니라 세상의 구원과 회복이 궁극적 목적임을 증거한다. 이제 한국 교회는 방주적 교회, 분리된 교회, 건물 교회를 넘어서 지역과 함께하는 교회, 마을로 목회영역을 넓히는 교회, 지역사회와 활발한 교류를 하는 플랫폼으로 거듭나야 한다. 한국 교회는 하나님 앞에서 마을의 한 부분으로서, 또한 교인뿐 아니라 주민으로서 소명을 수행하는 세상 속 그리스도인으로서 살아가야 할 시대적 요청 앞에 있다.

2장

교회 건물의 공공성에 대하여: 상처받은 자의 집

손호현 교수
(연세대학교)

1. 우리는 아직도 교회를 건축할 수 있는가

프랑스 건축잡지에서 한 충격적 질문, 곧 이미 충분한 수의 교회와 성당이 도시에 존재하는데 "우리는 아직도 교회를 '건축'할 수 있는가?"라는 물음을 읽고, 이탈리아 출신 가톨릭 건축가인 지오 폰티(Gio Ponti)는 그런 이유를 가질 수 있다고 진지하게 대답한다. 우리가 교회 건물이 오직 교회이기를 고수할 때에만 그렇다는 것이다.

> 만일 믿음이 고갈되지 않고, 그에 대한 우리의 의무 역시 흩어지지 않고 계속될 때 우리는 복음사가 요한의 말을 빌려 "당신의 집을 아끼는 내 열정이 나를 불사르리이다"라고 말할 수 있을 것이다.…교회의 사명은 영원하다. 어느 시대에나 우리는 교

회로부터 특별한 위안을 받는다. 우리 시대도 교회로부터 위안 받기를 호소하고 있으며, 실제로 위안을 받아야 한다. 교회를 설계하는 건축가는 그의 건축으로서 신자들이 바라는 것들과, 그리고 교회가 그들에게 제공할 수 있는 것을 표현해야 한다.[1]

교회 건축은 건축의 문제이기 이전에 신앙의 문제라는 것을 폰티는 매우 분명히 한다. 우리가 '교회의 본질은 무엇인가?'라고 먼저 질문해야 하는 이유가 여기에 있다. 신앙의 영원한 사명과 그것의 외부적인 예술적 표현 사이의 견고한 결합을 우리는 목표해야 한다. 이를 위해 우리는 어쩌면 이전보다 더 많은 영감을 필요로 하는지도 모른다. "아름다운 모든 것은 어렵다."[2] 하지만 아름다움이 지닌 설득력조차 불신하는 우리 시대를 위한 교회 건축은 더욱 어려워 보인다. 교회 건물이 진정 본질의 교회이기를 우리가 고집할 때에만, 그런 하나님의 집을 아끼는 열정이 건축가를 불사르기를 시편의 기자처럼 희망할 수 있을 것이다.

2. 공공성의 뜻

공적인 성격을 의미하는 영어 '퍼블릭(public)'은 라틴어 형용사 '푸브리쿠스(publicus)'에서 어원적으로 유래한다. '푸브리쿠스'는 사람 일

---

[1] 지오 폰티, 김원 역, 『건축예찬』 (서울: 열화당미술책방, 2000), 251-252. Cf. 요한복음 2:16-17, "…내 아버지의 집으로 장사하는 집을 만들지 말라 하시니 제자들이 성경 말씀에 주의 전(殿)을 사모하는 열심이 나를 삼키리라 한 것을 기억하더라"; 인용은 시편 69:9, "주의 집을 위하는 열성이 나를 삼키고"를 말하는 것이다.

[2] Plato, "Greater Hippias," 304e; Plato, *The Collected Dialogues of Plato* (Princeton: Princeton University Press, 2009), 1559.

반을 뜻하는 고대 라틴어 '포풀루스(populus)'라는 뿌리에서 생겨난 말로 '사람, 국가, 시민 공동체에 속한' 어떤 것을 가리켰다. 예를 들어 개인적인 혼자의 일이 아니라 공동체 전체의 일이라는 것을 의미할 때 '공동체의 일(res publica)'이라고 표현되었고, 다시 이것은 점차 한 단어로 합쳐져서 '공화국(respublica)'이라는 말이 된 것이다.[3]

한자 '공공성(公共性)'도 이러한 공동체의 일 혹은 공동체의 것이라는 성격을 지시한다. 특히 라틴어 '푸브리쿠스(publicus)'에 해당하는 한자 '공(公)'은 글자의 기원에 있어서 '팔(八)'과 '구(口)'가 합쳐져 만들어진 것이다. '팔(八)'은 길의 양편처럼 둘로 나뉘어 있는 어떤 것의 모양을 본떠 표현한 상형문자로서, 숫자 여덟의 뜻을 나타내기 위해 가차(假借)되어 사용되기도 한다. 또한 여기서 공(公)의 옛 글자에 쓰인 '구(口)'는 '입'이 아니라 특정한 장소를 가리키는 네모난 모양으로 곧 '제사를 지내는 광장'을 가리키는 것이다.[4]

한자 公의 옛 모양들

한자 공(公)의 옛 모양들에서 우리는 양편으로 나누어진 길의 한 가운데 자리한 '제사를 지내는 광장'이 표현되고 있는 것을 보게 된

---

3) Charlton T. Lewis, "publicus," *An Elementary Latin Dictionary* (Oxford: Oxford University Press, 1993), 671-672.
4) 민중서림 편집부 편, 「漢韓大字典」 제3판 (파주: 민중서림, 2015), '公', 209-210. 갑골문, 금문, 녹문의 公의 모양들은 201쪽에 인용된다.

다. 제사를 드리는 장소는 모든 사람들이 손쉽게 아무런 방해 없이 접근할 수 있는 길의 한가운데 광장에 위치해야 한다는 뜻을 품고 있는 것이다. 요컨대 교회 건축이 '공동체의 일(res publica)'이며, 모든 이가 '제사를 지내는 광장(公)'이 되어야 한다는 것을 동서양의 문명이 한목소리로 증언하고 있는 것은 아닐까?

데이비드 트레이시(David Tracy)는 기독교 신학이 가지는 세 가지 청중 집단 곧 '공중(公衆, public)'을 제시한다. 학계, 교회, 사회가 바로 그것이다. 이러한 세 공중에 따라 신학은 각각의 고유한 특징을 보다 발전시켰으며, 바로 그것이 철학적인 기초신학, 교리적인 조직신학, 적용적인 실천신학이라는 것이다.

> 가장 중요하게 참조하는 관계 집단이라는 차원에서 볼 때, 기초신학은 학계(學界, academy)라는 공중에 대표적으로 관련되지만 단지 거기에만 제한되지 않는다. 조직신학은 도덕적 종교적 담론과 행동의 공동체로서 교회(敎會, church)라는 공중에 대표적으로 관련되지만 단지 거기에만 제한되지도 않는다. 실천신학은 사회(社會, society)라는 공중에 관련되며, 더욱 정확하게는 중요한 종교적 의미를 지니는 것으로 주장되거나 전제되는 어떤 구체적인 사회적·정치적·문화적·목회적 문제 혹은 운동의 관심들에 주로 관련이 된다.[5]

---

[5] David Tracy, *Analogical Imagination: Christian Theology and the Culture of Pluralism* (New York: Crossroad, 1981), 56-57. 나아가 트레이시는 이러한 세 공중들과 대화하려는 기독교 신학은 기존의 사유와 전통에 대한 '복구의 해석학(hermeneutics of retrieval)'과 '의심의 해석학(hermeneutics of suspicion)'이라는 이중적 관심의 방법론을 사용해야 한다고 주장한다. Tracy, *Analogical Imagination* (1981), 203. 건축신학의 경우도 동일한 과거 교회 건축 전통의 기억, 회복, 부흥이라는 의미에서의 복구의 해석학과 그러한 전통이 지닌 종교적 심층심리학 혹은 이데올로기 비판 차원에서의 의심의 해석학이 적용되어야 할 것이다.

동일하게 건축신학은 학계·교회·사회라는 세 공중을 항상 성찰해야만 한다. 그것은 건축학의 방법론과 기술과 재료에 관심해야 하며, 신앙의 공동체인 교회가 표현하고자 하는 신학의 내용과 가치를 이해해야만 하며, 그러한 건축적·신학적 상징체계로서의 교회 건축이 가질 시민들을 위한 공익성을 비판적으로 평가해야만 하는 것이다. 교회 건축은 건축학적 타당성, 신학적 표현성, 사회적 공익성의 총체 예술이다.

3. 미학적 은총의 예술신학

교회 건축은 신학이 있는 건축 곧 기독교 신앙의 건축적 표현이어야 한다. 문화신학의 창시자 폴 틸리히(Paul Tillich)는 교회 건축이 지닌 이러한 신학적이면서 예술적인 이중적 목표를 예술신학의 과제라고 부른다. 마치 신학이 하나님을 언어와 교리를 통해 체계적으로 표현하듯, 교회 건축은 예술적 형상화를 통해 하나님을 표현하여야 한다는 것이다.

> '예술신학(藝術神學, theology of art)'이라는 개념 자체는 단지 말만이 아니라 실제로 문제가 된다. 하나님(theos)에 대한 말(logos)로서의 신학은 그 유일한 대상으로 하나님만을 가지는 것처럼 보인다. 그렇다면 어떻게 예술, 순수예술, 혹은 건축과 같은 두 번째 대상을 가질 수 있는가? 그것은 개념을 문법적으로 분석할 때도 불가능해 보인다. 하지만 예술신학이 가능한 이유는 신학이 단지 다른 대상들 옆의 또 하나의 대상으로서의 하나님에 대한 말이 아니라, 모든 만물 안에서 그리고 모

든 만물을 통해서 드러나는 신성의 계시에 대한 말이기 때문이다. 그렇다면 순수예술의 신학이란 예술 행위와 그것의 창작물에 드러나는 신성의 계시에 관한 교리이다.[6]

신앙인이 하나님의 은총을 경험하는 통로는 단지 언어적 설교와 교리의 고백만이 아니다. 언어를 상실한 사람 혹은 아직 지성이 성숙하지 못한 사람이라고 해서 하나님으로부터 버려지거나 신성한 은총 바깥에 유기되는 것도 아니다. 우리의 이마를 흐르는 세례의 물, 성체가 혀끝에 가져오는 곡물의 감촉, 설교단 옆에 놓인 꽃의 향기, 늦은 밤 성탄절 칸타타의 선율, 그리고 응급실에 누운 상처받은 자를 잡고 있는 그 손의 따뜻한 온기를 통해서도 하나님은 자신을 계시하신다. 식물인간, 장애인, 갓 태어난 아기, 거리의 노숙자, 치매 노인, 익명의 기독교인, 그리고 이미 죽은 자 등과 같이 모든 상처받은 자들에게 하나님은 자신만의 '특별한 언어'로 말을 건네신다. 예술신학과 건축신학이 초(超)언어적이고 비(非)언어적인 '미학적 은총(美學的 恩寵, gratia aesthetica)'의 가능성을 주목해야 하는 이유가 바로 여기에 있다.

미학적 은총은 지성적·언어적 사유가 아닌 비논리적·감각적 인식을 통해 드러나는 신비의 현존을 가리킨다. 원래 '미학(aesthetica)'이란 용어를 처음으로 만든 바움가르텐에 따르면, 그것은 '감각적 인식의 학문(scientia cognitionis sensitivae)'으로 정의된다.[7] 따라서 '미(美)' 혹은 '아름다움'이라는 언어적 말을 가지지 못한 사람이라고 하더라

---

[6] Paul Tillich, *On Art and Architecture*, ed. by John Dillenberger (New York: Crossroad, 1987), 205-206.
[7] Alexander G. Baumgarten, *Aesthetica* (Hildesheim: Georg Olms Verlagsbuchhandlung, 1961), § 1.

도 신성한 아름다움의 감각적 인식에서 배제되지는 않는 것이다.

> 미학의 목적은 감각적 인식의 완성 그 자체이다. 그러한 완성이 곧 아름다움인 것이다(Aesthetices finis est perfectio cognitionis sensitivae, qua talis. Haec autem est pulchritudo).[8]

언어의 틀을 넘어서는 하나님의 자기 계시로서의 은총이 존재할 수 있다는 사실을 주목하는 것이 미학적 은총이다. 아름다움은 말이 아닌 미학적 경험을 통해 완성되기 때문이다.

하지만 최근 기독교 신학은 일종의 종교적 언어편식증(言語偏食症)을 겪고 있는 듯하다. 비트겐슈타인의 언어철학에 영향받아 후기자유주의 신학(postliberal theology)을 주장한 조지 린드벡(George Lindbeck)은 '헬렌 켈러(Helen Keller)'나 '늑대 소년들'의 경우를 예로 들며, 종교적 경험 곧 하나님에 대한 신앙을 가지기 위해서는 먼저 인간의 언어적 능력이 필수적이라고 주장했다.

> 헬렌 켈러와 이른바 늑대 소년들의 경우가 생생하게 보여주듯, 만약 우리가 어떤 언어(language)를 습득하지 않는다면, 사유와 행동과 감정에 대한 인간으로서의 우리의 능력들을 구체적으로 실현하지는 못하는 것이다. 유사한 논의의 맥락에서, 또한 종교적으로 된다는 것은 어떤 한 종교의 상징체계 혹은 언어에 관한 기술을 익숙하게 습득하는 것이다.[9]

---

[8] Baumgarten, *Aesthetica* (1961), § 14.
[9] George A. Lindbeck, *The Nature of Doctrine: Religion and Theology in a Postliberal Age* (Philadelphia: The Westminster Press, 1984), 34.

언어능력이 신앙의 전제 조건이라는 린드벡의 집착은 비(非)언어적 세계라는 독특한 실존 상황에 놓인 인간을 '전혀 신앙할 수 없는 인간' 혹은 '인간 이하의 인간'으로 비하하는 종교적 위험성을 가진다. 린드벡에 따르면, "언어(혹은 더 일반적으로 말해서 어떤 개념적 그리고/혹은 상징적 해석 체계)는 종교적 경험을 위한 조건이기 때문이다."[10] 이러한 종교적 언어편식증은 보다 진보적인 구성신학자인 고든 카우프만(Gordon Kaufman)에게서도 발견된다.[11]

미학적 은총은 언어가 없다고 경험이 없는 것은 아니라는 것을 보여준다. 헬렌 켈러는 자신의 저서 『나의 종교』 맨 앞장에 이렇게 손글씨로 적고 있다.

> 어둠과 침묵 외에는 아무것도 없는 곳이라도 만일 당신이 태양과 꽃들과 음악을 즐길 수 있다면, 당신은 신비의 의미를 증명한 것입니다.[12]

> If you can enjoy the sun and flowers and music where there is nothing except darkness and silence you have proved the Mystic Sense ─── Helen Keller.

---

10) Lindbeck, *The Nature of Doctrine* (1984), 37.
11) '헬렌 켈러'에 대한 카우프만의 논의는 Gordon Kaufman, *In Face of Mystery: A Constructive Theology* (Cambridge: Harvard, 1994), 166에서 발견된다: "헬렌 켈러와 같은 예들이 매우 분명하게 보여주듯, 온전한 자의식을 가능케 하는 것은 언어(speech), 혹은 그것에 대한 물리적 능력이 없는 자들에게는 음성적 언어를 대체할 수 있는 어떤 직접적인 보충물이다."
12) "If you can enjoy the sun and flowers and music where there is nothing except darkness and silence, you have proven the mystic sense." Hellen Keller, *My Religion* (New York: Doubleday, Page & Company, 1927).

언어가 어둡고 침묵할 때조차, '태양과 꽃들과 음악'이라는 미학적 은총은 우리에게 신비한 의미의 말을 건네는 것이다. 한국의 무교회주의자 김교신은 1937년 8월에 방한한 헬렌 켈러의 강연회에 참석하였다. 「성서조선」에서 김교신은 한국 기독교인을 향한 그녀의 설교를 이렇게 옮기고 있다.

> 나를 불구자라고 가엾이 보는 이들이 많으나 실상 가엾은 것은 내가 아니요, 눈 뜨고도 바른 대로 볼 줄 모르는 사람들입니다.…여러분의 눈에 광명을 주시고 여러분의 귀에 아름다운 소리를 주시는 하나님께 감사하는 데는 어둠과 무언(無言)의 길을 더듬고 있는 그들을 돕는 것이 더없는 고귀한 길입니다.[13]

교회 건축은 언어가 없는 "무언의 길을 더듬고 있는" 상처받은 자를 포함해서 모든 사람을 위한 미학적 은총의 통로가 되어야 한다. 특히 최근 종교적 언어편식증을 겪고 있는 개신교회는 예술과 자연의 아름다움이 지닌 계시성에 대한 신앙의 민감도를 회복하여야 한다. 수고한 하루를 마치며 어둑한 하늘을 배경으로 드러나는 교회의 윤곽을 바라본 누구나 그것이 거룩한 은총의 약속이라는 것을 이해할 것이다. 교회 건축은 미학적 은총이어야 한다.

4. 건축신학의 원리들[14]

---

13) 김교신, 「성서조선」 (1937년 8월호).
14) 이 부분은 손호현, "교회 건축의 십계명: 신학이 있는 교회 건축과 인생 건축," 곽호철 외, 『한국 교회 건축과 공공성』 (서울: 동연, 2015), 11 이하를 압축하고 수정한 것이다.

1) 신학이 있는 교회 건축을 하자

교회는 하나님의 뜻이 드러나는 건축공간이 되어야 한다. 다른 예술적 상징들과는 달리 예배당은 물리적 크기가 상당히 크고, 또한 긴 기간 동안 불특정한 다수에게 늘 노출되어 있다. 그렇기에 교회 건축은 분명 일반건축과는 달리 경제적인 여건만을 고려하거나, 미적 기준만을 따른 것이 되어서는 안 된다. 교회는 건축을 통해 기독교인의 종교와 신앙을 공적으로 표현하며 사회적 책임을 다해야 한다. 하방(下方)하는 '하나님의 발바닥'이 되기를 소원했던 문익환 목사는 버스를 타고 지나가다가 우연히 교회 건물들을 보고 이런 생각을 한다.

> 불교는 한국 산천의 아름다움이라도 보존하는데, 한국의 교회들은 과연 얼마만 한 혜택을 교회 주변에 입히고 있는 것일까?…시골 곳곳에 서 있는 교회들과 산간 계곡에 서 있는 불교의 건축물들을 비교해 볼 때, 교회 건축들은 너무나 꼴불견이다. 버스에서 내려 헐어버리고 싶은 충동을 몇 번이나 느꼈는지 모른다.[15]

교회 건축은 외부세계를 향한 신앙의 미학적·건축적 자기 표현이다. 하지만 한국 교회 건축의 현실은 '신학이 없는 건축'에 머물고 있다. 어쩌면 신학이 없는 건축이 아니라 '잘못된 신학의 건축'을 지향하고 있는지도 모른다. 현재 교회 건축이 보여주는 것은 번영의 신학이고 맘몬의 신학이지, 예수의 신학은 아니다.

---

15) 김형수, 『문익환 평전』 (서울: 실천문학, 2004), 355.

2) 교회 건물을 짓지 말고 빌려 쓰자

바울이 처음 시작한 교회는 상가교회였다.[16] 당시 유대교는 자신의 고유한 종교 건물인 회당을 가지고 있었지만, 바울과 초기 기독교인들은 경제적 여유가 있었음에도 불구하고 상가주택 곧 가옥(도무스, Domus)을 빌려 가정교회로 사용하는 것을 선호했다. 초대교회가 "가옥 외에도 가게와 작업장(Tabernae), 헛간, 창고(Horrea), 호텔과 여관, 대여식당, 공중목욕탕, 정원, 물가(강, 호수, 바다), 도시 공공장소, 묘지에서 모임을 가졌다"는 사실은 우리에게 중요한 뜻을 보여준다.[17]

오늘날 한국 교회의 대부분은 자신의 건물을 갖지 못한 상가교회, 임대교회이다. 상가교회, 임대교회, 작은 교회가 단지 실패한 목회의 사례 혹은 잠시 있다가 극복되어야 할 임시적 상태라는 생각은 신앙의 본질을 놓치는 것이다. 패배자의 목회공간이 아니라 복음의 공공성을 가장 적극적으로 실현시키는 곳이라는 재성찰이 필요한 때다. 교회 건축의 모델은 '소유'에서 '임대', 그리고 '독점'에서 '공유'로 패러다임 전환(paradigm shift)을 할 필요가 있다. 보다 지속 가능한 교회 건물을 고민해야 한다. 감소하는 인구로 인해 주택이 남아돌고 교외 도시가 쇠퇴해 가는 점진적 상황을 미리 적극적으로 대비해야 한다. 모든 교회 건물은 하나님을 향한 임시 거처이다.

3) 짓는다면 최대 300명 수용을 목표로 하자

대형교회 건축은 이제 피해야 한다. 아무리 큰 교회도 하나님을

---

16) 정용한, "초대교회 건축의 발전과 공공성에 관한 제언," 곽호철 외, 『한국 교회 건축과 공공성』(2015), 43 이하.
17) 곽호철 외, 『한국 교회 건축과 공공성』(2015), 57.

담을 수 있을 만큼 크지는 않다. 아무리 작은 교회도 하나님이 피하실 만큼 작지는 않다.

자본주의 경제체제를 지닌 몇몇 선진국이 전 세계를 식민지화하며 커다란 제국을 추구하였던 근세의 역사처럼, 한국의 몇몇 대형교회들도 그 건축의 규모를 극대화하여 작은 교회들을 자신 속으로 흡수하는 '개교회의 제국화' 현상을 보인다.[18] 하지만 교회의 규모는 참여와 헌신과 친밀한 교제가 가능한 규모여야 한다. "인간의 대뇌 크기와 인류 역사를 고려할 때 150명 정도의 공동체가 친밀한 공동체를 구성하는 데 적정수준이기 때문에, 성인 150명과 그 미성년 가족들 150명을 포함한 300명 정도로 구성된 교회가 충실한 공동체를 위한 최적의 교회 규모라고 볼 수 있다."[19] '자기 교회'라는 이기심에 기초해서 지나치게 비대한 교회 건축을 추구하는 것은 신앙의 죄에 해당할 뿐만 아니라, 뇌과학적으로 볼 때도 효율적인 목회를 불가능하게 한다. 종교적 이기심도 여전히 이기심이다.

4) 담장을 헐고 외부인을 환대하자

건축적 이유에서 교회는 담장이 없어야 한다. 우리나라 「건축법 시행령」(제27조의 2)에 따르면 연면적의 합계가 5천㎡ 이상인 종교시설은 반드시 '공개공지(公開空地)'를 두게 되어 있다. 공개공지란 비록 특정인들의 사유지(私有地)이지만, 공공의 목적을 위하여 쉼터나 통로나 공원 등을 설치하여 일반 시민 누구나 사용하게 하는 공간을

---

18) 박종현, "한국개신교 건축사의 신학적 비평," 곽호철 외, 『한국 교회 건축과 공공성』 (2015), 166.
19) 곽호철, "공공성에 적합한 교회의 규모," 곽호철 외, 『한국 교회 건축과 공공성』 (2015), 301.

뜻한다.

위압감 없이 시민이 공개공지를 편안한 마음으로 사용할 수 있도록 교회 안과 밖을 구분하는 담장은 없어져야 한다. 교회는 교인만을 위한 폐쇄적 공간이 아니라 타자와 함께 교제하는 공간으로 재탄생되어야 한다. 설계 단계부터 지역사회를 위한 개방적 가변 공간을 마련하는 것이 중요하다. 신학적 이유에서도 교회는 담장이 없어야 한다. '어머니 교회(mother church)'라는 말처럼, 교회는 어머니와 같다. 세파에 떠밀리고 지친 모든 사람이 찾아와 하늘 어머니 앞에 자신의 약함과 눈물과 한숨을 두고 나올 수 있는 곳이 되어야 한다. 담장으로 자녀를 막는 어머니가 있는가?

5) 납골당을 교회에 마련하자

교회는 살아 있는 자들을 위한 공간만이 아니라, 죽은 자들을 위한 추모의 공간도 되어야 한다. 우리는 사도신경을 통해 '콤무니오 상토룸(communio sanctorum)' 곧 거룩한 친교를 고백한다. 여기서 거룩한 친교란 단지 생존해 있는 교인들만을 의미하는 것이 아니다. 이미 하나님의 나라에 있는 모든 시대의 순교자들, 족장들, 예언자들, 신앙인들을 통칭하는 것이다. 곧 성도들의 교제란 산 자와 죽은 자를 포괄하는 우주적 교제를 뜻한다.[20]

"그리스도께서 죽으셨다가 살아나신 것은, 죽은 사람에게도 산 사람에게도, 다 주님이 되시려는 것이었습니다"(롬 14:9, 새번역)라는 사도 바울의 가르침처럼 그리스도는 죽은 사람과 산 사람의 주님이 되시기를 원하시기에, 교회 건축은 죽은 자를 추모하는 공간도 설계에

---

20) 손호현, 「사도신경: 믿음의 알짬」 (서울: 동연출판사, 2014), 153-155.

서 고려해야 한다. 신도들이 가족의 죽음이라는 엄청난 상실의 슬픔과 충격을 심리적으로 극복하는 과정은 단기적인 목회적 돌봄을 넘어서서, 교회 건물 안에 납골당 혹은 소예배실 같은 애도 공간을 마련해서 꾸준히 장기간에 걸쳐 이루어져야 한다.

개신교회가 신학적 혹은 정서적 입장의 차이로 납골당 같은 죽은 자를 위한 애도 공간을 마치 혐오시설인 것처럼 교회 내에 수용하지 않으려 하는 것은 신앙적으로도 옳지 않다. 나아가 교회 건물 바깥에 개별적으로 묘지를 구입해서 소속 교인들에게만 매장할 수 있는 권리를 주고 있는 탓에 자칫 교회가 이기적 종교인들의 집단 혹은 부동산투기 집단이라는 의혹마저 받는 것은 안타까운 현실이다.

이제 한국 개신교회는 신자들의 죽음에 대한 두드러진 공포를 의도적으로 외면하기보다는 교회 건축을 통해 신앙적으로 수용하고 치유하여야 하며, 또한 납골당 건축을 통해 사회를 위한 공익적 역할도 수행해야 할 성숙의 때가 되었다. 교회 건물은 죽음과 상처를 밖으로 내몰 것이 아니라, 각각의 아픔을 끌어안고 치유하는 공간이 되어야 한다. 그리스도는 산 사람과 죽은 사람의 주님이시다.

6) 여성의 필요를 생각하자

교회는 모두의 평등한 공간이 되어야 한다. 기독교 안에 오랫동안 지속된 여성혐오주의는 신학적·교리적으로 수정되어야 한다. 마녀사냥에 관한 중세 기독교 문헌인 『마녀들의 망치(*Malleus Maleficarum*)』는 1486년 두 명의 도미니크회 수사들에 의해 집필되었고, 당시 쾰른 대학 신학과 교수들의 지지를 받은 저서이다. 여기에 따르면, '여자는 불완전한 동물(animal imperfectum, imperfect animal)'이며, 이런 불완전성 때문에 '항상 속이며, 항상 기만적'이라는 것이다.[21] 이런 중세의 잘못된 선입견은 아리스토텔레스의 동물철학 곧 『동물의 생성에 대하여』에서 유래한 것이다. 그는 "여성은 생식력이 없는(ἄγονος) 남성(an impotent male)"이라고 평가절하한다.[22]

여성혐오주의와 남성특권주의는 건축적·미학적으로도 구체적으로 극복되어야 한다. 그러자면 건축설계에 있어서 여성의 특수성과 정체성이 고려되어야 한다. 여성을 위한 교회 공간은 단지 식당만이 아니다. 여성은 수유시설을 필요로 하며, 더 많은 화장실을 필요로 하며, (여성의 역할만은 아니지만) 유모차를 쉽게 끌고 다닐 수 있어야 하며, 또한 곡선의 따뜻함에 내재적으로 더 잘 공감한다.

교회의 공간은 마치 사회의 축소판처럼 성공과 경쟁의 공간, 힘의 과시 공간이 되어서는 안 된다. 생명과 치유의 공간, 환대와 평등의 공간, 신앙적 공간으로 거듭나야 한다. 우주 만물에 내재하는 하나님의 마음, 곧 연약한 것들에 대해 더욱 애틋한 어머니 같은 마음을 반영하는 신학적 건축이 되어야 한다.

7) 땅에 최대한 발자국을 적게 남기자

땅은 인간의 것이 아니다. 성경에 따르면, "땅을 아주 팔지는 못한다. 땅은 나의 것이다. 너희는 다만 나그네이며, 나에게 와서 사는 임시 거주자일 뿐이다"(레 25:23, 새번역)라고 하였다. 교회 건축은 이런 성경적 토지관에 기초해야 한다.

우리는 땅의 임차인 곧 땅 위의 나그네로서 생태적인 건축을 추구

---

21) Christopher S. Mackay, *The Hammer of Witches: A Complete Translation of the Malleus Maleficarum* (Cambridge: Cambridge University Press, 2017), 164-165.
22) Aristotle, "Generation of Animals," 728a15-20; Jonathan Barnes ed., *The Complete Works of Aristotle*, volume 1 (Princeton: Princeton University Press, 1984), 1130.

해야 한다. 엄청난 재원을 들여서 이루어지는 교회 건축은 장기적으로 지속가능한 모델을 추구해야 한다. 건축학적으로 에너지 제로를 지향하는 건축을 해야 한다. 한국에서 천 년이 넘은 불교의 사찰은 찾아볼 수 있지만, 현존하는 교회 중에서 천 년을 바라보는 건축의 예를 찾기는 쉽지 않다. 자원고갈과 교회 건물의 경매 매물 증가 등을 목도하고 있는 현실에서 교회는 쓸 수 있는 건물과 중고자재를 재활용하고, 에너지는 패시브하우스 수준으로 절감하는 등의 청지기적 건축을 생각해야 한다. 제주도 섭지코지에 건축된 교회 건물이 나중에 관광객을 위한 과자와 기념품을 파는 상점이 된 사례는 우리 신앙의 양심을 더욱 아프게 한다.[23] 하나님의 소유인 땅에 우리의 발자국을 생태적으로 최소한 적게 남기자.

8) 한국적 교회 건축을 지향하자

교회 건축은 문화적 지역성을 살린 건축이 될 때 세계 교회에 공헌할 수 있다. 또한 교회가 한국문화의 고유성을 살린 교회 건축을 발전시키는 것이 한국사회에 공헌할 수 있는 또 다른 방식이다. 흔히 교회라고 하면 떠올리게 되는 고딕 양식은 서구 중세의 문화적 표현이지, 모든 인류가 모빙해야 하는 어떤 보편적이고 절대적인 표준일 수는 없다. 나아가 교회 건축의 토착화는 단지 외양만이 아니라 한국의 내면적 정신을 함께 생각해야 한다.

하나님은 "악한 사람에게나 선한 사람에게나 똑같이 해를 떠오르게 하시고, 의로운 사람에게나 불의한 사람에게나 똑같이 비를

---

23) 곽호철 외 12인, 『한국 교회 건축에는 공공성이 있는가』 (서울: 동연, 2017), 30쪽 과자집 '코지하우스' 사진 참조.

내려주신다"(마 5:45, 새번역). 그렇게 하나님은 동일한 비를 내리시지만, 그 비를 받는 사람의 그릇 모양은 달라질 수 있다. 한국적 건축신학의 문제는 하나님의 동일한 은혜의 햇살과 비를 우리 문화의 그릇으로 어떻게 아름답고 신앙적으로 담아내고 표현하는가 하는 점이다. 한국의 교회는 한국적 교회 건축을 하는 것이 맞다.

9) 교회 건축의 공공성 지표를 적극 활용하자

교회는 공공적(public)이어야 한다. 교회는 소속 교인들을 위한 공간, 혹은 조금 나아가 다른 기독교인들을 위한 공간을 넘어서, 비기독교인과 일반 시민에게도 개방되는 공공적인 공간의 역할을 수행해야 한다. 이것은 '교회가 무엇인가'라는 본질적 질문과 관련된다.

'하나님의 교회(ἐκκλησία τοῦ Θεοῦ)'(행 20:28; 고전 1:2, 10:32, 11:22, 15:9; 고후 1:1; 갈 1:13)는 하나님이 자신의 피로 사신 교회이기에 늘 이미 공공적이다. 하나님은 교회만이 아니라 세상을 너무도 사랑하시어 외아들을 죽기까지 내어주셨고(요 3:16), 그런 하나님을 믿는 교회도 자신의 십자가처럼 세상을 짊어지고 사랑하는 것이 신앙인의 기쁨이며 자기 정체성이다. 그런데 지금의 기독교인은 하나님이 죽기까지 사랑하신 세상을 조금도 사랑하지 않는 듯하다. 예수 그리스도의 희생을 본받기는커녕 건물조차도 같이 쓰려고 하지 않는다. 초대교회가 보여준 예배의 평등성이 무너지고, 신자들을 단지 구경꾼으로 전락시키고, 또한 외부인들에게는 폐쇄성을 가지는 건축학적 설계의 한계를 보여준다. 교회 건축의 공공성은 '건축학적 공공성'이면서 동시에 '신학적 공공성'인 것이다. 공공적이지 않은 교회가 도대체 존재할 수 있는가?

10) 교회 건축에서 나아가 인생 건축을 하자

신앙인은 교회 건축에만 머물지 말고 인생 건축(人生建築)을 해야 한다. 인생 건축이 이루어져야 참으로 그때 교회 건축이 완성되기 때문이다. 자기 건축의 진정한 모범 되시는 예수를 따라 '거룩한 가난함(聖貧)'이라는 기초 위에 범인류애의 생활이라는 일인(一人)의 건축, 나 자신의 인생을 교회로 건축해야 한다. 교회 건축은 자기 건축에서 시작하여야 하며, 자기 건축으로 마쳐야 한다. "너희는 너희가 하나님의 성전인 것과 하나님의 성령이 너희 안에 계시는 것을 알지 못하느냐"(고전 3:16)고 바울은 우리에게 묻는다. 기독교인의 모든 건축 활동은 하나님의 성전으로서의 자기 건축, 일인 건축, 인생 건축이라는 생명의 예술로 완성되어야 한다. 조선신학교의 교장으로 활약하다가 6·25 전쟁 때에 납북된 송창근은 '자기 건축(自己建築)'의 신앙예술인이었다. 1923년 북간도 용정에서 맞은 새해 다짐을 그는 이렇게 표현한다.

> 나는 가장 적극적으로 가장 진취적으로 일층 광대하게 일층 심원한 자기 건축 예술에 손을 옮겨야 하겠습니다. 이것이야말로 지면에 그리는 예술, 돌에다 아로새기는 예술, 그것으로는 감히 바꿀 수 없는 생명의 예술인 것을 절실하게도 깨달았습니다.[24]

교회는 머무는 장소가 아니다. 교회는 아직 하나님의 나라가 아니기 때문이다. 오히려 교회는 거룩한 바람이 통과하는 순례의 길목이며 광장이다. 자기 건축, 일인 건축, 인생 건축으로 완성될 때 비로소 교회는 참다운 의미에서 존재하게 되는 것이다.

---

[24] 유동식전집 간행위원회, 『소금 유동식 전집 제4권: 신학사』 (서울: 한들출판사, 2009), 157.

5. 건축적 공공성과 신학적 공공성

교회 건축은 교회이면서 건축물이라는 이중적인 의미를 표현한다. 따라서 교회 건축의 공공성에 대한 지표도 이런 두 차원을 반영하게 된다. 한국연구재단의 지원을 받은 신학자와 건축학자 13명의 2014~2017년 공동연구는 건축학적·신학적 공공성의 이중적 지표를 각각 '교회 건축물의 물리적 환경부문의 공공성 평가 지표'와 '교회 건축물의 신학적 공공성 평가 지표'로서 제시한다.[25]

1) 건축물의 물리적 공공성 지표

우선 연구 참여자들이 설정한 교회 건축물의 물리적 공공성의 요소들에 대한 용어 정의, 그리고 이러한 요소들을 측정할 수 있는 등급 혹은 유무의 평가방법을 적용하여 도표화한 것을 살펴보면 다음과 같다.[26]

> (1) 개방성(open views): 개방성은 시각적 다양함에 대한 욕구 및 경험, 폐쇄공간에 대한 탈출과 관계한 공간지각요소로 정의되며, 주요한 평가항목은 자연물, 인공구조물, 활동 등에 의한 개방 장애, 인동간격 등에 의한 안각에 의한 시각적 위압감 등을 주요한 평가항목으로 가진다. 따라서 일반적으로는 건물 혹은 담장의 전면후퇴 정도(전면공지의 추가확보)에 따른 시각적 부담

---

[25] 곽호철 외, 『한국 교회 건축에는 공공성이 있는가』 (2017)의 논문들, 특히 손호현, "교회 건축의 공공성 지표"; 정혜진, "도시건축적 접근에 의한 교회 건축물의 공공성 평가"; "부록 3: 교회 건축의 공공성에 미치는 지표들의 가중치 도출"을 참조하라. 이하 논의는 이 공동연구의 결과를 요약하고 있다.
[26] 곽호철 외, 『한국 교회 건축에는 공공성이 있는가』 (2017), 21-22, 364.

감 완화, 그리고 입면차폐도 등이 주요한 평가 대상이 된다. 또한, 특정 공간에 대한 개방 여부가 추가적인 평가 지표가 된다.

(2) 접근성(accessibility): 대상지로의 통행을 위한 동선체계상의 장애물과 연계성 등에 의해 발생하는 성격으로 보행, 대중교통 등을 포함한 순환체계와 옥외 공간 등의 인지성과 접근 제한 요소(공개공지와 보도의 높이차 등), 그리고 공개공지의 위치 등이 평가요소가 된다.

(3) 쾌적성(amenity): 인간의 정신적, 감각적 욕구에 대한 만족스러운 충족으로서 주관적인 속성을 지니고 있기는 하지만 일반적으로 심미성, 편의성 등을 통해 평가되고 있으며, 근래에는 공간에 대한 관리 수준을 하나의 평가요소로 활용하기도 한다. 공공시설에 대한 청결도, 파괴 정도, 주기적인 관리 시기 등의 존재 여부 등이 관리 수준의 평가 대상이 된다.

(4) 관계성(relationship): 대상지역이 가지는 역할과 다른 지역과의 상호 영향 관계에서 발생하는 성격으로 대상 부지의 역할 관계에 의한 지역 차원의 기여를 평가한다. 주요한 평가항목으로는 공공보행통로 등의 연계성, 공동주차, 스카이라인의 조성(층수), 지역사회와 공유되는 용도 구성(저층부 용도 포함) 등이 해당하며, 공동체 회복에의 기여 등이 정성적인 평가요소로 활용될 수 있다.

(5) 장소성(sense of place): 그 지역의 물리적 특성 및 성격에서 느껴지는 느낌 또는 분위기로서 지역적인 맥락과 역사성 등

을 충분히 고려하고 있는지가 평가 대상이 된다. 주요한 평가 항목으로는 건물의 유형과 형태(외벽면 처리 등의 입면처리, 도시조직과의 조화), 역사적인 장소와 환경자원의 보존 여부 등이 주요한 평가 대상이 된다.

대분류	중분류	소분류	세부지표명	평가 방법
실외 공간	개방성 (open views)	대지내공지 등	조성면적 (비율)	등급 (1-5)
			건축선 후퇴	Y/N
			개방시간	등급 (1-3)
		조경 녹지	조성면적(비율)	등급 (1-5)
		건축물 형태	탑상형(입면차폐도)	등급 (1-5)
		건축물 밀도	용적률/건폐율	등급 (1-5)
	접근성 (accessibility)	대지내공지 등	이용접근제한	Y/N
			위치(인지성)	Y/N
		주차장	보차분리	Y/N
	쾌적성 (amenity)	대지내공지 등	조성형태	Y/N
			관리상태	등급 (1-3)
	관계성 (relationship)	보행(통)로	연계성	Y/N
		주차장	공동주차	Y/N
		용도	권장 용도	Y/N
		높이	스카이라인	Y/N
	장소성 (sense of place)	재료	외벽면 처리	Y/N
		역사성	역사적 환경보호	Y/N

이러한 건축적 공공성은 특히 교회 건물의 외부공간에 주로 관련되는 특징을 가진다. 다시 이것을 20개의 구체적인 세부지표들로 나누어 중요도의 가중치가 반영된 순서로 나열하면 아래와 같다.

가중치 순위	세부지표	가중치	지표별 해당부문
1	외부와 보행로의 연계성	0.104	관계성
2	대지내공지 등의 인지성(위치)	0.076	접근성
3	대지내공지 등의 접근장애요인	0.075	접근성
4	지역적 맥락에 어울리는 건축재료	0.064	장소성
5	대지내보행로의 안전성(보차분리 등)	0.060	접근성
6	역사적 유산에 대한 존중	0.055	장소성
7	대지내공지 등의 조성형태	0.051	쾌적성
8	지역에 필요한 권장용도 등 조성	0.051	관계성
9	대지내보행로의 관리상태	0.048	쾌적성
10	공동주차장의 조성여부	0.048	관계성
11	개방형(또는 타워형) 건축형태	0.046	개방성
12	대지내공지 등의 조성면적(비율)	0.046	개방성
13	보행공간 등의 친환경성	0.042	장소성
14	녹지공간의 조성면적(비율)	0.041	개방성
15	시각적 폐쇄감을 완화하는 건축선 후퇴 여부	0.040	개방성
16	공개공지 등의 24시간 개방여부	0.037	개방성
17	건축물의 밀도(용적률/건폐율 등)	0.035	개방성
18	스카이라인의 조성여부	0.031	관계성
19	보호 동식물 보존	0.026	장소성
20	에너지 효율성 고려	0.025	장소성

설문에 응답한 자들이 건축적 공공성의 가장 중요한 요소로 꼽은 것이 교회 건물과 외부공간의 연결성, 곧 '외부와 보행로의 연계성'이라는 것을 알 수 있다. 공개공지의 공정한 개방 곧 모두가 하늘에 '제사를 지내는 광장'으로서의 '공(公)'의 요소가 물리적으로 얼마

나 중요한지를 보여주는 응답이다.

2) 건축물의 신학적 공공성 지표

물리적 공간의 공공성과 더불어, 기독교 신앙이 표현하고 있는 신학적 공공성에 대한 지표도 필요로 한다. 공동연구 참여자들이 설정한 신학적 공공성의 요소들에 대한 용어 정의와, 정량적 평가 대신에 질적 평가를 적용한 도표를 살펴보면 다음과 같다.

(1) 포용성(inclusiveness): 종교 공동체의 신자가 건축물을 접근하고 사용함에 있어서 신체적 장애나 사회적 편견 등에 의한 어려움을 최소한으로 경험하는 것이 주요한 평가 대상이 된다.

(2) 환대성(hospitality): 종교 공동체 바깥의 지역사회 취약계층 시민(노숙자, 노인, 다문화가정, 가출청소년 등)이 건축물을 주기적으로 안정되게 사용할 수 있도록 물리적이고 심리적인 환대를 제공하는 것이 평가 대상이 된다.

(3) 규모 적합성(size appropriateness): 건축물의 규모가 대중교통과 주차장 상황, 그리고 지역사회의 종교인 인구 등의 요소들을 고려할 때 적합한가를 평가 대상으로 한다.

(4) 평등성(gender equality): 남녀의 성별 차이가 건축물의 평등한 접근과 이용에 있어서 장애요소로 작용하지 않는 것을 평가한다.

(5) 교육성(education): 종교 공동체 신자와 지역사회의 시민 모두를 위한 교육 공간과 교육 기회를 안정적으로 제공하고 있는지를 평가한다.

(6) 거룩성(holiness): 종교 건축물로서 장례예식과 납골당과 같은 거룩성의 공간을 장기적으로 안정되게 제공하는가를 평가한다.

대분류	중분류	소분류	세부지표명	평가방법
실내공간	포용성(inclusiveness)	본당, 교육관, 로비, 친교실 등	장애인 램프 엘리베이터 장애인 예배석	질적평가
	환대성(hospitality)	본당, 교육관, 로비, 친교실 등	취사공간 친교공간 취침공간 화장실 및 샤워실	질적평가
	규모 적합성(size appropriateness)	건축물 규모	지역종교인 인구와 교회 수 주차장 규모 대중교통 접근성 협동 교역자의 수	질적평가
	평등성(gender equality)	본당, 교육관, 로비, 친교실 등	공간의 분위기 주방공간 수유공간 여성화장실 규모	질적평가
	교육성(education)	교육관, 도서관, 친교실 등	교육관 도서관, 독서실 방과후 학교	질적평가
	거룩성(holiness)	본당, 납골당 등	납골당 추모예배 채플	질적평가

신학적 공공성의 지표는 대체적으로 교회 건물의 내부 공간과 관련되는 것을 알 수 있다. 이것을 20개의 구체적인 세부지표들로 다시 나누어 중요도의 가중치를 적용한 순서는 아래와 같다.

가중치 순위	세부지표	가중치	지표별 해당부문
1	지역종교인 인구와 교회 수	0.092	규모적합성
2	엘리베이터	0.086	포용성
3	친교공간	0.081	환대성
4	장애인 램프	0.078	포용성
5	공간의 분위기	0.066	평등성
6	취사공간	0.065	환대성
7	장애인 예배석	0.061	포용성
8	추모예배 채플	0.055	거룩성
9	교육관	0.050	교육성
10	납골당	0.050	거룩성
11	도서관, 독서실	0.042	교육성
12	주차장 규모	0.041	규모적합성
13	방과후 학교	0.038	교육성
14	대중교통 접근성	0.038	규모적합성
15	화장실 및 샤워실	0.029	환대성
16	협동 교역자의 수	0.029	규모적합성
17	여성화장실 규모	0.026	평등성
18	수유공간	0.025	평등성
19	취침공간	0.024	환대성
20	주방공간	0.024	평등성

설문 응답자들은 기독교 신앙의 표현으로서 교회 건축의 가장 중

요한 신학적 공공성을 '교회의 규모적합성'에 기초한 지역 교회로서의 성격 곧 '지역종교인 인구와 교회 수'라고 본 것이다. 장애인의 접근성을 보장하는 엘리베이터가 다음의 자리를 차지한다.

6. 나가는 말: 상처받은 자의 집

교회는 상처받은 자의 집이다. 바로 예수가 상처받은 자였기 때문이다. 곧 교회는 "하나님이 자기 피로 사신 교회"(행 20:28)이다. 중세 예술에는 '아르마 크리스티(Arma Christi)'라고 불리는 장르의 예술작품들이 있다. 예수의 십자가형 당시의 고문 도구들을 표현한 예술품을 가리킨다. 십자가 형틀, 가시면류관, 예수를 친 채찍, 채찍질 당할 때 매여 있던 기둥, 십자가 위의 예수에게 식초와 담즙을 찍어 주던 막대기, 그리고 옆구리를 찌른 창과 손발을 못질한 못 등을 '아르마 크리스티'는 표현하고 있다.

여기서 라틴어 '아르마(arma)'란 두 가지 이중적인 의미를 함축한다. 문장(紋章, heraldry)과 무기(武器, arms)가 바로 그것이다. 이처럼 예수의 상처의 도구들은 예수의 문장 곧 예수의 정체성의 상징이다. 그리스도인을 예수의 사람으로 만드는 문장이 바로 예수의 상처인 것이다. 상처는 그저 지워버리고 없애버려야 하는 불필요한 수치심의 표시만이 아니라, 우리를 우리가 되게 만드는 삶의 아픈 기억 곧 은총의 기억이기도 하다. 그렇기에 '그리스도의 문장'은 '그리스도의 무기'라는 또 다른 뜻을 가지는 것이다. 삶의 고통과 악을 정복하고 이기는 무기가 바로 이러한 상처의 도구들이라는 진실을 드러내고 있다. 삶의 어두움, 고통의 상처를 준 범죄인, 인간 심연의 악마성과 싸울 수 있는 그리스도인의 무기는 상처의 망각과 회피가 아니라, 바로 상처를 자신의 문장으로 받아들이고 무기로 사용하는 신앙의 시선이다. 중세의 신앙인들은 매일 정해진 시간에 이러한 고문의 도구들을 바라보며 하나하나의 상처의 기억을 위해 기도했다.

　의심 많은 도마가 손으로 만지며 확인한 부활의 예수는 여전히 상처를 가진 예수였다. 자신의 상처를 확인하며 믿음 없는 자가 되지 말고 믿는 자가 되기를 예수는 원하였다. 이처럼 부활절 이후의 교회는 상처받은 자의 집이다. 부활은 상처의 제거가 아니라 상처의 치유이기 때문이다. 하지만 지금의 교회는 상처를 품지 않고 밀어내려고만 한다. 교회가 삶의 공공성을 망각하고 상처받은 자에 대한 사회적 차별의식을 그대로 수용하는 것은 오히려 신앙의 장애를 가져올 수 있다.

　교회 건축은 여기에 맞서 상처받은 자를 위한 공공성의 장소를 확보하려 노력해야 한다. 신앙의 이유에서 우리는 그리스도의 케노시스의 공간을 창조하려는 것이다. 교회는 공간의 시간화 곧 상처의 초월성에 대한 건축학적 증언이다. 이 글을 시작하며 인용했던 건축가 지오 폰티의 말로 마치고자 한다.

> 그리스도는 우리들과 같은 집에서 태어났으며, 아름답고 순결한 자연에는 하나님의 음성이 흐르고 있다. 그렇지만 우리에게는 우리의 영혼이 쉴 수 있는 곳이 필요하다. 누추하더라도 외로움이 사그라질 곳이 있어야 한다. 그 은신처는 항상 준비되어 있어야 하고 개방되어야 하며, 우리를 편안하게 해주는 피난처여야 하며, 우리가 닻을 내릴 수 있는, 항상 안전하고 보호받을 수 있는 항구여야 한다. 이것이 교회를 '건축'하는 오늘의 영감이며, 오늘의 요구이며, 오늘의 기원이 아닌가?[27]

---

27) 폰티, 『건축예찬』(2000), 255-256.

3장

공공 건축물로서의 새문안교회

이은석 교수
(경희대학교 건축학과)

　교회는 성전(聖殿)과 성회(聖會)의 의미를 동시에 담고 있다. 그러나 이 글에서는 성회, 즉 거룩한 신자들 모임으로의 무형교회를 담아내는 유형의 교회당 건축에 대하여 말하고자 한다. 그리고 2019년, 서울 종로구에 신축된 새문안교회 새 성전 건축과 그 교회 공간의 공공적 활용 측면을 설명하려 한다.

1. 구별을 지향한 전통적 교회 건축의 흐름

　원래 성회로서 교회는 불특정 다수인 공공의 유익을 위해서 구성된 것은 아니었다. 특정인들, 즉 예수 그리스도를 주로 고백하는 이들을 구별하여 불러 모은 모임의 의미였다. 프랑스어로 교회를 에글

리즈(eglise)라고 부르는데, 그리스어 어원 에클레시아(ecclesia = ek '밖으로' + caleo '부르다'의 합성어)에서 온 것으로 '어떤 문제를 결정하기 위해 부름 받은 자들의 모임'이라는 의미이다. 다시 기독교적인 의미로 접근하면, 교회는 구별 또는 성별(聖別)된 자들의 모임을 말한다. 그래서 초기 기독교 교회 건축은 구별, 또는 속세와의 분리라는 의미로 공간 조성에 집중되었다. 그 대표적인 예가 로마제국의 박해를 피해 조성되었던 지하묘지 카타콤이다. 피신하고, 스스로를 분리하고, 또는, 추방되어 따로 모이기 시작한 공간이 점차 초기 기독교 교회 공간의 한 전형이 되었을 것이다.

그러다가 기독교가 로마에 의해 공인된 이후에는 기독교의 예배 형식을 담기에 적합했던 로마의 재판소인 바실리카 형식으로 대부분 건축되었고, 주로 도심에 위치하게 되었다. 이러한 전통적 교회 건축이 중세로 넘어오면서, 도심의 교회나 도시를 벗어난 수도원 형태의 교회로 변형되기도 한다.

이렇게 초기에는 박해를 피하기 위해서 피신하는 공간으로, 로마시대엔 도심의 모임 장소에서 다시, 도심 속 기독교를 향한 일상의 태도를 유지하는 성향과 자연 속으로 도피해 가는 이상적인 측면이 공존하던 대성당으로 변형되었다. 그러다, 수도원의 시대인 중세로 들어오면서는 세속과 신앙이라는 이원론적 철학을 기반한 랜드마크적 교회당의 모습이거나 추방, 망명이라는 성격의 수도원적 내밀화된 공간

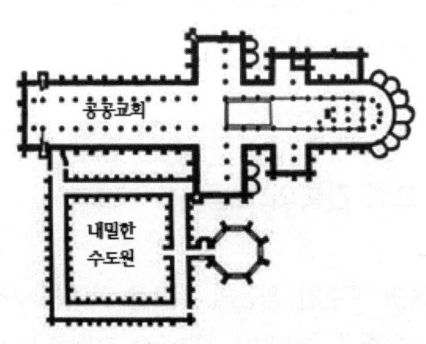

수도원과 예배당이 분리된 중세 고딕교회 평면도 예

모습으로 각각 심화되었다. 점차 담장으로 가두어 수도원이나 신학교로 분리하고, 한켠에는 세속인과 성직자들이 함께 사용하는 거대한 예배당을 분리 배치하여 중정 형태의 교회당 형식으로 발전되었던 것이다.

2. 교류하는 교회당으로의 근대적 전이

중세철학의 이원론적 속박으로부터 벗어나, 일상에서도 유효한 신앙적 윤리와 개개인이 자유롭게 하나님과 대면하는 권리를 민중이 알게 된 것은 종교개혁 이후부터일 것이다. 이 시기부터 교회도 사후의 세계를 중요히 여기면서, 어떻게 현세의 일상적 삶을 교회가 지원할 수 있을 것인가에 초점을 맞추기 시작한다.

그러다가 시민사회가 도래하면서 교회는 시청과 마주 보며 마을과 도시의 중심 광장을 이루었고, 학교나 병원 인근에는 항상 교회당이 함께 건설되었다. 구미의 대학에서도 대체로 채플을 중심으로 캠퍼스가 건설되었고, 현대에 와서는 북부 유럽 전원 마을의 중앙에는 항상 교회가 자리 잡고 있으며, 주민들을 위한 마을회관의 역할을 대신하는 경우가 많다.

이러한 경향은 교회가 시민들의 일상적 삶과 사회를 향하여 선한 의무를 감당해야 한다는 태도, 즉 하늘에서 이루어진 것같이 땅에서도 이루어져야 하는 기독교적 철학의 전환과 회복의 개념에서 비롯된 것이다.

3. 현대 교회 건축의 방향성

역사 속 교회당은 시대의 변화에 따라서, 또 교회가 사회를 향하여 어떤 태도를 갖느냐에 따라서 그 건축의 형식이 바뀌었듯이, 현대 교회 건축에서 가장 중요한 점은 교회가 개인의 구원을 넘어 이웃의 삶에 어떠한 선한 영향을 끼칠 것인가, 도시와 사회 속에서 인간 구원의 사역을 잘 감당해 갈 수 있도록 교회 건축이 어떻게 지원할 수 있는가에 있다고 본다.

저명한 현대 건축가 르 꼬르뷔지에(Le Corbusier)는 "주택은 살기 위한 기계이다"라고 표현했는데, 그런 의미에서 보면 교회 건축은 그 사용의 주체인 신자들이 '하나님과 이웃과 더불어 공존하는 일상적 삶을 담아낼 그릇이며, 공공적인 소통의 기계'가 되어야 할 것이다.

그간 한국의 교회 건축이 폐쇄적인 형국을 지녔던 것도 20세기 이전 한국의 전반적 문화가 그런 구별된 신앙관을 강하게 요구했었기 때문일 것이다. 이제는 한국 교회 건축도 사회와 시대의 요구에 변화하며 공공의 건축물, 공공의 교회로, 공적 복음의 도구로 무장해야 한다. 최근 준공한 새문안교회를 비추어 교회 건축에 공공성의 가치를 부여하고 구현해 낸 과정과 결과를 설명하려 한다.

4. 공공성을 지향한 새문안교회 여섯 번째 교회당 건축

한국 개신교 최초의 조직교회로 설립된 새문안교회가 1887년도, 창립 132주년을 맞으며 광화문 신문로에 새 교회당을 완성하여 입당했고, 그 사건은 한국사회는 물론 국제적으로도 널리 알려질 만큼 한국 기독교계의 관심이 집중되었던 교회 건축이었다.

하늘을 향해 두 팔을 펼친 듯한 어머니 품 형상의 새문안교회는 2010년, 여섯 번째 신축 교회당 설계를 공모할 당시 공모지침서에서 이미 교회 건축의 공공성의 가치와 필요를 강조하고 있었다.

지금도 그러하지만, 10여 년 전 한국 기독교계는 대체로 기능주의와 규모의 철학을 우선하는 전략을 교회건축에서 취하고 있었으며, 그즈음 이미 완공되었던 신축 명성교회와 신축 사랑의교회 사례에서도 볼 수 있듯, 동시대에 유사 규모들로 상호 비교가 될 만한 대형교회들은 여전히 랜드마크적인 교회 형상과 거대한 연면적의 규모로서 교회 존재감을 과시하고 있을 시기였다. 하지만 당시 당회장 이수영 목사를 중심으로 한 새문안교회 건축위원회는 100년이 훨씬 넘는 역사를 지닌 한국의 21세기 교회로서, 교회당 신축을 통하여 여러 역사적 가치를 드러내고, 세계 속에 미래 한국 교회의 비전을 기념적으로 제시할 것을 '설계 경기의 기본지침'(주1)에 세밀하게 요구하였다.

경쟁에 초청받은 건축가들은 구체적으로 제시된 교회의 기대와 요구사항을 각자의 해석과 아이디어로 공모 작품에서 제시하였고, 교회에서는 그 요구사항에 입각한 설계작품 선정을 통하여, 기념성과 공공성의 가치에 도달하였음을 확인할 수 있다.

(주1)
〈빛〉과 〈문〉과 〈물〉은 우리 믿음의 대상인 예수 그리스도를 말하는 성경의 대표적인 상징적 언어들이다. 우리는 〈생명의 빛〉으로서의 예수 그리스도, 〈구원의 문〉으로서의 예수 그리스도, 〈영생하게 하는 샘물〉로서의 예수 그리스도에 대한 우리의 신앙고백을 우리가 건축하는 새 성전 그 자체를 통해서도 표현하

고자 한다. 그래서 우리는 예수 그리스도를 상징하는 이 세 가지 언어, 즉 〈빛〉과 〈문〉과 〈물〉을 설계 경기에 임할 건축가들이 새 성전 건물로 표현해야 할 세 가지 주제로 제시한다.

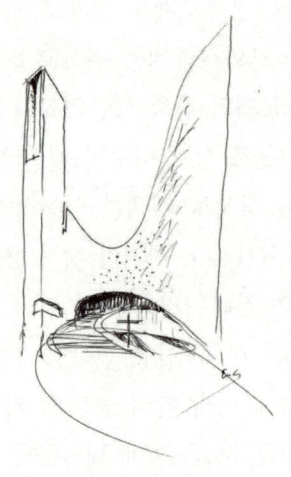

현상설계 당선 당시 건축가 이은석의
새문안교회 개념 스케치

새문안교회 건축위원회에서는 '① 〈빛〉: 그리스도를 빛으로 표현하는 공간성, ② 〈문〉: 하늘나라를 향해 열린 문의 상징성, ③ 〈물〉: 세례와 화목의 의미로서 수공간을 제시할 뿐 아니라, ④ 〈어머니〉: 한국 개신교회 어머니 교회로서의 역사성(새문안교회가 갖는 한국 교회사에서의 가치 표현)'이라는 뚜렷한 네 개의 교회 건축 테마를 설계공모의 기본지침으로 제시하였다. 이 지침은 교회가 지녀야 할 상징성을 성경에 근거하여 표현해 줄 것을 요청하면서도, 동시에 교회 건축이 공공을 향해 어떻게 공헌(주2)해야 할지를 건축 설계자가 제시해 주기를 요청했다.

(주2)
우리는 새 성전을 건축함과 아울러 시민들에게 자유롭게 왕래하며 사용할 수 있는 최대한의 열린 공간과 쾌적하고 아름다운 휴식공간을 조성하여 제공하려고 한다. 이 열린 공간은 우리 교회가 대시민봉사를 실천하는 장이 될 것이며 동시에 효과적인 전도의 장도 될 것이다.

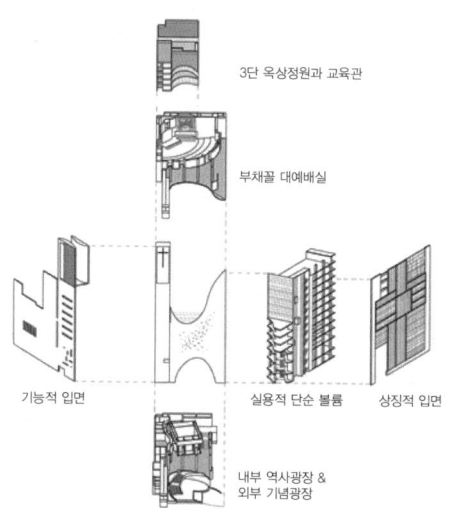

새문안교회 내/외부공간 3D 분해도

　교회가 당시 새문안교회 설계 경기에 초청한 건축회사를 어떤 기준으로 선발하였는지는 알 수 없으나, 국내외 교회 건축 전문회사이고 교회당과 기능이 유사한 문화시설 실적을 갖춘 건축설계사무소 5팀을 지명하였다. 1) 세종문화회관 설계로 알려진 엄&이 건축, 2) 상암 월드컵 경기장을 설계한 류춘수 건축, 3) 신축 영락교회를 설계한 정주 건축, 4) 신축 사랑의교회를 설계한 미국 댈러스의 백그룹 건축, 그리고 5) 소망교회를 설계한 서인건축과 범어교회 설계의 코마건축의 컨소시엄 등이 모여 경쟁하였는데, 교회 건축 설계 경기에서는 보기 드문 규모의 지명 현상이었다.

　이에 경희대 건축학과 이은석 교수를 중심으로 구성된 서인건축+코마건축 컨소시엄은 새문안교회가 제시한 설계공모의 지침을 '하나님 사랑과 이웃 사랑을 담아낼 건축'으로 그 주제를 해석하여, 새문안교회의 상징성과 공공성의 가치를 효과적으로 설계안 속에 담아서 제출했다.

이후 교회 외부에서 초청된 건축학 교수 및 전문가들로 구성된 예선 심사위원단에 의해 서류와 작품패널 평가로 '엄&이 건축'과 '이은석+서인건축'의 두 설계안이 결선에 오르게 되었다. 최종 결정은 새문안교회 당회 앞에서의 설계안 프레젠테이션을 통하여 당선작이 결정되었는데, 거의 만장일치에 가까운 심사결과로 '이은석+서인건축 컨소시엄' 설계사의 계획안인 '새문안 어머니 품'이 1등으로 당선되어 새문안교회와 건축설계계약을 체결하게 되었다.

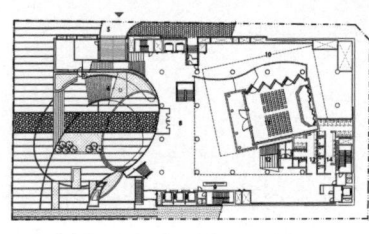

1층 평면도

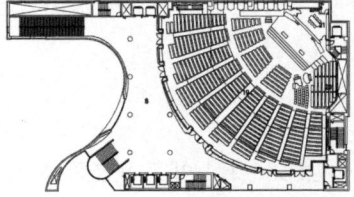

4층 평면도

당선작으로 선정될 수 있었던 비결이라면, 설계 지침서를 통해서 요구되었던 부드러운 어머니 교회로서의 기념적 새문안교회 이미지와 공공에 봉사하려는 교회의 새로운 기능이 작동될 설계안이었기 때문일 것이다.

현상설계 당선안은 거의 큰 변경 없이 기본설계와 실시설계로 진행되었다. '하나님 사랑'은 주로 공간의 용도와 상징성으로 묘사되었고, '이웃 사랑'의 측면은 도심에서 드러나는 건축의 외형과 광장의 배치를 통한 공공성으로 표현되었다. 특히, 지침 사항의 두 번째 항목이었던 '열린 문'의 의미는 하늘나라에 대한 신자들의 소망을 상징

 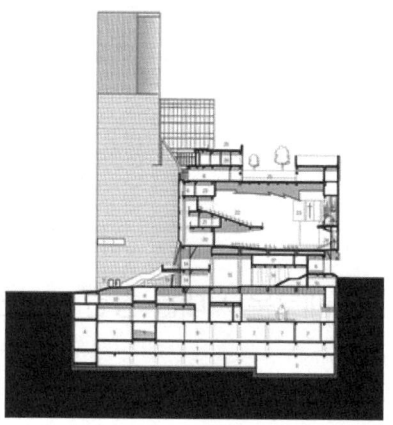

초기 수공간 이미지   도시로 열린 곡면과 하늘로 열린 빈 공간

하는 이미지이기도 하지만, 동시에 구원의 복음이 온 누리를 향해 열려 있다는 것을 알리는 형상이었으므로, 광장의 공공적 기능과 더불어 복음의 개방성을 상징적으로 표현한 것이다. 그리고 지침 사항의 세 번째 항목인 '화목의 수공간'이야말로 구약성경에서 언급된(겔 41:1-9) 성전에서 흘러나오는 물, 또는 신약의 예수 그리스도가 언급한 영원히 목마르지 않는 샘물(요 4:1-14)을 실제로 재현하는 것이었으며, 이는 영원한 샘물이신 예수 그리스도를 통한 구원을 상징하는 것이다. 실질적으로도 목마른 도시민의 곤고함을 적셔주는 시원한 안식의 표상이므로 대시민 공공성을 고려한 건축적 장치로 수공간이 계획되었으나, 준공된 건축물은 일부 생략된 공간과 건축적 요소들로 아쉬운 부분이 있는데, 그중 대표적인 게 수공간이다. 그런데, 입당하여 건물을 사용한 지 3여 년이 지난 최근, 새문안교회의 요청으로 원래 설계안이 지니고 있었던 가치를 다시 회복하기 위한 추가 공사 계획을 추진 중이다. 다행히도 회복된 성전으로 헌당예배를 드리자

는 교회 내부 대다수의 의견이 대두되면서, 다소 미흡하게 느껴지던 공공으로의 교회당을 완성하기 위해 원래 지침서의 가치에 도달하는 정도의 보완책을 모색하게 된 것이다. 참고로, 이 글의 말미에 새문안교회 공공성의 표상인 광장과 수공간이 어떤 식으로 다시 보완 공사되면 좋을지 제안한 내용을 간단히 언급하였다.

5. 새로운 시대를 향한 새문안교회 건축의 특징

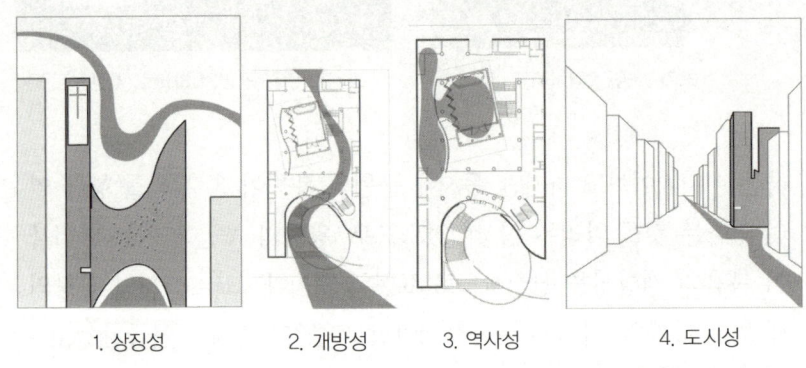

1. 상징성   2. 개방성   3. 역사성   4. 도시성

1) 상징성(하늘을 향해 열린 문과 땅의 아치 문을 관통하며 상징되는 경천애인의 가치)

현대로 접어들면서, 중세로부터 거의 천 년 이상 기독교 교회 건축의 전형을 지배해 왔던 첨탑의 장식과 고딕의 형식적 이미지를 탈피하는 것은 현대 교회 건축이 당면한 주요 가치라 생각된다. 새문안교회는 다섯 번째 예배당에서부터 이미 첨탑이 배제된 단순하고 현대적인 직육면체 벽돌 디자인으로 건축되었다. 다시 신축되는 여섯 번째 예배당에서도 그간 수많은 타 한국 교회 건축에서 반복 재

생산되어 왔던 인습적 첨탑의 모습 대신 도시로 열린 부드러운 곡면 효과와 하늘로 열린 빈 공간으로 채워졌다. 그리고 기존 교회 건축에서 흔히 접하는 과도한 장식들은 단순하고 추상적인 표현으로 변환되었다. 외관은 교회의 권위를 드러내기보다는 부드러운 정면부 곡면으로, 하나님의 사랑과 자비는 은유적인 어머니의 품으로 표현하고, 통상의 긴 회랑 형식의 대예배실로 엄숙한 공간 분위기를 조성하기보다 신도 상호 간의 역동적인 참여를 독려하는 부채꼴의 평면으로 새 시대적 예배공간을 제시하고 있다.

움푹한 정면   휜 아치형 게이트

역동적 예배 참여를 독려하는 부채꼴의 대예배실 모습

2) 개방성(내·외부에 걸친 열린 광장은 풍성하고 다채로운 교회의 공간들을 시민들에게 제공)

새문안교회 설계 경기 지침에서부터 시작된 이웃 사랑의 공공적 건축 의도는 완성된 건축물 곳곳에 구현되고 있다. 이처럼 21세기 한국 교회들이 고민해야 할 건축적 과제는 선교를 위한 계몽 수단으로서의 상징적이고 구상화된 1차원적 형태로 교회 건축을 양산하기보다, 일상 시민의 삶과 안식을 지원하는 공공성과 실질적 교회공간 운용 프로그램을 교회 건축물 내에 실재하도록 계획하는 것이다.

세계 어디에서도 찾아볼 수 없는 새문안교회의 독창적 교회 건축 타이폴로지인 움푹한 정면과 휜 아치형 게이트는 도심의 기념적 형태로 드러나고, 그에 따라 조성되는 새문안로 측의 광장은, 수도원적 폐쇄성을 지닌 경건한 예배공간을 지향하기보다는 이웃을 향해 교회를 열어 시민들의 실질적 휴식처가 되기를 바라는 의도이다. 그리고 로비를 관통하며 세종문화회관 쪽으로의 연속적 소통을 꾀한 부분 역시 교회의 개방성을 잘 보여주는 면이다.

거대한 오피스 빌딩의 숲속에서, 새문안교회는 주변에 즐비한 최대 용적의 건물들처럼 상업적인 규모의 철학으로 도시에 반응하지 않고, 열고, 비우고, 도시를 향해 값없이 펼치는 공간적 작업을 통하여 빼곡한 도심에 반대로 넉넉한 공간적 안식을 베풀어 준다. 이는 이 교회가 도시의 공공성 확보를 통하여 이웃 사랑을 표현하는 일관된 방식이다. 곡면 벽 너머 하늘로 사라지는 듯하게 의도한 투명 유리 상자는 부드러운 곡면 벽과의 대조되는 형태적 조화를 꾀할 뿐 아니라, 번잡한 가로로부터 미래 세대들을 보호하며, 옥상 정원을 가진 밝은 교육동이 되도록 하는 실질적인 건축 전략이었다.

또한, 교육관동 최상층과 십자가탑의 고공 공간은 마치 수많은 세계

교회당이 이웃들에게 최상층의 지붕이나 종탑을 개방하곤 하는 것처럼, 시민 모두에게 수려한 서울의 전경을 한껏 누릴 수 있도록 계획한 열린 새문안교회 고유의 기념적 공간일 수 있다.

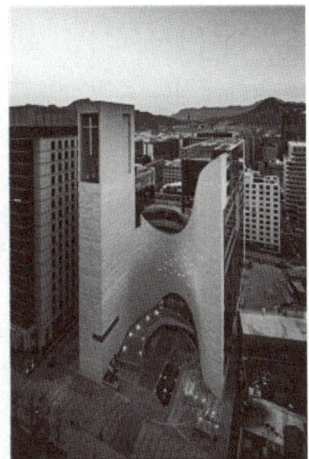

공공성 확보를 통하여 이웃 사랑을 표현한 정면   광장의 효율적 활용

3) 역사성(기존 교회당의 주요 가치와 배치를 보존, 로비를 통한 역사 도심 광화문과의 연결)

여기에 기존 벽돌교회를 축소해서 역사를 추억하게 하는 작은 예배실 또한 적극적이고 개방적인 문화공간으로 대외에 제공된다. 늘

시간에 쫓기며 바삐 움직이는 도심 속 현대인들에게 더 가까이 다가가고자 배치된 작은 예배공간은 그 존재만으로 쉼을 제공해 준다.

　하나님과의 만남을 통해서 은총을 입은 교회는 이웃에게도 공공의 축복이 되어서 넘쳐나가길 바란다. 그러는 가운데에 구도와 상징과 체험의 감동이 온 누리에 펼쳐지게 되는 것이다. 교회 건축은 이러한 의미에서 하나님 사랑과 이웃 사랑으로 요약되는 기독교 신앙의 박애정신을 유발하는 고상한 도구로 활용될 수 있다.

기존 벽돌교회를 축소한 모습으로 1층에 배치된 소예배실

4) 도시성(새문안길 가로변의 Street wall을 효과적으로 유지하여 도시 공간의 일관성 유지)

　개방된 교회의 내외부 공간은 이웃과 서로를 바라보게 하고, 방문자들을 환대하며 초청하는 효과가 있다. 이 교회의 실질적 공공성은 신문로에서부터 교회 광장과 내부 홀을 관통하여, 서울의 역사적 장소인 광화문로에 이르는 외부의 연속 시퀀스를 통해 도심 속 교류의 끈이 된다. 새문안교회 건축은 곡면의 어머니 품 형상을 따

라 하늘을 앙망하고, 개방적인 내외부의 상징광장으로 도시와 이웃이 소통하며, 큰 아치 문으로 그 개방성을 표상하는 것이다.

이와 같이 건축물에서 제시되는 여러 연속적인 열린 가치들은 교회의 열린 철학을 대변하게 된다. 필자가 설계한 새문안교회 건축은 도심 속에 조화되면서, 외부에서부터 내부 공간에 이르기까지, 하늘로 향해 열린 문과 영롱한 빛과 어머니 품의 추상성을 통한 체험들로 시민들이 하늘나라에 대한 소망과 그리스도의 사랑을 읽어낼 수 있게 지원하는 공간이 되길 소망한다.

도심 속에서 조화된 새문안교회의 도시성

6. 개방의 가치에 이르는 공공 건축물로서의 광장 보완

필자는 2010년 새문안교회의 현상설계 당시의 계획설계에서부터 실시설계를 할 때까지 일관되게 광장의 연속성과 열린 교회의 개념을 제시하였다. 그러나 아직도 많은 교회의 구성원들은 본당 회중석의 규모와 교회 내부의 1차적 기능에만 몰두하는 경향성을 띤다.

어쩌면 미래 한국 교회 건축이 지녀야 할 공공성의 가치를 미처 인식하지 못하고, 아직 중세기적 구별의 가치에 연연하는 경향이 남아 있는 것인지도 모른다.

설계의 초기 단계부터 공공성의 가치를 중시하고 열린 교회를 지향하며 설계되었던 새문안교회 건축의 경우에도, 원설계의 가치를 세심하게 잘 이해하지 못했거나 급히 준공공사를 하면서 놓쳐버린, 본래 광장의 연속성과 열린 개념을 다시금 더 완전하게 회복하려 하고 있다. 공사가 마무리될 시점에 당시 담임목사가 은퇴하며 신임 목사가 초빙되는 과정이 있었고, 긴 성전 건축 기간 동안 일부 건축위원회의 구성원들이 교체되면서 아마도 원래 지침서에서의 공공성에 관한 중요도가 약화되었을 것으로 추측해 본다. 그런 상황 속에서, 준공을 앞두고 공사 기간에 쫓기고 재정적 어려움이 있었는지 모르나, 현재의 새문안교회의 광장은 초기 설계도와 많이 다르게 시공되었고, 지침에서 중요한 테마였던 수공간과 십자가 조형은 결과적으로 생략되어 버렸다.

건물을 사용한 지 3년 정도가 지난 지금, 헌당예배를 앞두고 다시 본래의 설계의도를 되찾고자 교회는 고심 중이다. 필자는 새문안교회의 요청으로 다음과 같이 보완하는 공사안을 제시하였다.

연속적 바닥 구현

공공의 휴식공간 확보

수공간 회복

　도시와 교회 간 바리케이트 효과를 유발하는 광장 바닥의 단차를 없애고 부드러운 연속적 바닥을 제시하고, 또 시민들이 교회 광장에 안락하게 머무를 수 있도록 공공의 휴식 공간을 추가로 보완하며, 잃어버렸던 초기의 건축설계 지침의 내용인 수공간을 축소된 수반 형식으로 새로이 디자인하여 배치하였다.
　이처럼 단기간 내에, 건물을 사용하던 중에 내부가 아닌 외부공간을 개선하여 추가 공사하려는 도심교회는 보기 드문 사례이다. 이는 새문안교회의 건축목표를 '교류하며 열린 건축'으로 명확하게 인식하고 지속적인 개선작업을 진행해 가려는 태도이며, 공적 복음을 실천하려는 현대 교회의 의무를 다하기 위함일 것이다. 마지막으로, 필자는 도심의 상징적 광장에서 비롯되는 수평적이고 연속적인 개방성을 극대화하고, 현대의 건축기술이 제공하고 있는 풍요로운 조형성과 더불어 새문안교회를 온전히 모든 시민들의 교회, 공공의 공간으로 제공할 수 있게 되기를 기대해 본다. 이는 한국의 21세기 교회 건축영역에서 현대적 에클레시아의 가치로 확장시키려는 노력의 한 모본이 될 것이다.

4장

공공 디자인에 대한 신학적 성찰: 신앙과 마음을 돌보는 교회 건축의 공공성

오화철 교수
(강남대학교 기독교학과)

1. 들어가는 말

본 글은 신앙과 정신건강을 위해서 이 시대에 가장 필요한 교회 건축이 무엇인지를 논의하고자 한다. 신앙과 마음 건강을 잘 돌보는 교회 건축이 가장 공공성이 좋은 교회라고 할 수 있을 것이다. 그동안 동학들과 함께 다양한 교회를 탐방했고, 교회 건축이 현대인들의 신앙과 정신건강에 큰 영향을 끼친다는 사실을 절감할 수 있었다. 분명히 교회 건축은 인간의 신앙과 마음의 건강에 중요한 대상이다. 사실 이 공동 연구 과제인 '한국 교회 건축과 공공성'은 건축학적 공공성으로 개방성, 접근성, 쾌적성, 관계성, 장소성을, 신학적 공공성으로 포용성, 환대성, 규모 적합성, 평등성, 교육성, 거룩성을

중요한 요소로 이해하고 있다.[1]

무척 어려운 작업이지만 본 글에서는 심리상담적인 입장과 신앙적인 접근이라는 두 축을 중심으로 교회 건축의 공공성에 접근하고자 한다. 필자는 이 글을 시작하면서 다시 한 번 중요한 질문을 가지고 시작하려 한다. '과연 교회 건축은 신앙인에게 어떤 의미를 지니고 있는가? 교회 건축이 신앙인의 믿음과 정신건강을 돕기 위해서 무엇을 할 수 있는가?' 등의 화두를 가지고 본 글을 시작하려고 한다.

2. 교회 건축은 신앙인에게 어떤 의미를 가지는가?

교회 건축은 신앙인에게 있어서 예수를 기억하게 하는 장소이다. 예수 그리스도가 이 땅에 오신 의미를 되새기고, 그의 사역과 죽음 그리고 부활을 기억하는 장소가 바로 교회일 것이다. 그런 점에서 기본적으로 교회의 속성은 기억하는 곳이다. 다시 말하면, 떠나간 대상을 애도하며 다시 새롭게 신앙적·정신적 결단을 갖는 공간과 시간이 교회가 될 것이다.

그런 점에서 교회 건축은 신학적인 작업이다. 건축물이지만, 그 건축물에 인간의 신앙과 마음을 담는 것이 가장 중요하다. 동시에 인간의 신앙과 마음의 상호작용 가운데서 교회 건축이라는 주제는 신앙과 정신의 중요한 논점임을 확인할 수 있다.

교회 건축은 진리를 기억하고 떠나간 대상을 애도하는 회복의 공간이다. 그 진리를 기억할 때 현실을 직면할 수 있고 과거의 고통을

---

1) 손호현, "교회 건축의 십계명: 신학이 있는 교회 건축과 인생 건축," 손호현 편, 『한국 교회 건축과 공공성』 (서울: 동연, 2015), 11-41.

애도할 수 있으며, 창조적인 미래를 준비할 수 있다. 그러나 진리를 망각할 때 현실은 고통의 연속이 되고 건강한 애도가 어려워지며, 미래를 기약하기 어렵다. 그런 점에서 교회 건축은 기억과 애도를 위한 회복의 공간으로 정의될 수 있다.

교회 건축에서 가장 중요한 것은 예수 그리스도의 사랑과 희생을 기억하는 것이다. 하나님의 임재를 소망하며 반복적으로 예배를 드리고, 죽은 자들의 천국 입성을 확신하면서 살아 있는 자들은 죽은 자들을 추억하고 애도하며, 예배드리는 자들은 세상에서 살아갈 믿음과 용기를 얻는다. 이것이 교회 건축이 신앙인에게 허락하는 회복과 치유의 출발이 된다.

결국 인간은 기억을 통해서 진리를 추구한다. 의미 있는 사실을 기억하기 위해서 인간은 시간과 공간에서 노력한다. 교회 건축이라는 단어는 그러한 진리를 향한 열정을 위해 존재하는 시간과 공간이다. 무엇보다 교회 건축이라는 시간과 공간은 예배를 통해서 초월성을 추구하는 장소이다. 그 초월성을 통해서 회복과 치유가 가능하다.

3. 상관성: 교회 건축과 신앙·마음 건강의 관계

최근에 필자는 상담의 한 분야로 문학치료라는 새로운 분야를 연구하고 있다. 문학치료에서는 서사가 기본적으로 작품 서사와 자기 서사라는 두 축으로 출발한다. 일찍이 독일 철학자 폴 틸리히(Paul Tillich)는 상관관계 방법론(method of correlation)을 통해서 두 대상의 상호 관계성을 묘사한 바 있다. 고전적인 방법론이지만, 두 대상은 철학/종교와 사회의 관계에서 발생한다는 전제를 하고 있다. 철학은 사회에 영향을 주어야 하며, 사회 역시 철학에 영향을 주는

관계에 있다는 것이다.[2]

이 방법론은 후일 시카고 대학의 데이비드 트레이시(David Tracy)에 의해서 좀 더 수정되고 발전되었지만, 기본적인 골자는 여전히 양방향적인 영향과 역동이 존재할 때 각자의 역할이 더욱 발전하고 분명해진다는 점이다.

지금은 고전이 된 방법론이지만, 20세기 중반에 이 방법론이 소개되면서 일으켰던 반향은 철학과 종교가 사회에 대한 책임의식을 가질 필요가 있다는 고귀한 통찰이었다. 철학이 철학으로만, 문학이 문학으로만 존재하는 것이 아니라, 사회를 향한 끊임없는 애정과 관심을 통해서 사회를 변화시키고 회복시키는 실천적인 사명을 인문학이 갖고 있음을 각인시켜 주는 중요한 방법론이다.

방법론이라는 것은 쉽게 말하면 화가가 그림을 그릴 때 붓을 잡는 자세와 태도라고 볼 수 있다. 화가의 태도와 자세에 따라서 같은 사물을 그려도 그림에서 풍겨 나오는 분위기와 느낌은 사뭇 다를 수 있다. 글에서의 방법론이라면 글 전체의 어조를 결정할 것이고, 음악이라면 음악 전체의 감성을 좌우하는 일이 바로 방법론에 해당할 것이다.

어찌 보면, 내가 지닌 방법론은 바로 자기 서사의 연장선에 있다고 볼 수 있다. 내가 지닌 서사가 사물에 투영되는 것이다. 잘 알려진 대로 정신분석에서 사용하는 투사(projection)라는 개념이 바로 자기 서사의 출발에 해당한다. 나의 무의식에 있는 기억과 감각들이 사물에 저절로 여과 없이 투영되는 것이 바로 투사이고, 우리는 이 투사과정을 통해서 사물을 이해하고 학습할 수 있다. 상담자와 내담자 사이에 오가는 역전이와 전이도 모두 투사라는 망(net) 위에서 일어나는

---

[2] John Powell Clayton, *The Concept of Correlation: Paul Tillich and the Possibility of a Mediating Theology* (New York: W. de Gruyter, 1980), 20-23.

정신역동이다. 필자가 상담 임상 훈련 때 많은 동료 정신분석가들은 이 투사를 생활방식(way of life)과 다름이 없다고까지 표현했다.

어떤 면에서 교회 건축과 개인의 신앙과 마음은 그런 긴밀한 상호관계가 있다. 심지어 교회 건물은 한 인간의 심신에 상당한 영향을 주는 책임을 지고 있는지도 모른다. 동시에 한 개인의 마음과 신앙이 교회 건축에 투영되는 것도 당연한 일이다. 무의식적으로나 의식적으로 자리 잡은 한 개인의 신앙과 마음의 생각은 투사를 통해서 교회 건물이라는 대상과 끊임없이 교류하게 되어 있다.

교회 건축물은 한 개인과의 관계를 넘어서서 사회 전체와 세상을 향한 가치관과 통찰로도 연결될 것이다. 문학치료자 정운채는 초창기부터 문학치료학의 연구가 개인에 그치는 것이 아니라 사회 전체가 대상이 될 수 있음을 강조해 왔다.[3] 개인과 집단의 자기 서사를 건강하게 치료하는 것이 문학치료학의 중요한 목표라고 한 점은 폴 틸리히가 철학이 사회에게, 사회가 철학에게 서로 영향력을 주어야 한다는 전제와 유사한 것이다.

그런 점에서 폴 틸리히의 상관관계 방법론을 통해서 세상과 유리된 교회 건축은 존재할 수 없다는 사실을 생각해 볼 수 있다. 아울러 교회 건축에 담긴 마음과 신학이 소수자의 독점적인 분야가 아니라, 대중에게 다가가고 그들에게 실질적인 효용을 제시하는 데 관심을 가진다는 점에서 교회 건축의 일상성과 대중성을 견지하는 시도가 될 것이다.

폴 틸리히의 상관관계 방법론이 양방향성을 추구한다는 점에서 교회 건축과 사회는 끊임없는 대화와 변화를 추구하는 관계라고 이해할 수 있다. 프로이트 이후에 자아 심리학, 분석심리학, 대상관계

---

3) 정운채, "문학치료학의 서사이론," 한국문학치료학회, 「문학치료연구」 9(2008), 293.

이론, 자기 심리학, 상호주관성 이론 등의 변천사를 보면서 우리가 깨달을 수 있는 중요한 변화는 상담자와 내담자가 끊임없는 상호작용을 통해 점차적으로 대등해졌다는 사실이다. 초기 프로이트의 고전적인 정신분석에서 상담자는 정신의학 분야에 종사하는 권위 있는 의사이며, 중립성을 견지하고 철저한 진단과 해석을 통해서 내담자를 규명하는 것이 가장 중요한 일이었다. 수평적인 관계보다는 수직적인 관계에 좀 더 가까웠다. 물론 프로이트가 정신분석의 가장 큰 목표를 "사람들이 사랑하고 일하도록 하기 위해서(love and work)"라고 밝힌 바 있지만, 여전히 정신의학 전문가로서의 권위와 진단을 통해서 정신분석을 시행했다고 볼 수 있다.

그러나 정신분석의 임상과 이론이 시간이 흐르면서 내담자의 역동이 상담자에게 많은 영향을 주었고, 상담자의 역할도 역시 내담자의 다양한 사례를 보면서 새롭게 모델링되어 왔다. 앞에 적은 정신분석이론의 발달 후반부 단계에 등장하는 자기 심리학은 상담가의 권위가 많이 내려가고 내담자와 대등한 입장에서 정신분석이 진행되는 이론으로 이해할 수 있다.

예를 들면, 프로이트의 정신분석에서는 가능하면 상담자가 내담자에게 실수를 했을 때 사과하거나 용서를 구하지 않고 대체로 묵인되거나 침묵으로 진행되지만, 자기 심리학에서는 상담자도 내담자에게 충분히 사과할 수 있고, 상담자의 약점을 적절히 노출할 수 있다. 완벽하지 못한 상담자의 모습이 적절히 노출될 때 내담자의 자기구조가 오히려 강화될 수 있는 가능성을 자기 심리학은 주목한다. 또한, 프로이트의 경우 상담자의 권한으로 내담자에게 과거의 고통스런 사건을 의도적으로 직면하도록 권할 수 있으나, 자기 심리학의 경우는 직면을 유도하는 것은 자칫 상담자의 월권행위가 될 수 있다. 자기 심리학은 오히려 내담자의 자기구조가 단단해지고 준비될 때까지 직면을 유보하고 상담자가 기다려주는 것을 중요하게 여긴다.

어떤 면에서 교회 건축은 건축이라는 기술과 표현을 통해서 신학의 텍스트를 가동시키는 중요한 분야이다. 정신분석을 받는 내담자는 일종의 살아 있는 문서로써 살아 움직이는 대상이다. 그 사람이 상담현장에 와야만 상담자는 그 내담자를 읽을 수 있다. 그러나 교회 건축은 일정한 장소에 늘 일관되게 찾아가면 만날 수 있는 대상이다. 그런 점에서 교회 건축은 정신분석보다 근접성이 뛰어나다. 사람이 찾아가서 늘 일관성 있게 만나볼 수 있는 자기대상으로서의 교회 건축물은 다채로운 연구가 가능한 분야라고 할 수 있다. 그러나 여전히 상담자가 내담자에게 영향을 주고 내담자 역시 상담자에게 무의식적인 영향을 받는 것처럼, 교회 건축과 사회·개인은 그런 상관성을 피할 수 없는 중요한 양방향적인 대상으로 각각 존재하고 있다는 점에서 교회 건축과 정신분석은 동일한 상황에 있다.

4. 교회 안과 밖의 모습: 신학의 일치와 차이의 중요성

지오 폰티(Gio Ponti)라는 건축가는, "종교건축은 건축의 문제가 아니라 신앙의 문제나"라고 말했다.[4] 바꿔 말하면 종교건축의 외형적인 모습이 신앙적인 메시지를 전달하고 있다는 것이다. 교회 건축을 실천신학적인 입장으로 접근하고 있는 이 글에서는 '외형적 신학'을 '교회 건축물이 세상에 주고 있는 외형적인 메시지'를 의미하는 것으로 정의하고자 한다.[5] 반면에, '외형적 신학'의 반대적 의미로 기독(목

---

4) 이정구, 『교회건축의 이해』 (파주: 한국학술정보, 2012), 3에서 재인용.
5) 필자는 이 글에서 외형적 신학이라는 말을 제안하면서, 목회신학자 조단(Jordan)이 말하는 작용적 신학의 반대적인 의미로 사용하고자 한다.

회)상담학에서는 '작용적 신학'[6]으로 접근할 수 있는데, '작용적 신학'이란 본래 기독교상담학자였던 머얼 조단(Merle R. Jordan)이 그의 저서 Taking on the gods(1986)에서 밝힌 개념으로써, 실제 신앙과 삶을 변화시키는 힘으로 작용하는 신학을 가리키는 표현이다.[7] 작용적 신학이란 개념이 목회상담학자가 사용하는 개념이라고 할지라도 그 의도가 신학의 실제적 내부경험을 지칭한다는 점에서, 필자는 외형적 신학과 작용적 신학을 따로 분류하지 않고 함께 다루면서 적절한 비교를 통하여 교회 건축을 기독(목회)상담학적 입장에서 접근하고자 한다.

목회신학자 권수영이 번역해서 한국에 소개한 목회신학자 머얼 조단(Merle Jordan)의 책 Taking on the gods를 보면, 작용적 신학과 고백적 신학이 우리에게 주는 중요한 통찰로써, 내담자 본인이 내면에서 경험하고 있는 우상적 이미지와 감정을 직면하고 극복해서 건강한 신앙을 추구할 수 있는 가능성을 높이는 것이다. 어떤 점에서 대부분의 개인 혹은 공동체는 각자 나름대로 하나님에 대한 독특한 이미지와 경험들을 가지고 있을 것이다. 그런 내부적인 독특한 신앙과 신학은 자칫 세상이 바라보는 외면적인 모습과 큰 차이를 가져올 수 있다. 동시에 외면적으로 표현하는 신앙과 내면적으로 경험하는 신앙 사이에 불일치를 일으키는 중요한 원인이 될 수 있다.

여기서 우리는 불일치라는 결과를 문제로 보는 것보다, 불일치의 과정 속에서 왜 내면적 신앙과 외면적 신앙의 차이가 벌어졌는지에 대해서 관심을 가질 필요가 있다. 앞서 밝힌 것처럼, 내면적 신앙은

---

6) 권수영, 『기독(목회)상담, 어떻게 다른가요: 심리학과 신학의 만남』 (서울: 학지사, 2007), 26-31.

7) Merle R. Jordan, Taking on the gods: The task of the pastoral counselor (Nashville: Abingdon Press, 1986), 29.

개인 혹은 공동체의 독특한 관심과 내부적 역동에 기인해서 발전한다고 본다면, 내면적 신앙은 개인이나 공동체가 실제로 경험하고 느끼는 현실적 역동인 셈이다.

여기서 중요한 것은, 외면적으로 갖고 있는 신앙적 모습이 실제 경험하는 내면적 역동과 만나야 할 필요가 있다는 것이다. 불일치와 위선의 신앙이 아니라, 고백하는 신앙과 가슴속에서 경험되는 신앙이 일치해 나갈 때, 교회는 더욱 역동적인 조화와 일치를 가지고 존재해 갈 수 있을 것이다. 교회 내부에 존재하는 내적인 경험들은 어떤 면에서 소중한 가치를 가지고 있다. 내적 경험들은 공동체와 개인이 실제 느끼고 경험한 역사를 보여주는 소중한 정신적 자료이기 때문이다. 그런 면에서 내적 경험들은 살아 있는 고백이고, 실제 경험되고 있다는 면에서 현장성을 갖고 있는 내적 역동이라고 해석할 수 있다. 그러나 교회 내부에서 경험하는 내적인 역동성 안에 우상적인 이미지나 이야기가 존재하고, 그것이 공동체의 건강한 성장을 방해하는 걸림돌이 된다면, 이제 그 내적 경험들을 직면하고 개선해서 새롭고 건강한 내용들로 바꿔 나갈 것이 요청된다.

교회 건축을 바라볼 때 작용적 신학과 고백적 신학을 통해서 얻을 수 있는 가장 중요한 통찰은 교회 건축이 지니고 있는 우상적인 내적 현실을 직시하고 변화시키는 것이다. 교회 건축 자체가 이미 어떤 신학적 입장과 방향을 제시하는 매개체라고 한다면, 교회 내부에서 작동하는 실제적 내용과 교회 건축을 통해서 드러나는 외부적 표현은 일치하는 것이 바람직할 것이다. 교회의 내면에서 경험되는 신앙과 건축을 통해서 표현되는 외면적 신앙이 일치할 때 건강한 교회가 될 가능성이 높아지는 것이다. 만약, 교회 건축의 외현과 교회의 내적 현실이 일치하지 않는다면, 신학적 불일치와 불균형을 가져와서 미래 교회의 존립에 심각한 영향을 끼칠 수 있을 것이다.

오늘날 한국 개신교 교회 건축의 '작용적 신학'이란, 보여지는 교회의 외면과 달리 세상에 대한 교회의 실제적 영향력을 지향하는 신학을 가리킨다. 예를 들어, 만약 교회 건축의 외형이 고딕 양식을 추구하는 교회라 할지라도(외형적 신학), 교회 내의 위계적 질서 및 하나님을 향한 신앙적 표현과 집중보다는 이웃 사랑과 사회정의 실현에 더 큰 신앙적 가치를 두는 교회라면, 사실상 그 교회의 작용적 신학은 사회구조 안에서 더 큰 영향력을 발생시키는 신학이라고 볼 수 있다. 또한, 교회 건축의 구조가 방주 형태로 되어 있어서, 교회 구성원의 특별한 소속감과 세상과의 구별된 이미지를 주는 교회 건축 형태일지라도(외형적 신학), 그 교회의 신학이 사회의 소외계층과 다문화사역에 집중되어 있는 경우라면, 실제 작용하고 있는 교회신학은 구제와 봉사에 근접하는 신앙적 가치라고 볼 수 있다.

이런 관점에서, 기독(목회)상담학적 입장에서 교회 건축물이 보여주고 있는 외형적 신학과 실제 교회 내부에서 발생하고 있는 작용적 신학의 동일성과 차이점을 발견하는 일은 이 시대의 교회 건축을 재조명하는 데 가장 중요한 기준점이 된다. 작용적 신학은 교회 내부에서 실제로 그 교회를 이끌어가고 있는 실천적인 신학의 방향이며, 그것은 교회 건축물을 통해 드러난 외형적 신학과 동일할 수도 있고, 다를 수도 있다.

천 년 전, 가톨릭 교회의 고딕 양식은 교황을 중심으로 한 위계적 조직을 가진 단 하나의 교회를 상징하면서, 동시에 가톨릭 교회의 전례 공간이며 미사의식과 신앙적 태도, 그리고 교회의 강력한 힘과 부를 드러내는 교회 건축양식이었다.[8] 돌을 깎아서 쌓아 올리는 조적식 구조와 막대한 노동력 및 경제력을 투입해서 100년 내외

---

8) 정시춘, 『교회건축의 이해』 (서울: 발언, 2000), 270.

의 오랜 세월 동안 공사를 했던 고딕 양식의 가톨릭 교회는, 내적인 신학과 외형적 신학이 일정 부분 일치하는 교회 건축양식이었다고 할 수 있다. 반면, 종교개혁(1517)을 통해 가톨릭과 결별하면서 등장한 개신교회의 건축은 전례나 신학의 흐름을 따르기보다는 융통성과 실용성을 중심으로 전개된다. 그렇다면 과연 앞서 살펴본 가톨릭 교회와 같이 한국 개신교 교회의 건축도 외형적 신학과 작용적 신학이 일치하고 있는가? 만약 그렇지 않고 이와 반대로 '차이가 발생하고 있다면 그 이유는 과연 무엇인가?'

서구 가톨릭 교회는 전통적이고 상징적인 의미에서 스테인드글라스(색유리)와 첨탑 건축양식을 특징으로 하는 고딕 양식을 주된 건축 양식으로 추구해 왔다. 그러나 한국 개신교의 상당수 교회는 루터의 시편 51편 강해에서 드러난 것처럼, 십자가 중심의 고딕 양식으로 교회 정체성을 강조해 왔다.[9] 현재 대부분의 한국 교회들이 첨탑 위에 높이 세운 십자가는 분명히 십자가 중심의 신앙을 강조하고 있다고 볼 수 있다. 그러나 개신교가 가톨릭으로부터 개혁을 시도하고 있는 종교라는 점에 비추어 볼 때, 한국의 많은 개신교회들이 가톨릭이 주로 사용하던 고딕 건축양식을 대부분 수용하고 있다는 것은 이해하기 힘든 현상이다. 이 점에서 바로 한국 개신교 교회 건축양식의 외형적 신학과 작용적 신학 간의 불일치가 나타나게 된다.

분명히 한국 개신교의 대부분이 여전히 가톨릭 교회의 고딕 건축양식을 답습하고 있는 현실은 우리에게 시사해 주는 바가 크다. 종교개혁 이후에 대중과 더욱 친숙해진 개신교가 여전히 고딕 양식을 고집한다면, 여전히 교회의 위용과 권세를 확인하기 위한 개신교의 노력이 존재한다고 볼 수 있는 것인가? 아니면, 나름대로 개신교 교

---

9) 이정구, 『교회건축의 이해』 (2012), 6.

회 건축의 새로운 모델을 발전시켜야 한다는 점에서 개신교 신학이 반영된 건축적 안목이 미흡하기 때문인가? 우리는 이 부분에 대해 많은 질문을 해볼 수 있다. 중요한 것은, 개신교가 가톨릭과 달리 대중적이고 열려 있는 개방성을 가졌다는 점에서, 그런 종교개혁의 뜻과 의미가 개신교 교회 건축에 반영되고 표현된다면, 한국 교회 건축의 신학적 일치를 추구할 수 있는 가능성이 높아질 것이다.

실천신학적인 입장에서 볼 때 '외형적 신학'과 '작용적 신학'의 목표는 똑같이 교회의 발전에 있다고 할 수 있다. 그러나 만약 한국 개신교의 교회 건축이 여전히 고딕 양식을 추구한다면, 교회 건축을 통해 담지되는 외형적 신학은 교회 내의 강력한 질서, 교회의 힘과 권세, 신과의 합일을 염원하는 인간적 심성 등을 드러내고 있다고 볼 수 있다. 앞에서 밝힌 것처럼, 이러한 외형적 규정성과는 달리 교회 내부에서 실제 발생하고 있는 작용적 신학이 이웃 사랑과 소외계층을 구제하는 사회구원에 더 큰 신앙적 가치를 두고 있다면, 개신교 교회 건축양식을 통해 나타나는 '외형적 신학'과 '작용적 신학' 사이에는 신학적 불일치가 발생한다고 볼 수 있다.

아울러, 여러 영상매체와 홍보를 통해서 문화선교를 주장하는 개신교회가 있다면, 교회 건축이 힘과 권세를 지향하는 고딕 양식보다는 대중에게 좀 더 친숙하게 다가갈 수 있는 포용과 개방적인 이미지를 사용해서 교회 건축에 반영해야 할 필요가 있다.

많은 개신교회들이 초대교회로 돌아가자는 구호 아래 소외계층을 구제하는 일에 집중하고 있는 데서 보이는 실천적 동질성에도 불구하고, 초대교회 순교자들에 대한 의식과 기념에 대한 교회들 간의 신학적 입장의 차이가 존재하고 있는 것을 발견하게 된다. 대부분의 한국 개신교는 순교자 무덤 위에 제단을 세우고 교회를 축조하는 초대교회의 장소성에 신앙적으로 정서적으로 동의하지 못한다고 본다면, 이런 현상도 신학적 불일치의 결과라고 볼 수 있을 것이다.

이와 같은 신학적 불일치의 문제는 교회 내의 불일치뿐만 아니라 교회와 교회, 목회자와 목회자 사이에서도 나타난다고 볼 수 있다. 소위 대형교회들이 수도권과 도심 한복판에 새롭게 짓는 교회 건축은 그 규모나 파급력 면에서 어마어마한 힘을 지역사회에 행사하게 된다. 문제는 그러한 대규모 교회의 건축이 주위에 이미 존재하고 있는 군소교회들에게 상당한 영향을 끼칠 수 있고, 교회 간, 목회자 간의 불신과 갈등의 원인이 될 수 있다는 것이다. 실제 대형교회가 지어질 때마다 주변의 작은 군소교회들이 상당수 사라지고 피해를 입는 경우가 비일비재하다고 한다. 또한 도심 한복판에 거대하게 지어지는 개신교회 건물이 주는 이미지는 자칫 권위적이고 상업적인 이미지가 될 수 있다. 만약 빛과 소금의 역할을 감당해야 하는 것이 교회 내의 작용적 신학이라면, 이러한 대형교회 건물은 외형적 신학과의 불일치를 불러일으킬 가능성을 더욱 높일 수 있다.

정주건축소의 정시춘은, 교회 건축이 다른 어떤 종류의 건축물보다 복잡하고 어려우며, 각기의 공간들이 조화를 이루어 하나의 형태를 지향하면서 세상을 향해 하나님의 교회임을 상징적으로 표현하는 데 있어서 고도의 시대적 전문성과 창조성을 필요로 한다고 밝히고 있다.[10] 이러한 강조는 하나님의 교회를 상징적으로 표현하기 위한 현대의 한국 개신교 교회 건축이, 이제는 보다 창조적인 접근을 통해 그 형식과 내용을 다시 발견해야 하는 시대적인 요청 앞에 서 있다는 것을 말해주고 있다. 단순히 과거의 기독교 역사 속에 존재해 왔던 기존의 건축양식을 답습할 것이 아니라, 현대 건축의 특성과 시대가 요청하는 사명 가운데 하나님의 교회로서의 모습을

---

10) 정시춘, 『교회건축의 이해』 (2000), 283.

교회 건축을 통해서 보여줘야 할 것이다.

대부분의 현대 교회 건축은 철골구조기술과 다양한 건설장비를 통해서 단기간 내에 경제적 효율성을 가지고 건설된다는 점에서, 가톨릭 교회가 추구했던 오랜 시간과 많은 재정이 투입되는 조적방식의 고딕 양식과는 전혀 다르다고 볼 수 있다.

한국 개신교회는 그동안 정교한 예배 형식보다는 일종의 집회 형식과 성장 위주의 목회에 집중해 왔다고 볼 수 있다. 예를 들어, 초창기 장로교의 한국선교는 한국 현지 교회의 자급자족이라는 개념 아래 네비우스 정책을 따라서 이루어져 왔고, 그 정책을 통해 발전·성장한 교회의 거대화로 이어지면서, 교회 내부는 전례와 예식이 약한 집회 위주의 예배와 강당으로 사용되어 온 것이 사실이다. 감리교의 경우는 가톨릭 교회의 전통 건축양식을 더 많이 수용했다는 점에서 한국 개신교회 건축의 고딕 양식 전수에 중요한 영향을 끼쳤으며, 많은 대형 개신교 교회들 역시 이러한 고딕 양식을 추구함으로써, 개신교 교회의 건축양식은 신학적 불일치를 보여주게 되었다. 이러한 신학적 불일치는 한국 교회가 그동안 교회 건축을 신학적으로 충분히 성찰하고 돌아볼 여유가 없었음을 보여주는 하나의 근거가 될 수 있을 것이다.

이제 한국 교회는 양적인 성장과 현세의 욕망을 만족시켜 주는 교회가 아니라 질적, 인격적이면서 영적이고 내면적인 구원을 추구하는 교회로 다시 한 번 거듭나야 한다. 무엇보다 한국 개신교의 교회 건축이 특정한 교회 건축양식을 고집하지 않고, '공공성'이라는 측면에서 지역사회와 협력하고 조화를 이루는 것이야말로, 앞으로 개신교의 발전에 중요한 관건이 될 전망이다.

5. 기억과 애도의 공간: 교회 건축

현재 개신교 교회 내에 얼마나 애도공간이 절실히 필요한지를 살펴볼 필요가 있다. 혹자는 예배시간, 예배공간 자체가 애도공간이 될 수 있다고 말할 수 있겠지만, 상실을 경험한 당사자들은 실제로 사람이 많고 예전이 계속 진행되는 상황에서 자신만의 애도공간을 갖기 어려운 것이 현실이다. 다행히, 한국 개신교로는 경기도 용인에 위치한 기독교한국침례회 백향목교회가 교회 지하에 추모관을 설립해서 애도공간을 제공하는 것으로 알려져 있어 다행스럽게 생각한다.

백향목교회의 사례를 보면, 출석하는 교인들에게 애도공간을 제공할 뿐 아니라, 기독교신앙의 핵심인 부활정신을 고취함으로써 천국에 대한 소망을 지향하는 신앙훈련까지 포함하는 신앙교육의 사례라고 볼 수 있다. 나아가서 백향목교회는 용인시에 납골당 일부를 기증하여 무의탁노인이나 극빈층에게 무료로 납골당을 사용하게 함으로써 지역사회의 필요성에 반응하는 공공성을 보여주고 있다. 교회는 결국 지역과 소통하고 지역사회의 행복과 유익에 기여해야 존재할 수 있다는 점에서 백향목침례교회의 추모관은 신앙과 공공성을 함께 바라보는 유의미한 사역이라 할 수 있다.[11]

어떤 면에서 기억한다는 능력은 인간에게 내재화되어 있는 본능적인 능력이다. 극심한 사건을 경험하고 꿈에 그 일이 다시 나타나거나 다른 형태로 꿈에서 경험되는 것은 정신이 스스로 문제를 재경험해서 해결하려는 무의식적인 노력을 한다고 이해할 수 있다. 정신(psyche)은 스스로 태동하는 힘이 있다고 정신분석학자 융은 설파한

---

11) 오화철, "교회 건축은 회복의 공간이다," 손호현 편, 『한국 교회 건축과 공공성』 (서울: 동연, 2015), 357-368.

다. 마치 몸이 스스로 건강을 지키기 위해서 자정능력을 갖고 있는 것처럼, 정신도 유사한 기능을 갖고 있다고 볼 수 있다. 그런 점에서 공간과 시간에 관계 없이 이미 인간은 그런 회복력(resilience)을 몸과 정신에 지니고 있다고 이해할 수 있다.

그래서 만약 기억하지 않고 애도하지 않으면 정신과 몸에 치명적인 결함이 발생하는 것이다. 더 이상 꿈을 통해서 지나간 사건을 재경험하지 않는다면, 미래에 대한 불안을 꿈을 통해서 해소하지 않는다면 정신은 이미 건강한 상태와 거리가 멀어지는 것이다. 베트남전에 참전했던 미국의 참전용사들이 스포츠카 혹은 오토바이를 몰고 고속으로 도로를 질주하는 일이 많았다고 한다. 그 이유는 위험한 상황을 재현함으로써 전장에서의 쓰라린 고통을 재경험하고 해결하려는 무의식적 노력의 일환이라고 심리학자들은 평가하고 있다. 그런 점에서 그 사람이 하는 모든 행위와 일에는 자가치유적인 선택이 들어 있다고 볼 수 있다.

이상과 같이 필자가 정신의 복원력 혹은 회복력을 강조하는 이유는 교회라는 공간과 시간을 찾는 사람들은 이미 그런 회복을 향해서 무의식적으로 발걸음을 옮기고 있는 존재라는 사실을 강조하고 싶기 때문이다. 안식일이 하나님을 위해서 있는 것이 아니라 사람을 위해서 존재한다는 예수님의 말씀처럼(막 2:27-28) 교회 건축이 표면적으로 하나님을 예배하고 하나님을 위해 존재하는 건축물이지만, 현실은 사람을 위해서 존재한다는 사실을 기억해야 한다. 그 교회 건축물 안에서 신앙인이 기억하고 애도할 수 있어야 교회 건축물은 그 역할을 다한다고 할 수 있다.

서론에서 제기한 것처럼 교회 건축에서 예수 그리스도라는 대상을 기억하는 것이 중요하다. 예수 그리스도를 통해서 나타나는 진리를 교회 건축물은 표현해야 한다. 기독교 안에 존재하는 고난절, 부활절 등의 대부분 절기들은 기억하는 것이다. 마치 이스라엘 사람들이 이집트 탈출경험을 기억하는 것처럼 신앙인들은 교회라는 공간과 시간을 통해서 예수 그리스도를 기억할 수 있어야 한다. 만약 예수를 기억하지 못하고 건물 혹은 목회자 등 그 밖의 것들이 기억에 남는다면 교회 건축의 건강한 신학이 무엇인지 다시 돌아보아야 한다.

기억과 함께 중요한 것은 애도이다. 프로이트는 애도란 충분히 슬퍼하고 그 이후 대상을 떠나보내는 것이라고 정의한다. 만약 이러한 건강한 애도의 과정을 거치지 않을 경우 대부분의 사람들은 자책감과 죄책감을 통해서 자기 비난을 하며 살아간다고 한다. 이러한 자기 비난은 정신건강뿐만 아니라 육체적인 건강에도 치명적인 병을 유발할 수 있다고 정신의학자들은 주장한다.

6. 산 자와 죽은 자의 교제가 일어나는 우주적인 장소

교회는 분명히 살아 있는 사람들이 신앙생활을 하는 공간이다. 그런 점에서 교회는 산 자의 공간이다. 그러나 신학자 폴 틸리히(Paul Tillich)는 개신교회 안에서 보는 것과 듣는 것의 균형과 대화가 필요하다고 설명한다.[12] 틸리히의 지적은 단지 성찬과 설교의 균형에만 적용되는 것이 아니라, 교회의 다양한 구성원들에게 필요한 적절한 공간의 중요성을 암시하는 말이 될 수 있다. 교회는 분명히 산 자들이 찾아오는 영적 공간이지만, 틸리히가 제안한 것처럼 보는 것과 듣는 것의 영적 균형을 고려해 볼 때, 산 자들만을 위한 개신교회 건

---

12) Paul Tillich, *On Art and Architecture* (New York: The Crossroad Publishing Company, 1987), 196.

축에서 볼 수 없는 것과 들을 수 없는 것은 과연 무엇인지를 다시 생각해 보게 된다.

알려진 것처럼, 개신교가 가톨릭 이후에 등장하면서, 종교개혁 이후 교회 내에 존재했던 많은 예술적 요소들과 결별하게 되었다. 라틴어 성경을 읽을 수 없었던 대중들에게 쉽게 성경을 설명해 주던 그림과 조각 등의 시각적인 미술의 세계가 점차 비중이 줄어들고, 점차 음악과 설교라는 귀로 듣는 영역에 개신교는 집중하게 된다. 많은 정신분석학자들은 성에너지와 정신에너지 등의 승화는 예술적인 영역에서 가능하다고 하는데, 특히 미술은 시각적인 면에서 많은 변형을 추구할 수 있는 가능성을 갖고 있는 분야임에 틀림없다.

신학적 견해 차이가 있긴 하지만, 최근 사회적으로 대두되고 있는 납골당 같은 죽은 자들의 공간이 우리 개신교회 건축 안에 필요한지 여부를 질문해 보고 싶다. 대부분의 개신교회는 교회 건물 안에 죽은 자를 위한 공간을 갖고 있지 않다. 그 이유는 성인숭배와 연옥신앙에 대한 신학적인 이해에서 가톨릭과 다르기 때문이다. 알려진 대로 한국 개신교회들은 교회 안에 납골당이나 수목장을 마련하기보다는, 교회에서 떨어진 다른 지역에 교회 소유의 묘지를 구입해서 소속 교인들에게만 제한적으로 매장을 하도록 허락하고 있는 상황이다. 이런 한국 개신교의 매장문화는 교회의 배타적인 이미지를 강화하고, 사회 내에서 교회의 공공성과 어울리지 않는 모습이다. 결국 한국 개신교회의 내부공간은 산 자들만이 예배드리는 공간으로 제한된다고 할 수 있다. 신학적 이해의 차이도 있지만, 무엇보다 정서적으로 납골당 같은 죽은 자들의 공간이 혐오시설로 여겨지는 것이 개신교회 건축의 현실이다.[13]

---

13) 이정구, 『교회건축의 이해』 (2012), 204.

그러나 우리 선조들은 조상의 영혼을 사당에 두고 위패를 모시면서 죽은 조상들과 함께 지내는 정서를 갖고 있었는데, 그런 전통적인 정서를 수용가능한 신학적 범위 내에서 개신교회 건축에 한번쯤 적용해 볼 수 있는 가능성은 없는지 생각해 볼 필요가 있다. 미국과 유럽의 많은 개신교회들의 경우, 교회 바로 옆에 묘지가 함께 위치해 있는 것을 쉽게 볼 수 있다. 그 교회와 인연을 맺었던 사람들이 죽어서 교회 옆의 묘지에 묻혔을 때, 살아 있는 자들이 교회에 갈 때마다 그 죽은 자들의 자취를 마주하는 것이 신앙인들에게 어떤 성찰을 줄 수 있는지 생각해 보아야 한다. 교회 내에 납골당을 설치하거나, 교회 경내에 묘지 혹은 수목장을 마련하는 것을 통해서 죽은 자를 기억하는 것은 정신적으로, 영적으로 어떤 의미가 있을 것으로 기대된다. 죽음 이후에 사람들이 어떻게 다른 사람들에게 기억되기를 바라는가 하는 점은 죽음에 관련된 중요한 신학적 주제가 될 것이다. 결국 종교와 철학의 가장 중요한 숙제가 죽음에 관한 것이라면, 개신교의 장례와 매장문화는 다시 한 번 죽음에 대한 현실적인 대안을 교회 내에서 제시하고, 올바르고 건강한 매장문화를 열어가야 할 것이다.

아울러, 개신교는 몸의 부활을 믿고 강조함으로써 시신을 화장하지 않기 때문에, 지금까지는 교회 건물 내에 납골당을 설치하지 않았다. 그러나 이제 교회의 공공성이라는 입장에서 살펴볼 때, 그 문제에 대해 개신교회가 신학적으로 숙고해야 할 시점이 다가오고 있다. 예를 들어, 성공회는 교리적으로 연옥신앙을 배척하면서도 교회 안에 납골당을 설치하는 것에 큰 문제가 없는 것으로 알려져 있다.[14]

한국 개신교인들이 서양 개신교인들과 달리 부모의 시신을 화장

---

14) 이정구, 『교회건축의 이해』 (2012), 204.

하거나 교회 경내에 묘지를 마련하지 않는 이유가 과연 신앙적으로 불편해서인지, 아니면 신학적으로 맞지 않다고 생각하기 때문인지에 대해서는 좀 더 깊이 생각해 볼 필요가 있다. 이에 대해 성공회대학 이정구 교수는 『교회건축의 이해』에서, 한국 개신교회의 오래된 유교적 관습과 과도기적 개신교 신앙 속에서의 정서적 불편이 가장 큰 원인이라고 분석하고 있다.[15] 한국 개신교인들이 사당과 위패를 통해서 조상을 모셨던 경험이 있다는 것을 감안하면 이것은 신학적인 문제이기 전에 정서적이고 심리적인 문제로 볼 수 있다.

앞서 밝혔던, 외면적 신학과 고백적 신학의 문제가 이 부분에서 다시 드러난다고 볼 수 있다. 왜냐하면, 우리 민족의 역사는 사당과 위패를 모셨던 다양한 종교적 체험을 가지고 있는데, 이것은 실제로 우리가 내부에서 경험한 중요한 역사적인 정신적 유산이라고 할 수 있다. 그러나 외면적으로 개신교의 신앙을 지향하면서, 실제 내면에서 경험되고 있는 우리 고유의 전통을 외면하고 있는 것은 아닌가 생각해 보게 된다. 물론 내적인 경험들 안에 존재하는 우상적이고 비합리적인 면이 극복되어야 한다. 다만 합리적이고 역동적인 내면적 경험이, 외면적 신앙과의 대화를 통해서 합리적인 신앙으로 변화를 시도한다면 건강한 신앙의 성취가 가능해질 것이다.

서구 개신교의 상당수 교회가 교회 경내에 묘지를 갖고 있거나, 죽은 자들의 사진을 교회 내에 전시함으로써 망자의 자취를 경험하게 하고, 죽은 이들에 대한 적절한 애도를 하게 함으로써 건강한 신앙을 갖도록 노력하고 있다. 그렇다면 한국 개신교도 한국문화에 맞고, 개신교에서 수용할 수 있는 범위 내에서 망자를 애도할 수 있는 정신적인 공간을 마련하는 건축문화가 절실히 요구된다.

---

15) 이정구, 『교회건축의 이해』 (2012), 205.

7. 사람을 위한 교회 건축

교회 건축은 사람을 위해서 존재한다. 교회란 곳이 사람이 하나님께 예배드리는 장소라는 점에서 하나님을 위한 건물이지만, 그 예배를 수행하는 존재가 사람이고, 사람이 온전해야 온전한 예배가 가능하다는 점에서 교회 건축은 사람을 위해서 존재한다. 복음서에서 예수가 설파한 대로, 안식일의 주인이 하나님이고 예수 그리스도이지만, 최종적으로 안식일은 사람이 쉬기 위해서 존재하는 사실이라는 점과 그 맥락이 같다. 이런 맥락의 본질에는 사람을 향한 사랑이 존재한다. 교회 건축은 사람을 사랑해야 한다. 사람을 사랑하는 교회 건축이 지속적으로 존재가능하고, 그런 교회 건축이 공공성을 담지할 수 있다. 사람을 위하지 않는 교회 건축이 공공성과 양립할 수 없을 것이다. 구약에 존재하는 600개 이상의 계명이 모세를 통해서 10개의 계명으로 요약되고, 결국 예수 그리스도가 사랑이라는 계명으로 최종 요약한다는 점에서 성경에 관련된 교회 건축을 말해도 역시 사랑이 그 본질이 된다.

상담 역시 사람을 사랑하는 일이다. 내담자의 깊은 내면의 문제를 듣고 함께 동행하면서 문제를 해결해 가는 과정이 바로 상담이다. 보스턴 대학의 크리스 슐락(Chris R. Schlauch)이라는 기독상담학자는 상담을 충실한 동행(faithful companioning)이라고 부른다.[16] 그만큼 상담자는 내담자에 대한 깊은 사랑을 가지고 함께하는 존재이다. 그 사랑을 상담에서는 동맹 혹은 연맹이라고 해서 상담자와 내담자 간의 깊은 신뢰와 약속을 의미한다.

---

16) Chris R. Schlauch, *Faithful Companioning: How Pastoral Counseling Heals* (Minneapolis: Fortress Press, 1995), 20-25.

일찍이 프로이트도 자신이 상담을 하는 이유를 사랑(love)과 일(work) 때문이라고 설명한다. 사람들로 하여금 사랑하게 하고 일하게 할 수 있다면, 그것이 상담이 지향하는 최고의 가치라는 것이다. 아무리 좋은 상담실을 가지고 있더라도, 상담실 내부의 디자인과 가구가 잘 준비되어 있더라도 가장 중요한 것은 상담자가 내담자를 어떻게 대하느냐가 관건이다. 상담 세팅 안에서 상담자와 내담자가 함께 공감하고 깊은 신뢰와 건강한 사랑이 존재한다면 상담실의 시설과 무관하게 그 상담은 건강한 상담이 될 것이다.

이렇게 교회 건축과 상담은 모두 사랑을 지향한다고 필자는 믿는다. 교회 건축도 신앙인들을 사랑하는 건축이 되고, 교회 주변의 사람들과 사회구성원들을 배려하고 사랑하는 건축이 된다면 그 교회 건축은 이미 높은 수준의 공공성을 담지한 교회 건축이 될 것이다.[17] 적어도 주변 환경과 소통하며 교류하는 지역적인 필요를 반영하고 수용하는 사랑이 담긴 교회 건축이 될 것이다. 그런 면에서 교회 건축은 상담적이기도 하다. 이미 교회 건축이 주는 이미지와 모습은 사회에 상당한 영향을 주기 때문이다. 교회 건물 자체가 지역사회에 주는 이미지와 상징성은 그 지역의 특성과 미래를 반영하는 아이콘 역할을 한다고 볼 수 있다. 교회 건물도 사람들에게 건강한 대상과 공간이 될 수 있기 때문이다. 심신이 지친 자들이 교회 건물에 들어와서 잠시 마음을 추스를 수 있다면 종교를 떠나서 이미 그런 공간으로써도 사람들에게 위로와 희망을 주는 공간이 될 수 있다.

사람만이 내담자에게 건강한 대상이 되는 것이 아니라, 무생물의 대상도 사람에게 좋은 대상이 될 수 있는 가능성을 시사한 상담가

---

17) 손호현, 『인문학으로 읽는 기독교 이야기』 개정판 (서울: 동연, 2015), 11장 '효율, 평등, 생명의 경제학' 참조.

가 있다. 자기 심리학을 창시한 하인즈 코헛(Heinz Kohut)이다. 하인즈 코헛은 자기애(narcissism)에 대한 획기적인 새로운 이해를 통해서 이전에 프로이트가 중단했던 자기애적인 내담자를 새로운 접근으로 치유를 시작한 상담가로 알려져 있다. 자기 심리학의 핵심내용은 건강한 자기대상(selfobject)을 통해서 내담자가 자기의 구조를 단단하게 만들어갈 수 있다는 것이다. 단단한 자기구조는 자신의 한계를 받아들일 수 있고, 삶의 지혜를 가지고 살아가는 건강한 정신의 소유자를 만들어나간다고 코헛은 설명한다. 앞서 말한 것처럼, 사람뿐만 아니라 무생물의 대상도 사람에게 건강한 자기구조를 만들어 가는 데 도움을 주는 대상이 될 수 있다고 한다면, 교회 건물도 분명히 사람의 자기구조를 단단하게 만들어 주는 적절한 자기대상이 될 수 있다.[18]

가톨릭의 고딕 양식이 절대자를 향한 강한 열망을 표현하는 기도하는 손을 형상화한 것이라는 점에서도 이미 교회 첨탑과 십자가는 많은 신앙인들에게 건강한 자기대상의 역할을 해왔다고 이해할 수 있다. 그런 점에서 교회 건축이 지나치게 위압적이거나 혹은 건강한 신학과 무관한 건축을 시도할 때 결과적으로 신앙적으로, 정신적으로 사람에게 미치는 영향은 크다고 할 수 있다.

8. 공공성을 지향하는 교회 건축: 기독(목회)상담적 제언

이 시대의 한국 개신교회가 계속적으로 존재하고 부흥하기 위해

---

18) Heinz Kohut, *How Does Analysis Cure?* (Chicago: The University of Chicago Press, 1984), 160.

서는 누구나 쉽게 다가갈 수 있는 교회가 되어야 한다. 이 시대의 교회 건축에서 필요한 것은 바쁜 시간을 살아가는 신앙인들에게 기억과 애도의 공간과 시간을 제공해 주는 것이다. 교회의 위치와 시설 이전에 고려되어야 할 점은 신앙인들의 내면세계를 회복시키고 치유하는 것이다. 동시에 지역사회에서도 교회 건축이 그러한 기억과 애도의 장소로 활용된다면, 신앙과 종교를 뛰어넘어서 교회가 지역사회의 공공성을 확보하고 건강한 신학을 담지하는 교회 건축을 정립할 수 있을 것이다. 신앙인이고 목회자인 필자 자신부터 건강한 신학이 있는 교회 건축을 통해서 다시 회복되고 싶다. 그 핵심에는 상실한 대상과 지나간 시간에 대한 애도의 문제가 있다. 건강한 애도의 공간과 시간이 교회 안에 있다면 신앙인들의 정신건강은 한결 나아질 것으로 전망한다.

종종 길거리를 지나다가 중세 유럽의 성처럼 당당하고 거대하게 지어진 교회 건물과 그 첨탑의 십자가를 보게 된다. 그때 저 교회에는 어떤 사람들이 다닐까 하는 의문이 들기도 한다. 교회는 누구에게나 열려 있는 공간이어야 한다. 아무리 초라하고 작더라도, 그 교회 건물은 누구에게나 열려 있어야 한다.

우리는 교회의 머리가 예수 그리스도라고 신앙고백을 한다. 우리는 그 예수가 이 땅에 어떻게 왔는지 기억해야 한다. 예수는 누구나 와서 경배할 수 있는 마구간에서 탄생했다. 고귀한 신분의 왕자로 오신 것이 아니라, 가장 낮고 초라한 자리를 통해 오셨다. 그 예수를 교회의 머리라고 고백한다면, 한국 개신교회의 건축은 누구나 찾아와서 예배드릴 수 있는 장소여야 한다. 누구나 찾아올 수 없는 교회라면, 누구나 다가서기 어려운 성직자라면 그것은 이미 소통과 변화를 향한 문을 닫은 것이나 다름없다. 꼭 화려하고 큰 건물이 아니더라도 마음이 기쁜 자든, 슬픈 자든, 어떤 마음을 가진 사람이라도

와서 위로와 격려를 받고 신앙생활을 할 수 있는 곳이 바로 교회여야 한다.

그런 점에서 볼 때 한국 개신교의 교회 건축은 다시 한 번 새로운 출발점에 놓여 있다. 한국 개신교회는 이제 소속 교인들에게만 묘지를 허락해 줄 것이 아니라, 무연고자와 극빈자들을 위해서도 시신을 매장할 수 있는 묘지 터나 납골당을 구비할 수 있어야 한다.[19] 그것은 가난한 사람들을 돌보라고 강조하는 성서의 입장을 따르는 것이며, 공공성을 지향하는 교회로서 사회복지에 크게 이바지할 수 있는 방법이기도 하다. 동시에, 개인적인 슬픔이나 상처로 인해서 교회를 떠나고 신앙을 포기하는 사람들을 다시 부르기 위해서는, 교회 안에 애도의 공간을 만들어 교인들 스스로 마음을 회복할 수 있는 심리적인 공간을 제공해야 한다.

기독교는 죽음의 종교이다. 동시에 부활의 종교다. 예수가 죽었기 때문에 우리에게는 은혜와 구원이 있다. 그리고 그 죽음은 부활로 이어져 우리에게 소망과 구원으로 다가온다. 그런 점에서 한국 개신교는 죽음을 직면해야 한다. 신학적 재조명을 통해, 죽음과 고통을 피하는 종교가 아니라 고통스러운 현실과 죽음을 직면하는 종교가 되어야 한다.

---

19) 이정구, 『교회건축의 이해』 (2012), 217.

참고문헌

권수영. 『기독[목회]상담, 어떻게 다른가요: 심리학과 신학의 만남』. 서울: 학지사, 2007.

손호현. "교회 건축의 십계명: 신학이 있는 교회 건축과 인생 건축." 손호현 편. 『한국 교회 건축과 공공성』. 서울: 동연, 2015, 11-41.

_____, 『인문학으로 읽는 기독교 이야기』 개정판. 서울: 동연, 2015.

유영권. 『기독(목회)상담학 영역 및 증상별 접근』. 서울: 학지사, 2008.

은준관. 『신학적 교회론』. 서울: 한들출판사, 2006.

오화철. "한국교회건축에 관한 목회신학적 접근." 『신학논단』 73집(2013).

_____. "교회 건축은 회복의 공간이다." 손호현 편. 『한국 교회 건축과 공공성』. 서울: 동연, 2015, 357-368.

에스더 M. 스턴버그. 서영조 역. 『공간이 마음을 살린다: 행복한 공간을 위한 심리학』. 서울: 더퀘스트, 2013.

이정구. 『교회건축의 이해』. 파주: 한국학술정보, 2012.

정시춘. 『교회건축의 이해』. 서울: 발언, 2000.

Schlauch, Chris R. *Faithful Companioning: How Pastoral Counseling Heals*. Minneapolis, Fortress Press, 1995.

Kohut, Heinz. *How Does Analysis Cure?* Edited by Arnold Goldberg with the collaboration of Paul E. Stepansky. Chicago: The University of Chicago Press, 1984.

_____. *The Restoration of the Self*. New York: International Universities Press, 1977.

_____. *The Analysis of the Self*. New York: International Universities Press, 1971.

코로나19 팬데믹 시대의
예배공간 공유에 대한 이해

1장
예배공간 공유에 대한 공간 신학적 이해

박재필 교수
(장로회신학대학교)

1. 들어가는 말

    2010년경부터 우리 사회에 창업을 위한 각양각색의 공유(共有)공간이 등장하게 되었다. 특히, 소셜네트워크 벤처 밸리로 떠오르는 성수동에는 '함께 좋은 일을 하다(Co Work & Do Good)'라는 의미를 지닌 co-working space '카우앤독(Co.W & Do.G)'을 비롯하여 '스파크 플러스' 등 긍정적 사회 변화를 지향하는 사람 누구나 이용할 수 있는 개방형 공간이 주목을 끌고 있다. 공유공간은 같은 목적으로, 같은 공간에서, 정보와 아이디어를 주고받으며 창업과 사업을 위해 공간을 공유하는 것이다.
    이러한 공간 공유 현상은 기업이나 사업장에만 국한되는 것이 아니라 학교에도 확산하고 있다. 대표적 현상으로 대학 내 유휴공간을 개인, 단체, 기관에 연결해 주는 플랫폼 등장이 화제인데, 이는 대학이 가지고 있는 다양한 공간들을 필요가 있는 고객들에게 대여해 주거나 학교 시설의 유휴공간을 적극적으로 활용하도록 하는 공간 중개 플랫폼인 '스쿨쉐어링'이다. 이것은 학교 공간을 지역 주민, 지역사회와 연결하는 '학교 개방 모델'로써, 대학의 입장에서는 지역과 학교의 연계, 대외 인지도 부각, 대여 수수료 같은 형식의 수익 증대 방안을 포함해 다양한 효과를 얻을 수 있고, 지역 주민이나 공간이 있어야 하는 개인과 단체의 처지에서는 용도에 맞는 공간을 저렴하고 쉽게 이용할 수 있다는 장점이 있다.[1]

이렇게 공간을 공유하고자 하는 시도는 창업 또는 비즈니스 공간, 학교 공간에 제한되지 않고 하나의 예배공간을 두 개 이상의 교회가 함께 사용하는 '예배당 공유' 개념으로 이어지고 있다. 경기도 김포 김포한강신도시에서 7개 교단 9개 교회가 같은 예배당을 공유하는 '르호봇 Co-Worship station'을 그 대표적 사례로 들 수 있다.

이처럼 창업 공간, 학교 공간에 이어 교회 차원의 '예배당 공유'는 이미 시작되었고, 이는 교계에 적잖은 반향을 불러일으키고 있다. 이러한 과정에서 여러 사례를 통해 발견되는 것은 '예배공간 공유제'가 갖는 긍정적인 의미와 가치도 있지만, '예배공간 공유'에 따른 불협화음과 부작용도 있다는 것이다. 이에 필자는 본 원고를 통해 공간에 대한 신학적 해석과 함께 예배를 위한 공간을 공유하는, 이른바 '예배공간 공유제'에 대한 신학적 이해의 틀을 제시하고자 한다.

---

1) '스쿨쉐어링'은 서울특별시 공유경제 기업 제85호로 지정된 ㈜쉐어잇(share-it)의 학교 공간 중개 서비스다. "상상 가능한 모든 공간을 연결합니다"라는 브랜드 슬로건 아래 학교 공간을 연결하는 가장 안전하고 스마트한 방법을 제시하고 있다. 연결 가능한 공간으로는 강의실·강당·체육관 등 실내공간은 물론 운동장·기숙사 등 대학 내 많은 곳이 가능하다.

2. 공간의 정의

1) 동·서양의 공간 이해

서양에서는 공간을 space, universe라는 말로 표현하는데, 이는 cosmos와 같은 의미로서 '규칙'에 해당한다. 그리고 이러한 규칙은 '좌우 대칭성'으로 두드러지는데, 판테온, 하기아 소피아 대성당, 성베드로 성당, 노트르담 대성당, 베르사유 궁전 등이 모두 좌우 대칭성을 보인다. 그런가 하면 동양적 사고에 있어서 공간은 '비어 있다'는 의미의 공(空: emptiness)과 '사이' 또는 '관계'라는 뜻의 간(間: between)의 합성어이다. 경복궁이나 일본의 여러 성(城)을 보면 대부분 주변 환경에 맞추어 좌우 비대칭성을 띠고 있다. 이는 마치 자연발생적인 것으로 보이는데, 여기에는 일정한 조합의 방식이 읽히지 않고, 대신 존재 사이에 흐르는 관계가 읽힌다. 이렇게 동양적 공간 개념에 있어 '사이'라는 말은, 두 개체가 존재하고 두 개체가 어떠한 관계 방식으로 존재하느냐이다. 따라서 동양에서는 공간이라는 단어가 '비움'과 '관계'의 합성어로 이루어진 것[2]인 바, 소재적(所在的) 개념과 규칙이 바탕이 되는 수학적(數學的) 개념의 서양적 공간 개념과는 차이를 보인다.

이러한 차이에도 불구하고 공간에 대한 지각(知覺)의 주체는 동·서양에 있어서 모두 인간이다. 다시 말하면, 장소는 지각(知覺)의 주체인 인간을 축으로 하여 중심화된다는 뜻이다. 그래서 '장소'는 중심이 있고, 내부로 향한 힘이 느껴지는 '면적이 있는 공간'으로 넓이와 중심성이라는 두 가지 구성요소를 갖는다. 장소의 또 다른 특징

---

[2] 유현준, 『공간이 만든 공간』 (서울: 을유문화사, 2020), 124.

으로는 그것이 어떤 일정한 '크기'로 규정된다는 것이며, 그것을 공간적으로 둘러싸고 있는 '외부'와 대조를 이루는 '내부'의 개념이 발생한다는 점이다. 그래서 아무런 성격도 갖지 않는 중성적이고 무한정한 공간을 장소라고 하지 않는다. 왜냐하면, 장소는 단순한 무목적성의 공간이 아니라, 물리적 공간과 주체 간의 상호작용으로 인식되고 질서가 부여된 내향적 공간으로 체험되는 상징적, 심리적 공간이기 때문이다. 그래서 만일 누군가 '공간을 경험한다'라고 말할 때, 그 의미는 공간을 경험한다기보다 장소를 경험하는 것이라고 봐야 한다. 이렇게 장소는 우리 자신을 발견할 수 있는 상황의 공간적인 주어짐이다.[3]

또한, 이렇게 장소를 통해 우리 자신을 발견할 수 있는 '상황의 공간적 주어짐'은 결국 정체성과 연결될 수밖에 없다. 장소를 통해, 장소에 의해 형성되고 주어지는 것은 결국은 그 장소 안에 담긴 사람됨을 말한다. 또한, 장소 생성과 관계 맺음의 연관을 잘 보여주는 공간(空: emptiness + 間: between)이라는 말에서 나타나듯 낯선 타자들이 만나서 관계를 형성하고, 관계 안에서 자라나고 더욱 깊어지는 정체성을 갖게 한다. 이를 위해서는 각자의 장소를 유지하면서 타자와 하나로 포개지지 않고 거리를 두어야 한다. 거리가 사라지면 관계도, 장소도 사라지기 때문이다.

한편, 공간과 정체성의 상관관계에 대해서 도린 매시(Doreen Massey)는 근래의 지리적 장소 개념을 논의할 때, 특정 장소와 그 정체성의 특수성은 특정한 일련의 사회적 관계의 공존과 병렬에 의해, 그리고 그러한 병렬과 공존이 생산해 내는 효과에 의해 형성된다고 본다. 그래서 매시에게 있어서 장소 정체성이란 사회적 관계 자체가

---

3) 대한건축학회, 『건축공간론』 (서울: 대한건축학회, 2010), 91.

본질에서 유동적, 역동적이기에 변화, 생산을 통해 부정형적인 특징을 지닌다고 주장[4]하면서 공간과 정체성, 장소와 정체성의 상관관계를 사회적 작용의 특수성으로 가져간다.

2) 경험과 관계적 공간으로서 장소(place)

이-푸 투안(Yi-Fu Tuan)에게 있어서 공간(Space)은 어떠한 제한도 받지 않는 자유로운 영역이며, '무엇' 또는 '누군가'를 갈망하며 움직이는 동태적(動態的) 개념이다. 이에 비해 장소(Place)는 안전과 애착을 상징하며 정지되어 있는 정태적(情態的) 개념이다. 또한, 공간은 장소보다 추상적이다. 누군가에게 특별한 의미나 가치가 없던 공간은, 경험과 기억을 통해 특정한 그곳을 알게 되고, 그곳에 가치를 부여할 때 추상적인 공간은 마침내 구체적인 장소가 된다. 이처럼 공간은 정의(Definition)와 의미를 획득함으로써 하나의 장소로 변모해 간다. 친밀한 장소[5]는 우리의 기본 욕구인 안전이 확보되고 탈 없이 보살핌을 받는 양육 장소이며, 이동 중 정지(pause in movement)하는 곳이다. 또한, 공간은 익숙함과 친밀함을 통해 장소가 된다.

야곱이 형 에서의 복수를 피해 브엘세바를 떠나(in movement) 하란을 향하여 가다가 노숙을 하기 위해 '한 곳'(a certain place)에서 정

---

4) Doreen Massey, *Space, Place, and Gender*, 정현주 역, 『공간, 장소, 젠더』 (서울: 서울대학교출판문화원, 2015), 303-306.
5) 안용성, 『현상학과 서사 공간; 성서의 이야기 공간에 대한 현상학적 고찰』 (서울: 새물결플러스, 2018), 276-277. 안용성은 렐프(Relph)의 설명을 인용하면서, '장소(Place)'란 인간의 활동을 통해 인간과 관계를 맺고, 어떤 의미를 가지며, 그 의미가 정서적인 연결로 나타나는 것이라고 강조한다. 이는 존 애그뉴(John Agnew)가 언급한 바, 장소의 세 가지 구성요소; 위치(location), 현장(locale), 장소감(sense of place) 중 장소가 가지는 주관적이고 정서적인 연결을 말한다고 볼 수 있다.

지하여 돌을 가져다가 그것을 베개로 삼고 잠을 청한다. 그리고 꿈에 땅과 하늘을 연결하는 사닥다리 위에서 천사가 오르락내리락하며 야곱에게 들려주시는 하나님의 약속을 듣게 된다. 이때 야곱은 잠이 깨어 스스로 그곳을 '하나님의 집'이요, '하늘의 문'이라고 고백하며 베개로 삼았던 돌을 가져다가 기둥으로 세우고, 그 위에 기름을 붓고 이름을 '벧엘'이라고 명명[6]한다. 야곱이 주의(主意) 없이 몸을 뉘었던 추상적이고 막연했던 공간(Space)이 하나님을 체험한 경험적, 구체적 장소(Place)로 거듭나게 된 것이다.

이처럼 장소의 가치는 '특별한 관계' 또는 '특별한 경험'이 주는 친밀함이라고 볼 수 있는데, 이러한 친밀감은 시간성이 담보될 때 공간을 장소화한다. 즉, 어떤 공간이 우리에게 완전히 '익숙해졌다' 또는 '친밀해졌다'고 느껴질 때 그 공간은 드디어 장소가 된다.[7] 또한 공간(space)이라는 곳에 우리의 경험과 삶, 애착이 녹아들 때 그곳은 장소(place)가 되는 것이다.[8]

한편, 공간을 분류할 때 그 구성 방식에 따른 공간 개념으로는 고정적인 장소를 점유한 '명확하면서도 물리적이며 경험적 실체로 구성된 공간(absolute conception of space)'으로서 우리가 일차적으로 가장 명확히 인식하는 '절대공간'이 있다. 또한 '고밀도 공간 또는 저밀도 공간, 집중적 공간 또는 분산적 공간'과 같이 공간을 구성하는 물리적 요소나 사건이 배열되고 구조화되는 양상에 주목하며 파악하는 '상대공간'이다. 그리고 중심, 주변, 상류층, 하류층과 같이 개별

---

6) 창세기 28장 10-22절, 나그네에게 잠자리가 되었던 공간(space)이 신적 체험을 한 야곱에 의해서 장소(place)로 거듭나게 된다.
7) Yi-Fu Tuan, *Space and Place*, 윤영호, 김미선 역,『공간과 장소』(서울: 사이, 2020). 공간과 장소에 대한 개념은 Yi-Fu Tuan의 것을 필자가 해석을 통해 정리한 것임을 밝힌다.
8) Yi-Fu Tuan,『공간과 장소』(2020), 에필로그 中에서.

요소, 활동이나 기능 단위, 행위자의 관계에 의해 규정되는 '관계공간'이 있다.[9]

여기서 소개되는 세 공간 개념 중 '관계공간'은 이-푸 투안의 구분에 의하면 공간이라기보다는 장소로 이해할 수 있을 것이다. 인문지리학자들 역시 '장소(place)'를 '공간(space)'과 구별한다. 사람들이 어떤 공간에 의미를 부여하고 어떤 방식으로든 관계를 형성하는 곳이 장소이다. 이렇듯 공간은 정의와 의미를 획득함으로써만 하나의 장소로 변모해 간다. 이처럼 공간을 기하학이나 물리학의 척도 또는 좌표로 이해하기보다, 사람들이 그 안에 존재하고 또 체험하는 공간으로 해석할 때 그 공간은 바로 장소(place)가 된다.

이-푸 투안은 낯설고 차가운 물리적, 지리적 공간이 인간의 경험과 활동을 통해 안정과 정체성의 원천이 되는 친밀한 체험 장소로 바뀌어 가는 과정에 주목한다. 이러한 과정에서 형성된 장소에 대한 애착(topophillia)이 장소의 토대가 되는데, 이는 장소에 대한 거부감 또는 반감(topophobia)과는 대조를 이룬다. 이에 대해 렐프(Edward Relph)는 '채워지기를 기다리는 빈칸'으로서의 공간(space)과 사람이 존재하고 기억하는 곳, 그리고 동일하지 않으면서 각자의 고유한 이름과 경험이 있는 곳, 근본적으로 안정적인 곳으로서 장소(place)를 구분한다.[10]

이처럼 공간이 장소로 바뀌는 과정에서 중요한 역할을 하는 것이 바로 장소감(sense of place)인데, 존 애그뉴(John Agnew)는 장소(place)의 세 가지 구성요소로서 위치(location), 현장(locale), 장소감(sense of place)을 제시한다.[11] "어디에?"라는 질문의 답으로서 '위치'와 모든

---

9) 조명래, 『공간으로 사회 읽기』 (서울: 한울, 2013), 46-48.
10) 안용성, 『현상학과 서사 공간; 성서의 이야기 공간에 대한 현상학적 고찰』 (2018), 278.
11) Edward Relph, PLACE AND PLACELESSNESS, 김덕현·김현주·심승희 역, 『장소와 장소상실』 (서울: 논형, 2005), 32.

장소가 위치와 함께 가지고 있는 '현장' – 현장이란 장소의 물질적이고 구체적인 형태 –, 그리고 '장소감'이다. 이때 사람들은 장소감을 통해 장소와의 동일시를 경험하게 되는데, 이러한 과정에서 장소 자체가 정체성을 갖게 되고, 정체성을 형성하는 과정에서 다른 무엇 또는 어디가 아니라 사람이 중요한 부분을 차지하게 된다.

그렇다면 우리가 어떤 '장소 안에 있다'는 것은 어떤 의미인가? 그것은 '거기에 소속된다'는 것이고, '그곳과 동일시된다'는 의미이다. 따라서 "더욱 깊이 내부에 있게 될수록 그곳과 동일시, 다시 말해서 '장소에 대한 정체성'은 더욱 깊어진다."[12]

아울러 장소(place)로서 교회와 관련하여 주목해야 할 부분은 렐프가 강조하는 장소의 토대가 되는 '집' 개념이다. 특별히 진정성의 척도로 사용되는 실존 개념과 집의 중심성, 그리고 대면접촉의 중요성은 하이데거의 영향을 받은 것인데, 하이데거는 세계-내-존재(In-der-Welt-sein)라는 '현존재의 근본 구성틀'과 관련하여 실존적으로 공간을 이해한다.[13] 인간이 세계 '안'에 존재한다는 것은 곧 '거주'하는 것이며, 세계와 친숙한 관계 속에 존재하는 것이고, 세계 '곁에 있는' 것이라 본다. 따라서 인간은 공간과 분리될 수 없다. 그리고 공간은 인간과의 관계 속에 존재한다. 그리고 이러한 관계 속에서 세계는 인간 실존의 일부로써 마침내 장소(place)가 된다.[14]

이렇게 누군가에게 장소가 된다는 것은 어느 정도의 시간성을 담보로 친밀감과 관계성을 형성해 가는 정주(定住) 공간으로써 장소를 경험하게 될 때 가능하다. 따라서 물리적 공간으로서 예배공간에 대

---

12) Edward Relph, 『장소와 장소 상실』 (2005), 116.
13) Martin Heidegger, 이기상 역, 『존재와 시간』 (서울: 까치글방, 2003), 159.
14) 안용성, "하이데거의 '세계'에 비추어 보는 르페브르의 '사회적 공간'"; 성서 서사공간 해석을 위한 이론적 논구", 『한국기독교신학논총』 91(1)(2014), 15-16.

해서 논의할 때 특정 장소에 머무는 정주(定住) 기간에 대한 공간 운용 계획이 필요하다고 하겠다.

3) '자리하기'와 '배치하기'를 통한 사회적 공간으로서 장소(place)

마티나 뢰브에게 있어서 장소는 "구체적으로 명명될 수 있는, 대체로 지리적으로 표시된 자리, 위치이며, 그 장소에는 고유한, 뚜렷이 구별되는, 비할 수 없는 성질이 깃들어 있다"[15]라고 강조한다. 뢰브는 장소라는 것은 스페이싱(spacing)[16] 과정에 생기며, 구체적으로 명명할 수 있을 때 '장소화'가 가능하다고 주장한다. 이렇듯 공간은 다름 아닌 구성요소들의 연결이다. 같은 장소에서 다른 공간들을 구성함으로써 장소 자체를 다시 생성하게 된다는 뜻이다. 다시 말하면, 장소는 공간의 구성에서 일반적으로 스페이싱(spacing)과 종합, 양자에 걸쳐 근본적인 의미를 갖는다. 왜냐하면 모든 공간 건설이 직·간접적으로 위치하기(location)에 기반을 두며, 이 위치하기를 통해 장소가 생겨나기 때문이다. 위치하기가 규정될 수 없다면 공간 개념은 단지 은유적일 수밖에 없다.

이렇게 뢰브에게 있어서 공간은 관계적 배치이다. 다시 말하면, 뢰브가 해석하는 공간은 장소를 바탕으로 이루어지는 사회적 생산물들과 사람들 또는 생물들의 관계적 배치이다. 이때 사회적 생산물로서 물질적 생산물들은 그 물질적 속성들로 인해 공간들로 연결될 수 있으며, 스페이싱(spacing)이 가능하다. 그리고 물질적 속성들에 의해서 그것들은 공간들로 연결될 수 있으며, 또한 그 물질적 속성

---

15) Martina Löw, *Raumsoziologie*, 장유진 역, 『공간 사회학』 (서울: 제르미날, 2020), 299-304.
16) '스페이싱(spacing)'을 우리말로 풀어낼 적확한 말을 찾지 못해서 저자의 표현을 그대로 옮긴다.

을 기반으로 상징적 효과를 발휘한다. 왜냐하면 사회학적으로 바라보는 공간, 즉 공간사회학에서는 사람들 역시 공간들로 연결된 구성요소들이며, 또한 사람과 공간의 연결 자체가 사람의 활동에 연관되어 있다고 본다. 이때 다른 생물들 역시 사람들처럼 공간들의 구성에 관여할 수 있다. 어떤 것을 배치(placing)하려면 그것이 '자리에-놓일' 장소가 있어야 하는데, 이때 장소는 구체적으로 명명될 수 있는, 대체로 지리적으로 표시된 자리, 즉 위치를 가리킨다.[17]

뢰브처럼 관계성을 강조하는 공간 사회학에서는 공간이 구성요소들을 통해, 그리고 그것들의 연결관계를 통해 형성된다는 것을 부각하려 한다. 즉, 공간은 절대개체만도, 그렇다고 관계만도 아니며, 공간은 배치(placing)로부터, 즉 '다른 자리에-놓기들'과의 관계 속에서 '자리에-놓기'로부터 생긴다는 것이다. 뢰브의 시각으로 예배장소를 공유할 때 염두에 두어야 할 것은 바로 이 부분이다. 예배공간이 단순히 가치 중립적인 물질만은 아니기에 예배를 위해 존재하는 모든 개별적 물질들, 가령 성물(聖物)들이 자신의 위치를 찾고, 서로 연결되는 배치하기(placing)를 거칠 때에라야 종교적-신앙적 의미가 있는 장소가 되는 것이다.

공간의 사회적 의미를 말할 때 르페브르를 건너뛸 수 없다. 르페브르가 "모든 공간은 사회적이다"라고 주장하면서 데카르트의 객관적 공간 개념을 비판하는 까닭도 바로 이것이다. 왜냐하면 공간은 이미 '그 안에', '그 사이에' 사회적 관계들을 포함하고 있기 때문이다. 그래서 공간은 사회적 관계들 때문에 지탱될 뿐 아니라, 그 관계들 때문에 생성되기도 하며, 그 관계들을 생산해 내기도 한다[18]고 역

---

17) Martina Löw, 『공간 사회학』 (2020), 305.
18) Henri Lefebvre, *State, Space, World: Selected Essays*, ed. Neil Brenner & Stuart Elden, tr. Gerald Moore et. al. (Minneapolis: University of Minnesota Press, 2009), 186.

설한다. 또한, 공간은 단순히 물리적 객체나 대상이 아니라 사물들 - 질료를 담고 있는 대상들과 생산물 - 이 맺고 있는 관계의 총체(總體)[19]이기에 사물들 사이에, 그리고 인간-사물 관계가 형성됨으로써 사회적 공간이 생산되는 것은 사회적 노동을 통해서 가능하다.

3. 신학적 공간 이해

1) 하나님은 공간이시다[20]

'율법의 회복자들'로 불리는 아키바(Akiba)의 다섯 제자들 중 하나인 호세 할라프타(R. Jose b. Halafta)는 "보라, 내 곁에 한 장소(place)가 있으니 너는 그 반석 위에 서라!"(출 33:21)를 근거로 "하나님께서 그분의 장소이시다"[21]라는 견해를 밝힌다. 이는 신명기 33장 27절, "영원하신 하나님이 네 처소(refuge; place)가 되시니…"와 시편 90편 1절, "주여, 주는 대대에 우리의 거처(dwelling place)가 되셨나이다"를 통해 더욱 성서적 탄력을 받게 되는 바, 주님께서는 그분의 세계의 장소이시지만, 그분의 세계가 그분의 장소는 아니라는 결론에 이르게 된다.

또한 더욱 급진적인 공간에 대한 신학적 해석은 게마트리아 설명 가운데 나타난다. 막스 야머(Max Jammer)는 게마트리아 설명을 통해 '하나님=(절대)장소'라는 유대교 신비주의 전통의 하나님-공간 이해

---

19) Henri Lefebvre, *La production de l'espace*, 양영란 역, 『공간의 생산』 (서울: 에코 리브르, 2011), 148.
20) '하나님이 공간이시다'(신=공간)라는 표현과 구분하기 위해 '하나님은 공간이시다로 표기한다.
21) 막스 야머(Max Jammer), 이경직 역, 『공간 개념; 물리학에 나타난 공간론의 역사』 (서울: 나남, 2008), 79-83.

를 끌어낸다. 신성四문자(야훼) 각각의 철자에 해당하는 수 값(數價)의 제곱들을 더하면, '장소'라는 단어의 개별 철자들에 해당하는 수 값의 합을 얻게 된다.

$$40 = \mathtt{מ} \quad 6 = \mathtt{ו} \quad 100 = \mathtt{ק} \quad 40 = \mathtt{מ}, \quad 5 = \mathtt{ה} \quad 6 = \mathtt{ו} \quad 5 = \mathtt{ה} \quad 10 = \mathtt{י};$$
$$40+6+100+40=186, \quad 5^2+6^2+5^2+10^2=186.$$

이렇게 '하나님=공간'이라는 게마트리아 설명을 더욱 강력히 뒷받침할 만한 구약성서 본문은 바로 에스더 4장 14절이다. 주지하듯이 구약성서 에스더에는 하나님의 이름이 단 한 번도 등장하지 않는다. 하지만 모르드개의 다음 말, "이때에 네가 만일 잠잠하여 말이 없으면 유다인은 다른 데로 말미암아 놓임과 구원을 얻으려니와, 너와 네 아버지 집은 멸망하리라. 네가 왕후의 자리를 얻은 것이 이때를 위함이 아닌지 누가 알겠느냐" 속에 등장하는 '다른 데(another place)'가 하나님을 암시하는 것[22]이라는 많은 주석들이 동의를 얻게 될 때, 하나님(יהוה)=공간(מקום)이라 호명하는 것이 결코 불경스런 차원의 인식에만 그치지는 않을 것이다.

그렇다면 하나님의 또 다른 존재적 이름으로 공간을 언급한다면, 물리적, 양태적 개념으로서 공간은 신의 창조행위와 어떤 상관관계에 놓이는가? '하나님=공간'이란 주장에 있어서 공간을 하나님의 창조물로 보는 것은 어떠한가.

---

22) 성지연구원, "하나님의 이름(신성四문자 יהוה) 속에 담긴 히브리어 언어유희," 「예루살렘 통신」 No. 122. 가을호(2021/10), 7.

2) 하나님이 공간을 창조하셨다

성경에서 하나님이 공간을 창조하셨다는 단서를 찾을 수는 없다. 하지만 공간과 빛을 같게 여긴 종교적 전통들은 타 종교[23]나 기독교 모체로써 유대종교에서도 찾을 수 있다. 하나님이 빛을 창조하셨기에, 하나님은 빛이자 빛의 창조자이며 공간의 창조자라는 설득력을 갖게 된다. 하나님에 대한, 하나님을 위한, 하나님의 어떤 형상도 금하고 있는 성경조차도 빛이라는 원소를 하나님이 인간에게 보일 수 있는 매체 - 불타는 떨기나무 가운데 모세에게 나타나심(출 3:4), 불기둥으로 광야에서 이스라엘 자손들을 이끄심(출 13:21), 옷을 입음같이 빛을 입으심(시 104:2) 등 - 로 사용한다.

무엇보다 신이 스스로 자신을 빛으로 소개 - "나는 세상의 빛이니(I am the Light) 나를 따르는 자는 어둠에 다니지 아니하고 생명의 빛(Light of Life)을 얻으리라"(요 8:12) - 하는 성서 구절과 예수 그리스도의 계시를 통해 성경을 기록한 사도 요한의 편지 - "우리가 그에게서 듣고 너희에게 전하는 소식은 이것이니, 곧 하나님은 빛이시라(God is Light) 그에게는 어둠이 조금도 없으시다는 것이니라"(요일 1:5) - 는, '빛=공간' 개념이라는 것이 신의 피조물이라는 차원을 넘어서 '하나님=공간'이듯, '하나님=빛'이라는 신학적 귀결점에 이르는 단서를 제공한다. 창세기의 우주생성론은 공간이 하나님의 신적 창조행위의 산물이라고 직접적으로 언급하지는 않지만, 하나님은 "빛이 있으라"(창 1:3) 하셨고, 그 결과 별들이나 태양이 있기 전에 빛이 창조되었다. 빛이 공간이기에 공간은 하나님에 의해 창조되었다.

---

23) 이집트의 레(Re)는 태양신이며 창조신이다. 또한 페르시아의 아후라 마즈다(Ahura Mazda), 브라만(성장, 팽창, 발전), 아트만(호흡, 생명원리)은 태초의 빛으로 인격화된다. 막스 야머, 『공간 개념: 물리학에 나타난 공간론의 역사』 (2008), 93.

그렇다면 하나님은 어떻게 공간을 만드셨는가? 어떻게 빛을 만드셨는가?

3) 하나님은 비움으로 공간을 만드신다

유대 신비철학에 따르면, 무한하시고 영원하신 자존자(自存者)로서 거룩하신 빛이 원래는 우주 전체를 차지했는데, 그분 스스로 그분의 빛을 거두셨으며, 그 빛을 그분 자신의 실체에 집중하심으로써 허공을 창조하셨다. '신성한 충만'이신 하나님은 그분이 만드신 창조물에게 자리를 만들어주기 위해 절대적 수축(收縮)을 하셔야 했다. 절대자 스스로 만물이시고 무한하시다면 그분에 의해 창조된 우주와 만물이 들어설 자리, 즉 공간이 없기 때문이다. 이렇게 무한한 빛인 절대자는 세계를 위해 중심으로부터 '텅 빈' 장소로 수축(tzimtzum)하셨다.[24] 사도 바울의 고백 – "이는 만물이 주에게서 나오고 주로 말미암고 주에게로 돌아감이라 그에게 영광이 세세에 있을지어다 아멘"(롬 11:36) – 속에 언급되는 '만물이 주에게서 나오고'라는 표현은 절대 빈 공간, '텅 빈' 장소로서 존재하시는 하나님이실 때 가능하다. 물리적, 실재적 공간이라면 그 공간이 담을 수 없는 영역이란 존재할 수 없기 때문이다.

4. 예배공간에 대한 신학적 이해

기독교에 있어서 예배공간이라는 것은 어떤 공간인가? 그것은 분

---

24) 막스 야머, 『공간 개념: 물리학에 나타난 공간론의 역사』 (2008), 113.

명 하나님께 예배하기 위한 공간임에 틀림없을 것이다. 그렇다면 하나님을 예배하는 장소는 어디라야 타당한가? 예배장소, 이른바 신적인 장소인 성전은 문화권에 따라 인간이 신을 어떻게 해석하는가에 따라 다르게 표현된다. "고대 국가의 신전인 '지구라트'는 신으로 숭배되었던 왕의 주검에서 빠져나온 혼을 하늘로 보내는 발사대, 즉 하늘에 이르는 계단의 역할을 했다. 이집트 피라미드 역시 왕의 혼이 하늘을 향해 올라가도록 하려는 것으로, 신석기 시대의 거석이 피라미드로 진화한 것으로 볼 수 있다. 또한, 고대 문명의 피라미드는 모두 '하늘을 향한 인간의 수직적 열망'의 표현"[25]이다. 이렇게 하나님과 인간의 관계 맺기를 열망하는 수직 지향적 건축양식이 바로 고딕이다. 프랑스 몽생미셸 수도원 성당 역시 하늘로 치솟는 모양을 통해 하늘을 향한 그들의 열망을 수직적 양태로 표현한 것이다. 하나님과 인간의 물리적 거리를 공간 개념으로 삼았을 때 하나님은 하늘에, 인간은 땅에 존재한다고 믿었기 때문이다.

반면, 동양에서는 하늘과 땅은 구분되는 듯하지만, 태극 문양이 상징하듯이 하늘과 땅이 서로 연결되고 또한 순환한다. 하늘과 땅이 음과 양처럼 서로 맞닿고 얽혀서 운행한다. 또한, 하늘과 땅 사이에는 인간이 존재하는데, 하늘·땅·인간의 공간적 관계는 '천지무간(天地無間)'이다. 다시 말하면, 하늘과 땅 사이에 '틈', '간격' 또는 '거리'가 없다는 뜻이다. 그래서 동양 건축에서는 하늘을 향해 열망을 표현하는 수직 지향적 건축물을 찾기 힘들다. 유목문화에서는 하늘 숭배가, 농경문화에서는 땅에 대한 숭배가 강조되기 때문이다.

그렇다면 기독교적, 성경적인 공간의 중심으로서 예배공간은 어디인가? 엘리아데(M. Eliade)는 '우주 축(axis mundi)' 혹은 '우주의 기둥

---

25) 이상헌, 『한국 건축의 정체성』 (파주: 미메시스, 2017), 99.

(universalis columna)'이라는 표현으로 장소성과 공간성을 우주의 중심으로 삼고 거룩하게 하는 상징으로 삼는다.[26] 이에 따라 예루살렘이 우주의 축이었고, 사원과 대성당이 우주 축으로서 지상의 중심이라는 의미를 지닌다고 본다. 하지만 성경에서는 하나님이 특정(特定) 공간에 계신 분이라고 말하지 않는다. 아니, 오히려 거룩하게 여겨지는 특정(特定)한 공간에 위치하실 것이라는 일반적 신적 소재(所在)의 통념을 부정한다.

> 하나님이 참으로 땅에 거하시리이까 하늘과 하늘들의 하늘이라도 주를 용납하지 못하겠거든 하물며 내가 건축한 이 성전이오리이까(왕상 8:27).

지상에서 가장 화려한 성전을 짓고도 하나님 앞에서 인간들의 손으로 지은 어떠한 공간도 하나님이 임재하시기에 마땅치 않다는 의미로 솔로몬이 고백한 내용이다. 그렇다면 신약성경은 예배공간에 대해서 뭐라고 말하는가? 이는 예배공간에 관한 수가 성 여인의 물음에 대해 답하시는 예수님의 말씀 가운데서 답을 찾을 수 있다.

> 우리 조상들은 이 산에서 예배하였는데, 당신들의 말은 예배할 곳이 특정(特定)한 장소(place)인 예루살렘에 있다고 하더군요(요 4:20).[27]

위와 같은 수가(Sychar)라는 동네에 사는 한 여인의 말에 대해서

---

[26] Mircea Eliade, *Das Heilige und das Profane,* 이은봉 역, 『성과 속』 (서울: 한길사, 2016), 67.
[27] 필자의 사역(私譯).

예수님은 특정 장소가 아닌 '예배하는 사람들'에 방점을 두고 말씀하신다.

> 여자여, 내 말을 믿으라. 이 산에서도 말고 예루살렘에서도 말고 너희가 아버지께 예배할 때가 이르리라.… 아버지께 참되게 예배하는 자들은 영과 진리로 예배할 때가 오나니 곧 이때라. 아버지께서는 자기에게 이렇게 예배하는 자들을 찾으시느니라 (요 4:21~23).

이 문답을 통해 성경은 하나님께서 인간들이 특정(特定)한 어떤 공간에 자리(spacing)하시는 분이 아님을 분명히 밝히고 있다. 이는 신약성경에 기록된 신적 소재에 대한 사도 바울의 글에서도 거듭 확인된다.

> 우주와 그 가운데 있는 만물을 지으신 하나님께서는 천지의 주재시니 손으로 지은 전에 계시지 아니하시고…(오히려) 사람들이 하나님을 더듬어 찾기만 하면 만날 수 있게 해주셨습니다. 사실 하나님께서는 누구에게나 가까이 계십니다(행 17:24~27 중에서).

이처럼 하나님의 소재(所在)는 사람들이 갖는 보편적 인식체계로는 발견할 수 없다. 그렇다면 성경이 말하는 신적 소재, 하나님께서 존재하시는 곳은 어디인가?

> 두세 사람이 내 이름으로 모인 곳에는 나도 그들 중에 있느니라(마 18:20).

위 말씀들을 통해서 간파하는 하나님을 향한 예배공간은 사람들이 정하는 특정 공간이 아니라, 바로 하나님을 예배하는 사람들과 그리스도를 신앙하는 예배공동체 안에 있음을 보여주고 있다. 사실 기독교는 처음부터 예배를 위한 성전이 마련되어 예배행위를 가능하게 한 것이 아니었다. 가정교회를 비롯하여 카타콤, 회당 등 초기 기독교인들의 모임은 예배를 목적으로 만들어진 공간 안에서 이루어진 것이 아니었다는 뜻이다. 기독교 예배공간은 예배하는 자들의 예배행위가 만들어낸 것이다. 다시 말하면, 일상적인 공간에 하나님을 예배하기 위해 모인 평범한 그리스도인들의 모임을 하나님께서 거룩하게 하셨고, 세속적 공간이 그리스도를 예배하고자 하는 공동체로 인해 '거룩한 장소'가 된 것이다.

5. 공유공간으로서 예배공간에 대한 이해

1) '공유재(共有財)'로서의 교회

공유재는 공유재(commons) 혹은 공유자원(CPR, common-pool resource)이란 용어(用語)로 사용된다. 또한, 공유자원이란 복수의 여러 주체가 같은 시간 혹은 같은 장소에서 시·공간적으로 사용할 수 있다는 특성상, 각 자원 체계에 전용자(appropriator)가 여러 명 동시에 발생할 수 있다는 것을 뜻한다.[28] 강은기에 따르면 공유재 연구자들은 공유재를 정의하기 위한 요소로서 세 가지에 주목한다고 한

---

28) 강은기, "캠퍼스 공유재 제도의 원리와 분석 체계에 관한 연구-서울대 및 홍콩 대학들의 사례를 중심으로" (서울대학교 공과대학 건축학과 공학박사 논문, 2020/7), 14, 연구 용어 설명에서.

다. 첫째, 공유의 기본 내용으로서 '공유되는 자원(common resources)', 둘째, 공유화하기 위한 '공동체적 실천(commoning practices)을 포함하는 제도(institutions)', 셋째, 공유자원의 생산과 재생산에 관계된 '공동체(commoners)'이다.

유형의 교회, 물리적 공간으로서의 교회는 공유재이면서도 공공재의 성격을 띠고 있다. 그리고 교회는 비배제성이라는 측면에서, 그리고 편익 감소성이 낮은 시설이라는 측면에서 공공재라고 볼 수 있다. 그런가 하면 교회를 구성하는 구성원들은 종교법인으로서 교회의 물리적 공간에 대한 소유권을 주장할 수 있다. 이에 대해 강은기는 공유재의 관리적 측면에서 소유권의 중요성에 대해서 강조한다. 즉, 개방형(open system) 공유재인 경우 유지, 관리에 있어서 주체가 불분명하기에 노회나 건물주의 관리를 받아야 하고, 폐쇄형(closed system) 공유재인 경우에는 소유자나 공동소유자에 의한 집합적 행동 때문에 유지 관리가 가능하다고 한다. 그런데 폐쇄형 공유재인 경우 집합적 행동이 가능할 만큼의 소유권이 인정되느냐는 문제가 남는다. 현재 예배장소를 공유하고 있는 플랫폼의 경우 입주하는 교회가 최소한의 관리비 정도만 부담하고 있는 상황에서 건물, 공간에 대해서 자신들의 입장을 표명하기 어렵기 때문이다. 이러한 맥락에서 소유권의 중요성을 간과할 수 없는 것이다.

한편, 공공재 또는 공유재로서 교회는 시민사회 속에서 다양한 소통이 일어나는 '중심장소'의 역할을 감당해야 한다. 이상은은 후버의 소통적 자유의 교회론을 평가하면서 "교회는 소통의 장이 일어나는 현실 속에서 직접적인 소통의 장소로, 사회적 만남과 인지가 일어나는 행동공동체로서 자리매김해야 한다"라고 역설하면서 교회가 고정된 실체가 아닌 스스로 끊임없이 '공동체를 만들어가는 공동체'로 자리매

김할 것을 강조[29]한다. 또한 교회는 만남의 장소이자 확신을 주는 장소가 되어야 하며, 후버의 이중적 의미로써 만남의 장소, 즉 사회적 공간이자 물질적 공간으로 현존해야 한다. 여기서 이상은 후버의 관점을 통해 개신교 교회 건축양식이나 건물 자체의 의미가 퇴락했음을 인정하면서도 시민사회 속에서 공공재로서 교회 건물들이 어떻게 기능해야 할 것인가에 대해서 방향을 제시한다. 오늘날 시민사회 속에서 공공재로서 교회는 건물의 건축적, 미학적 의미가 존중되면서 만남의 중요한 장소로 주목되어야 함을 주장한다. 또한, 무엇보다 장소로서 그리고 건물로서 교회는 '인간의 영적인 필요를 채우고 경험하는 장소'[30]로써 교회 시설들에 관해 관심을 기울일 것을 강조한다.

2) '공유공간(共有空間)'으로서의 교회

'공유공간'으로 번역된 'shared space'는 1991년 팀 파로(Tim Pharoah)에 의해 처음 사용되었는데, 이후 생활권 도로의 차량 속도 저감 및 보행자 안전도모를 위한 Traffic Calming 기법 중 하나로 등장한 도시 설계의 개념[31]이다. 한편, 신은별과 이진민에 따르면, '공유공간(common space)'은 1986년 「사이언스」紙에서 "모두에게 개방되어 있는 공간"을 칭하게 되었는데, 이때 'common'이라는 단어가 사용되었으며, 국내 연구에서는 주로 '공동(公同)' 의미에 중점을 두고 'common

---

[29] 이상은, "시민사회 속에서의 교회의 길: 볼프강 후버(W. Huber)의 소통적 자유의 교회론," 「선교와 신학」 제54집(2021), 416-417.
[30] 이상은, "시민사회 속에서의 교회의 길: 볼프강 후버(W. Huber)의 소통적 자유의 교회론," (2021), 417.
[31] Tim Pharoah, "Traffic Calming Guidelines," 1991. 손은하, "공유공간과 커뮤니티," 「동북아문화연구」 제32집(2012), 61-79에서 재인용.

space'를 공유공간의 개념적 용어로 주로 사용하게 되었다[32]고 한다.

이러한 개념적 접근보다 우리가 더욱 주목해야 할 것은 공유공간이 갖는 사적, 공적 성격이다. 공유공간은 '공(公)적'·'사(私)적' 두 가지의 성격을 동시에 가지며, '사이공간(in between space)'이자 '반(半)-공적(公的) 공간(semi-public space)', '반(半)-사적(私的) 공간(semi-private space)'의 개념을 아우르는 매개적 공간[33]이다. 이처럼 공유공간은 공, 사적 영역에서 다양하고 풍부한 공간적, 물리적 경험을 가능하게 하며, 또한 여러 공간을 연결하는 통로로써 건축 공간과 주변 자연환경을 유기적으로 결합하는 형태적, 환경적 플랫폼 기능도 제공한다.

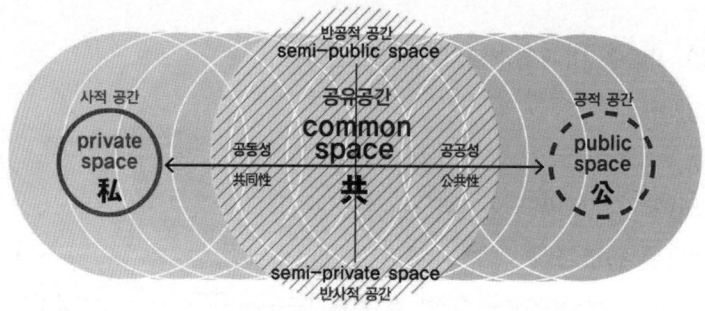

이미지: '공유(共有)공간' 개념도(신은별, 이진민)

여기서 유의할 것은, 공유공간은 단지 함께 사용한다는 공용이나 소유(ownership)의 차원[34]을 넘어서 친밀의 공간, 그리고 몸과 마

---

32) 신은별, 이진민, "공유공간 '셰어링 스페이스'의 공간 유형 분석-공유경제의 개념을 바탕으로," 「브랜드디자인학회」 제40호(2016/12), 202.
33) 신은별, 이진민, "공유공간 '셰어링 스페이스'의 공간 유형 분석-공유경제의 개념을 바탕으로," (2016/12), 202.
34) 공용(公用)이라 함은, 이용 또는 사용의 측면에서 바라본 개념이다. 여럿, 복수(複數), 또는 집단적 사용을 의미한다. 이와 구분되는 공유(公有)는 소유의 의미가 강하다. 이 둘은

음의 치유, 힐링(healing)의 공간으로서의 가능성을 갖는다는 점이다. 현대 사회에서 나타나는 사람들의 피폐한 정서는 다른 사람들과의 연대와 소통의 관계를 통해 회복할 가능성이 크다. 이때 상호관계를 만들어주고 지속시켜 주는 기능적인 장소가 중요한 역할을 할 수 있다. 또한, 공유공간은 사적 영역과 공적 영역의 완충지대이며, 공간이 가지고 있는 특성에서 친밀함을 이끌어낼 수 있는 면을 지니고 있다. 이런 점은 공유공간이 물리적 공간으로부터 시작하지만, 정신적인 면을 포함한 공간으로까지 확장해 다양한 기능을 담당할 수 있을 것으로 전망한다.

그렇다면 공유공간이 갖는 특성[35]으로는 어떤 것들이 있는가?

기능적인 면으로 '영역성', '접근성', '기능성'을 들 수 있다. 첫째, '영역성'은 '활동(activities)'에 있어서 다양한 측면을 실행할 수 있는 영역을 확보하고 있어야 한다는 것이다. 앞에서 언급했듯이 공유공간은 공적인 면과 사적인 면의 두 가지 성격을 띠고 있기에, 사적-공적 두 영역을 모두 아우르는 활동성이 필요하다.

둘째, '접근성'이다. 물리적 거리가 사회적 거리를 담보하는 것은 아니다. 수많은 형태의 커뮤니티 활동들이 단순히 물리적으로 가깝

구별되기도 하나, 혼재된 개념으로 읽히기도 한다. 만약, 교회에서 예배장소를 공유한다는 의미로 '공유예배당' 또는 '공유 예배처소'라고 말한다면, 이는 입주하여 사용하는 개교회 모두에게 소유권이 있다는 의미일 것이다. 한편, '공용 예배공간' 또는 '공용 예배처소'라고 표현, 표기한다면 이는 (입주 또는 사용 주체로서의 교회) 소유권이 배제된 채 사용의 주체로만 인식될 수 있을 것이다. 따라서 경제적 부담을 줄이기 위해서 최소한의 비용을 지불하고 예배처소를 사용한다고 할 때, 이러한 구조에서는 임대인과 임차인의 관계가 설정될 수밖에 없기에 이에 대한 용어적 정리도 필요하다.

35) 두 교회, 또는 복수의 교회가 같은 공간을 사용한다고 해도, 장소에 대한 이해와 의미는 다를 수밖에 없음은 장소를 구성하는 것이 물리적 속성들로 채워진 것만은 아니기 때문이다. 공유공간 개념도를 통해 복수의 교회가 사적, 공적 공간에 대해서 또한 반사적, 반공적 공간에 대해서 구분을 하고, 구분과 함께 뢰브의 주장처럼 배치하기(placing)를 통해 전혀 다른 장소적 의미와 경험을 만들어낼 수 있음을 알아야 한다.

다는 이유로 성과를 내는 것은 아니다. 오히려 공간적으로 접근성이 좋으면서 사회적 관계가 느슨한 사람들은 접근성에 반비례하여 심리적 거리감과 상실감이 더 많이 생긴다는 학자들의 연구 결과들이 있다. 그런데도 접근성이 쉽다는 점은 많은 역할을 수행할 수 있을 거라는 기대감으로 작용한다. 특히, 생활공간과 인접한 곳은 공유공간으로 활용되기에 좋은 조건을 가졌다고 볼 수 있다.

셋째, '기능성'에 대해서 생각해 볼 수 있겠다. 이것은 공간이 어떠한 기능을 갖추고 있는가에 관한 문제다. 영역성과 접근성도 공유공간에 있어서 중요한 요소이지만, 다른 공간과의 기능적 차별성은 아무리 강조해도 지나치지 않을 것이다. 이미 예배공간을 공유하는 플랫폼 형태의 교회들이 신경을 써야 할 부분이 바로 이것이다. 기능성이 담보되지 않는 플랫폼 형태의 교회 병립이 어느 정도의 공유가치를 만들어낼 수 있을 것인가 생각하지 않을 수 없는 이유이다.

6. 나가는 말

하나님에 대한 신앙은 어떻게 보편적 교회로서 신학적 의미를 갖게 되는가? 그것은 하나님에 대한 믿음으로 그 의미와 형식과 내용을 갖게 된다. 하나님을 예배하는 공간을 공유한다는 것의 신학적 의미는 어떠한가? 신앙의 대상이 공간에 제한되지 않는 '텅 빈 충만'이므로 어디든 하나님을 예배할 수 있는 공간이 된다는 의미다. 누구든 믿음으로 하나님에 대한 신앙을 공유할 수 있기에, 누구든 하나님을 예배하는 예배공간을 공유하는 것은 지극히 신학적인 근거를 갖는다. 일찍이 이사야 선지자가 선언한 "내 집은 만민이 기도하는 집이라"(사 56:7)라는 말은 신앙행위를 위한 공유공간으로서 예배

공간 공유에 대한 근거를 뒷받침하기에 충분하다.

그럼에도 불구하고 현실적으로 여러 교회가 같은 공간을 공유(共有) 또는 공용(共用)하고, 그것을 제도화해야 하는 예배공간 공유제는 참여하는 모든 교회가 개별적이면서도 공공재로서 정체성을 담보할 수 있는 세부적이고 구체적인 제도화가 필요하다. 일반 사회에서 재화 창출을 위해 경제적 관점에서 전개하고 있는 공유공간 개념과는 달리, 교회는 물리적 공간으로서 교회라는 장소 자체가 저마다의 고유한 정체성을 담고 있다. 따라서 예배공간을 공유하면서 같은 공간을 사용하는 다른 교회 구성원 간에 장소에 대한 충분한 신학적, 선교적, 목회적 공감이 필요하다. 무엇보다 예배공간 공유라는 제도 마련을 위해서는 교회-교회 간, 교인-교인 간, 교인-교회, 교회-노회 간에 "교통공간"[36] 마련이 선행되어야 할 것이다. 이를 위해서 목회자는 임의로 공간을 결정하는 것보다 교인들과의 합의를 통해, 그리고 함께 공간을 공유할 교회와 조율을 통해 어떤 형태로, 어떤 방식으로, 어느 공간까지를 공유할 것인지 충분히 논의 과정을 거쳐야 한다.

먼저, 예배공간 공유에 따른 장점과 문제점을 면밀하게 분석하여 교회가 물리적 공간을 함께 사용할 때 파생되는 여러 경우에 대한 대응지침, 그리고 실행방안들을 담은 매뉴얼 제작 및 공유과 함께, 같은 주소지에 복수(複數)의 교회가 존재할 수 있는 가능성과 당위성에 대해서 노회적 차원의 안내는 물론, 추후 실행하게 될 노회별 지침[37]을 구체적으로 정리하고 제시해야 할 것이다.

---

36) 가라타니 코오진의 개념, '교통공간'은 안과 밖의 구별이 없는 공동체의 '사이' 공간을 말한다. 동질적인 요소들의 결합체인 '공동체'와 달리 이질적인 것들의 계약적 관계로 이루어진 '사회'의 개방적 구조로 보면 될 것이다.
37) 현재, 대한예수교장로회 (통합)총회는 헌법 제2편 정치 제2장 제10조의 [지교회의 설립]

또한, 개교회가 풀어갈 수 없는 교회 간 갈등 문제와 노회 가입 등에 대한 행정적인 부분의 해결을 위해서는 같은 공간을 사용하는 교회 공동체 간에 합의된 메커니즘과 지속적이며 안정적인 '예배공간 공유제'를 위한 노회 차원의 제도적 장치 마련이 수반되어야 할 것이다. 예배공간을 공유한다는 것은 단순히 물리적 공간을 공용한다는 차원보다 훨씬 복잡하고 미묘한 상황들이 발생할 수 있기 때문이다. 이에 대해서는 공유자원 관리에 관해서 오랫동안 연구해 온 오스트롬의 디자인 원리[38]를 참고할 필요가 있다.

아울러, 예배공간 공유제를 계획하고 있는 개교회나, 이를 우려 섞인 시각으로 바라보는 교회 또는 노회에서는 당장 시급한 예배공간 마련을 위한 방안을 찾기보다는 '교회란 무엇인가', '예배공간은 어떤 곳이어야 하는가', '왜 물리적 공간으로서 예배장소를 계획하는가' 등에 대해서 진지한 신학적, 목회적, 선교적, 문화적 탐색을 해야

"공동예배로 모이는 전도처 또는 기도처에 세례교인(입교인) 15인 이상이 있어 지교회를 설립코자 하면 노회에 청원하여 허락을 받아야 한다"라는 조문(條文)에 의해 노회 설립허락을 받아 노회에 가입할 수 있으나, 실제로는 노회마다 그 가입조건이 달라서 1주소지에 복수의 교회를 세우기 어려운 현실이다. 2021년 7월 20일 현재 69개 노회 중 20여 개 이상의 노회는 교회 설립 시 유형의 교회 재산신고가 노회가입 조건 중 하나로 되어 있으며, 10여 개의 노회는 교회 부동산을 유지재단에 신탁하는 조건으로 설립을 허락하고 있다. 현재 특정 노회들이 노회 차원에서 예배처소 공유를 시행하고자 하는 시도가 있으나 한 지붕 두 교회 시행은 교회 재산의 유무가 교회 설립의 조건인 노회에서는 현실적으로 어렵다고 볼 수 있다.

38) Elinor Ostrom, *GOVERNING THE COMMONS*, 윤홍근·안도경 역, 『공유의 비극을 넘어』 (서울: 알에이치코리아, 2010), 175. 엘리너 오스트롬은 2009년 여성으로는 최초로 노벨경제학상을 받았다. 제도경제학과 공공선택이론의 대가인 그녀는 개인의 합리적 선택이 공공의 이익에 악영향을 끼친다고 주장하는 '공유의 비극' 현상을 정부 개입이나 시장 메커니즘이라는 기존의 논리에서 탈피해 '공동체 중심의 자치제도'를 통해 해결할 수 있는 방안을 제시하였다. 이는 수많은 사례들에 대한 경험적인 연구를 바탕으로 사용자가 자치적으로 관리하는 세계 도처의 공유자원 관리체계에서 나타난 정교한 제도적 장치들을 발굴한 대가로 얻어낸 성과라고도 볼 수 있다. 특별히 '중층의 정합적 사업 단위'(nested enterprise) 디자인 원리는 공유공간을 연구함에 있어서 필수적이다.

할 것이다. 또한, '하나님을 예배하고 교인 간에 친밀한 교제를 나눌 수 있는 곳이 꼭 물리적 공간이어야 하는가'에 대한 물음도 멈추지 말아야 할 것이다.

포스트코로나 시대에는 목회 지형도에 대폭적인 변화가 예상된다. 특히 교회 예배공간에 있어서는 그 변화가 더욱 가중될 것이다. 따라서 추후 예배공간 공유제에 대한 실행방안을 찾는 과정에서 온라인 공간인 메타버스(Metaverse)[39]와 온·오프 라인의 혼합형태인 믹스버스(Mixverse)[40]에 대해서도 충분한 연구, 신학적 해석, 실천적 현장들이 더욱 풍성해지기를 기대한다.

---

39) 김상균은 그의 저서 『메타버스』에서, '메타버스(Metaverse)'는 가상과 초월의 의미를 가진 단어 'meta'와 우주를 의미하는 'universe'의 합성어라고 언급했는데, 이는 스마트폰과 컴퓨터, 인터넷 등 디지털 세상으로 이어지는 새롭게 확장된 세상, 디지털화된 지구를 말한다. 오동섭은 포스트코로나 시대에 학습해야 할 새로운 공간으로 AI와 메타버스를 언급한 바 있다. 오동섭, "코로나19시대를 읽는 10가지 키워드," 『선교와 신학』 제54집(2021), 47.
40) 가상의 세계와 현실을 뒤섞는 것을 말한다. 메타버스의 연장 또는 확대 개념으로 볼 수 있다.

2장
코로나19 팬데믹 시대의 교회 공간의 공유

한경균 대표
(한국교회생태계연구N)

미래학자인 최윤식은 2013년에 발간한 『2020~2040 한국 교회 미래지도 – 지속 가능한 한국 교회를 위한 최초의 미래학 보고서』에서 한국의 개신교회들이 교회 건축과 교회 건물 유지비 등 부동산 관련 비용으로 큰 어려움을 겪을 것을 예상했다. 여러 교회가 건축 비용을 감당하지 못해서 '하나님의 교회 세계복음선교협회'와 같은 이단 종파들에게 교회 건물이 매각되기도 했다. 2020년 코로나19 팬데믹 상황을 지나면서 소위 임대교회들의 재정부담과 지속가능성은 점점 더 심각해져 갔고, 교회 존폐의 기로 앞에서 작은 교회들의 새로운 모색이 절실히 요청되었다.

코워십 스테이션 '르호봇'

    공유교회는 김포명성교회(김학범 목사)가 주도적으로 설립한 선교단체 '어시스트 미션(www.amission.kr)'이 코로나19를 겪으면서 교회 임대료의 부담을 가진 작은 교회들을 돕기 위해 시작되었다. 김포명성교회가 교회 건물을 매각한 비용으로 김포시 골드라인 구래역 역세권의 상가건물인 메트로타워 6층에 여러 교회가 함께 사용하는 '르호봇 코워십 스테이션'으로 첫 번째 공유예배당을 시작하였고, 김포시 풍무동에 '엔학고레 코워십 스테이션'이라는 두 번째 공유예배당을, 그리고 수원시청 근처에 세 번째 공유예배당인 '엘림 코워십 스테이션'을 마련하였다.

    어시스트 미션이 추구하는 목회방향에 대해 김학범 목사는 목회상황 변화와 임대료 부담에 지친 목회자 부부를 위로하고 교회공동체를 살리는 새로운 목회의 가능성을 보여주면서 여러 교회를 섬길 수 있는 1) '플랫폼' 사역, 교회 개척의 노하우를 공유하는 2) '인큐베이팅' 사역, 그리고 작은 교회들의 지속가능성을 격려하는 3) '강소형 자립형' 사역이라고 하였다.

르호봇 코워십 스테이션에서 함께 예배드리고 있는 샘솟는교회 안남기 목사는 15명의 교인과 군종목사 시절 만났던 전역 장병과 부대별 소그룹 사역을 진행 중인데, 건물 유지비용을 전도와 선교비로 활용하면서 경제적 부담을 줄이고 목회에만 집중하는 장점이 있다고 하였다. 안 목사는 예배당 공유제에 함께 참여한 목회자들과 각자의 전문 사역을 공유하며 이 시대 바람직한 목회방향에 대해 고민하고 함께 준비할 수 있다고 하였다.

코워십 스테이션 '엘림'

김포에서 시작된 공유예배당 논의는 다른 지역 노회와 총회 차원에서 다양한 반응을 일으켰다. 2020년 3월 봄노회에서 서울북노회가 노회 차원에서는 처음으로 예배처소 공유제(공유예배당 제도) 신설을 위한 안건을 총회에 헌의했고, 총회 국내선교부에서는 '포스트코로나 시대 목회전략연구위원회'(위원장 조건희 목사)를 조직하고 간담회와 공청회를 개최하여 다양한 의견을 수렴하였다.

2021년 2월 25일 서울 만나교회에서 열린 서울북노회 간담회에서 공석초 목사(청운교회)는 지역 교회 차원에서 교회의 지속가능성을 고민하면서 서울북노회를 통해 '예배당 공유제'를 제안하였다고 그 배경을 설명하였다. 공 목사는 "공유예배당 제도에 대한 신학적이고 법적 이해가 아직 분명치 않지만, 공간에 대한 절대적인 필요성과 함께 사역에 교회의 본질을 두고 교회의 역할을 해야 한다"라고 강조했다. '예배당 공유제'를 통해 작은 교회가 임대료 및 교회의 재정적인 부담에서 벗어나 각자의 은사에 집중한 사역을 더욱 강화하는 '사역 전문 공유교회'로 발전할 가능성을 언급하였다.

이날 간담회에서 "공유예배당 서울북노회 안에서 가능한가"를 주제로 발제한 한경균 목사(빛과소금 국장)는 "총회 통계위원회 자료에 따르면 지난 10년 동안 교인 수가 30만 명 줄었으며, 총회 내 100명 이하의 교회는 66.8%이고 30명 이하의 교회도 33.8%나 된다"면서 "서울북노회의 경우 교인 수 100명 이하 교회는 97개 중 53개이며, 교인 수 30명 이하의 교회도 15개이다"라고 분석했다. 이어 "실제로 10명도 안 되는 교인이 대부분이고, 매달 헌금이 50만 원 안팎인데 임대료가 100만 원인 상황이다. 이런 상태에서 교회의 성장은커녕 이 교회의 지속가능성은 거의 없다고 봐야 한다"면서 "예배당 공유제는 선택이 아닌 교회 생존을 위해 적극적으로 시행되어야 할 제도다"라고 강조했다.

한경균 목사는 최근 교계 안팎의 공유시설의 벤치마킹을 제안하며, "서울북노회 내 30명 이하 교회의 희망이 되기 위해서는 노회 국내선교부가 사업의 주체가 돼 중립성을 유지하면서도 '역세권'을 중심으로 코워십 센터(공유예배처소)를 마련해 작은 교회 목회자들이 노회의 안정적인 보호 아래 사역을 진행할 수 있도록 해야 한다"고 제안했다.

서울관악노회는 노회 차원에서 예배당 공유 사역을 공식적으로 시작하였다. 서울관악노회의 예배당 공유는 개교회가 아닌 노회 차원의 사역으로 또 다른 차원의 파급 효과가 있을 것으로 기대를 모으고 있다. 서울관악노회는 2021년 6월 21일 노회가 운영하던 성서신학원이 사역을 중단해, 각 부서 회의 장소로 사용되던 노회 회관 4층을 리모델링해서 '워십 서포트 센터(예배당 공유)'를 오픈했다. 노회 내 재정 상황이 어려운 교회인 뜰안교회, 낮은교회, 오직예수교회가 주일 오전 10시, 12시, 오후 3시 등 시차를 두고 예배를 드리고 있다. 또한 서울관악노회는 부천노회에 2개 시찰 지역을 선정해서 공유예배당을 추진하고 있다.

서울동남노회 빛내리교회(이재룡 목사)는 '갈릴리 플랫폼교회'라는 이름으로 예배당 공유를 진행하고 있다. 소규모 교회들이 재정 감축으로 인해 월세도 감당하기 힘든 현실로 내몰리고 있는 상황에서 빛내리교회 이재룡 목사가 연약한 교회들과의 공생·상생을 위해 2021년 부활절부터 이 사역을 시작했다.

빛내리교회는 2009년 이 목사 개인이 분양을 받아 시작한 상가교회로, 교우들과 함께 기득권을 내려놓고 이웃 교회와 함께 가능한 모든 자산을 공유하자며 더 어려운 교회를 위해서 교회 장소를 공유하기로 했다. 이 목사는 예배당 공유사역을 먼저 시도한 목회자들을 만나 가능성을 타진하고, 결심이 선 후에는 빛내리교회를 드러내는 모든 물건과 표지들을 없애고, 외부에 설치된 간판마저 '갈릴리 플랫폼교회'로 이름을 바꿨다. '갈릴리 플랫폼교회'는 변두리가 아니라 하남 중심가에 위치해 있어서 교통도 편리하고 전도활동도 할 수 있는 입지 조건이 갖춰진 장점으로 인해 입주하는 교회에는 더욱더 매력적이다.

이재룡 목사는 "개척은 하고 싶은데 돈도 없고, 오라는 곳도 없는 목회자, 목회하다가 잘되지 않아 지친 목회자, 다시 재기하고 싶은 목회자들이 교회 건물 유지에 신경 쓸 필요 없이 말씀만 준비하고 돌봐야 할 이들을 돌보는 사역에 집중할 수 있게 인큐베이팅 역할을 하는 것이 목표"라며, "일정 기간에 이 공간에서 사역을 회복하고 교회도 성장해 자립해 나갈 수 있게 하는 것이 '갈릴리 플랫폼 교회'의 역할"이라고 말했다.

2021년 6월 18일 한국 교회100주년기념관에서 포스트코로나 시대 목회전략연구위원회 공청회가 열렸다. 이날 예배분과 모임에서 예배처소 공유제의 필요성 제기와 함께 현장의 사례, 예배당 공유제도의 행정과 방향, 신학적 관점 등 다양한 의견이 개진됐다. 하지만 참석자들은 일부 교회와 노회가 공유예배당을 시행하고 있지만, 공유제도의 개념 정의와 신학적 조명, 목회적 효율성과 사역 공유, 노회의 관리와 지도를 위한 시스템 마련 등의 종합적인 연구도 병행되어야 한다는 데 뜻을 같이했다.

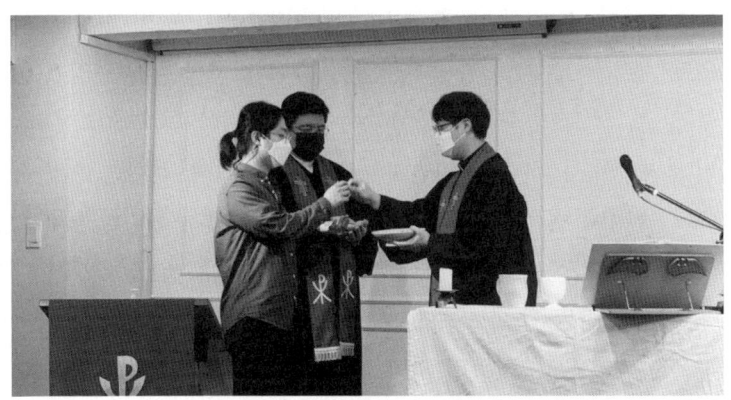

신촌 공유예배당 '카페 언더우드'

"예배처소 공유제의 행정과 방향"에 대해 발제한 이길주 목사는 "일부 노회는 기본적으로 한 주소지에 두 교회를 인정하고 있지 않다(노회법). 한 지붕 두 교회는 현실적으로 받아들여지기 어려운 상태이고, 실제로 그렇게 해서 교회 등록을 하지 못하는 상황이 발생했다. 법 테두리에서는 벗어나 있는 현실이지만 사회법으로는 문제가 되지 않는다"라고 설명했다.

하지만 "예배처소 공유에 대한 신학적인 문제를 떠나서 지금의 현실 문제를 방치해서는 안 될 것이다. 교회의 현실은 코로나 상황뿐 아니라 코로나 이후에도 더 어려워지고 부동산 문제에서도 큰 어려움을 겪을 것이 충분히 예상되기 때문이다"라고 전했다. 이 목사는 문제 해결을 위해 △각 노회가 예배처소 공유제를 위한 위원회 조직 △작은 교회 간의 예배처소 공유 및 대형교회 장소 공유를 통한 목회사역 터 마련 △예배처소 공유제 시행을 위한 시스템 및 매뉴얼 마련 등을 제안했다.

필자는 2012년부터 6년간 뉴질랜드 장로교회 아시안 사역 코디네이터로 섬겼다. 현재 뉴질랜드에는 한인교회 100개, 중국인교회 100개가 있고, 필리피노 교회, 인도네시안 교회 등 아시아에서 온 이민자교회들이 점점 늘어나고 있다. 뉴질랜드에서 교회 건물을 독립적으로 세우는 일은 쉽지 않다. 집회 목적의 건물은 수용인원이 정해져 있고, 또 그 숫자에 비례해서 주차장 면적을 확보해야 한다.

남태평양에서 건너온 이민자들과 아시아에서 건너온 이민자들의 교회들이 독립적인 교회 건물을 확보하기 전에 신앙공동체를 유지 발전시킨 비결은 뉴질랜드 백인교회의 예배당을 활용했기 때문이다. 백인교회는 대체로 주일 오전 10시에서 오후 1시까지 예배당 건물을 쓴다. 오후 2시부터 저녁 8시까지는 이민자들이 백인교회 예배당을 공동 사용한다. 필자가 출석했던 성요한 장로교회도 오전

10시 백인교회, 오후 2시 한인교회, 오후 5시 인도인 교회가 한 건물을 공동 사용했다. 2030년까지 한국도 다문화 인구가 500만 명에 이를 것이라는 전망이 있다. 다문화 다인종 신앙공동체를 지원하는 가장 효과적인 방법은 예배당 시설을 공유하는 것이다.

공유교회에 참여하는 교회는 대체로 출석 숫자가 50명 미만의 교회일 수 있다. 소규모 교회의 어려움은 교회 건물과 재정과 같은 물적 자원의 연약함일 수 있지만, 은사와 열심을 가진 평신도들이 많지 않다는 현실적인 어려움이 있다. 공유교회 목회자의 목회 비전에 따라 교회마다 지향하는 선교적 방향도 다르고 구성원이 가진 영적 은사도 다를 수 있다. 성경공부에 열심과 은사를 가진 교회, 찬양에 은사를 가진 교회, 독서 모임에 은사를 가진 교회, 사회봉사에 은사를 가진 교회들이 한 건물에서 은사와 경험을 공유하는 것은 상상만 해도 즐거운 일이다. 공유교회에 참여하는 교회들이 공동으로 사용하는 집기와 방송시설은 수준을 높이는 만큼 유익함이 있듯이 공유교회에 참여하는 교회들이 은사를 공동으로 활용하는 연합예배나 주중 프로그램을 개방한다면 숫자는 작으나 은사는 강한 강소형 교회로 발전해 나갈 수 있다.

공유교회는 교회 건물과 시설을 공유하면서 시작하지만, 영적 은사를 공유하면서 선교공동체로 성장해 갈 수 있다. 코로나19로 위축된 소규모 교회들이 선교영역을 확장해 갈 수 있다면 공유교회는 임시방편이 아니라 새로운 교회 사역 유형으로 자리 잡을 수 있다.

3장

코로나팬데믹 시대에 요청되는 교회 건물의 공공성에 대한 예배학적 논의

김정 교수
(서울장신대학교 예배학)

    코로나19로 인한 팬데믹 시대에도 여전히 교회 건물은 예배로 모이는 공간이면서 동시에 "기도하는 집"(눅 19:46; 행 2:42)이다. 전 세계적인 전염성 질병(코로나19)으로 인해 대부분의 예배와 모임이 비대면으로 진행되거나 제한적인 형태로 이뤄진다. 마을형 돌봄사역마저도 제약이 있다. 이전처럼 예배공간에 자유롭게 모일 수 없다는 이유로 교회 건물이 지닌 기능이 축소된 것처럼 보인다. 그러나 사회적 거리두기로 인해 비록 제한적이긴 하지만 교회 건물은 예배드리는 공간이며 "만민이 기도하는 집"(막 11:17)이란 사실에는 변함이 없다. 여러 사람이 한꺼번에 모이는 경우가 아니라면, 안전하게 사회적 거리두기를 행하면서 교회는 "기도하는 집"으로서 공공성을 띠고 만인에게 열려 있으며, 거룩한 공간(교회 건물)을 넘어서 거룩한 시간으로 우리를 초대한다. 나아가 삶의 성화로 우리를 인도한다.

이 글은 팬데믹 시대에 요청되는 교회 건물의 공공성에 관한 예배학적 차원의 논의이다. 비록 제한적인 상황이라 할지라도, 교회는 "기도하는 집"으로서 공공성을 지니고 있음을 예배학의 영역에서 살펴본다. 먼저 예배와 교회 건물의 공공성에 관해 세례와 성찬을 중심으로 연구한다. 특히 성찬 기도문에 나타난 교회의 공공성은 교회의 성찬 신학이 지닌 특징 중 하나이다. 나아가, 매일 공기도 또는 공적 기도(Daily Public Prayer)라 알려진 교회의 매일 기도는 평신도를 중심으로 시간의 성화를 이루며 삶의 성화를 이뤄나가는 기능을 한다. 기독교인이 아닐지라도 하루의 어떤 시간 또는 어떤 날에 자연스럽게 교회를 방문하여 시간의 거룩함을 경험할 수 있다.

매 주일 비대면으로 예배드리거나 제한적으로 모일 수밖에 없는 상황 속에서도 교회는 "세상의 생명을 위해" 이 땅에 오신 그리스도의 대제사장직을 본받아 세상을 위해 기도하는 "기도하는 집"이다. 교회의 기도를 통해 교회는 세상에 생명을 주기 위해 오신 그리스도의 사역에 동참한다.

1. 예배와 교회 건물의 공공성

인생 주기에 따라 크고 작은 도움이 필요할 때가 있다. 아이에게 부모의 도움이 필요하듯, 아프거나 노인이 되어 병들었을 때 우리는 누군가의 도움이 필요하다. 교회는 언제나 이런 일에 도움의 손길을 제공했다. 성경의 가르침을 따라 각각 자신을 돌볼 뿐 아니라 주변을 돌아봤다.[1] 교회는 언제나 고아와 과부와 객과 나그네의 하나님을 강조

---

1) "각각 자기 일을 돌볼 뿐더러 또한 각각 다른 사람들의 일을 돌보아 나의 기쁨을 충만하게

했다. 성경에 기록된 선한 사마리아인의 비유에 따르면 교회의 돌봄이 반드시 지교회 내에 국한되거나 지역의 울타리 안에 제한된 것이 아니다. 이웃의 범주는 개교회와 지역 교회를 넘어선다. "세상의 생명을 위해"(요 6:51) 이 땅에 오신 예수 그리스도를 본받는 데에서 이 사역은 시작된다. 예수님은 자신을 "생명의 떡"으로 주심으로써 대제사장으로서 구원사역을 이루셨다. 자신을 내어주신 대제사장 예수 그리스도를 본받아 교회는 이웃과 마을, 세상을 돌보는 일을 감당해 왔다. 이러한 사역은 코로나 전염병으로 인한 주일 예배의 모임 인원 제약에도 불구하고 멈추지 않는 교회의 성례전적 사역이다. 그리고 이는 초대교회로부터 이어져 온 세례와 성찬 신학을 근거로 한다.

1) 이웃을 돌봄: 초대교회의 세례 조건[2]

초대교회의 세례 조건은 대단히 엄격하고 실천적이었다. 박해 시기에 기독교 신앙 공동체를 죽음으로부터 지켜야 했던 교회로서는 당연한 일이었다. 세례를 받으려면 몇 가지 단계를 거쳐야 했는데 그중 첫 관문이 직업에 대한 검증이었다. 생명을 죽이거나 우상을 숭배하는 것과 연관된 직업을 지닌 사람은 세례준비반은커녕 교회의 설교조차 들을 수 없었다. 이 단계가 첫 번째 단계의 검증(scrutiny)이다. 그 직업을 포기한 이후에 세례준비반에 들 수 있었는데 이때부터 본격적인 '카테쿠머네이트(catechumenate)' 과정, 즉 3년간 진행되는 세례준비반에 들어온다. 이 단계에 든 사람을 가리켜 '카테쿠멘(catechumen)'이라 부

하라 너희 안에 이 마음을 품으라 곧 그리스도 예수의 마음이니(빌 2:4~5).
2) 초대교회의 세례 준비 과정을 가리키는 말로 catechumenate라는 단어가 있는데, 지금은 사라진 전통이다. 세례 후보생 교육은 3년간 진행되었다고 한다. 세례 교육 과정에 관한 보다 구체적인 내용과 구조는 김정, 『초대교회 예배사』(서울: CLC, 2014), 3장을 참고하기 바란다.

른다. 세례 후보생인 셈이다. 초대교회의 전통 중 지금은 사라졌거나 잊힌 것들이 많은데, 이 두 단어도 그런 것에 속한다.

이들이 3년간의 세례준비반을 마칠 때 거치는 검증이 바로 이웃을 돌보았는지에 관한 질문이다. 여기에 대한 답은 세례 후보자를 옆에서 돕고 살피던 후견인(sponsor)이 한다. 이처럼 이웃에 대한 돌봄은 세례의 조건으로서 신앙 성숙을 위한 성경공부와 예배 참석을 위한 의례 공부와 더불어 대단히 중요한 덕목으로 여겨졌다. 오늘날로 치면 마을형 돌봄사역을 세례의 조건으로 강력하게 가르쳐 지키게 함으로써, 그리스도의 몸을 이루는 세례 공동체 신학을 강조한 것이다. 만일 세례 후보생이 이를 실천하지 않았다고 후견인이 증언하게 되면 그 후보자는 세례를 받을 수 없었다. 3세기 문헌인 『사도전승』(Apostolic Tradition)에 기록된 세례 후보생의 검증 과정을 살펴보면 다음과 같다.

> 3년 과정의 기초 예비자반이 마칠 때 즈음 다시 한 번의 심사가 있다. 심사 기준은 그동안 가르침 받은 것을 토대로 바람직한 신앙생활을 해오고 있느냐에 관한 것이었다. 『사도전승』 20장은 "세례에 들 수 있는 사람들을 선출할 때 그들의 생활에 대하여 심사할 것이다"라고 적고 있다. 구체적인 심사 내용은 이들이 3년 교육을 받으면서 신앙의 윤리적 삶을 이행했는지 알기 위해, "과부를 공경하고, 병자를 방문하며, 선한 일을 행했는지"에 관해 질문한다. 이에 대해 후견인들이 증언을 한다. 후견인들의 긍정적 증언이 없으면 이들은 다가오는 세례일에 세례를 받지 못한다.[3]

---

3) 김정, 『초대교회 예배사』 (2014), 143.

초대교회에 박해로 인한 죽음의 위협을 무릅쓰고 진정한 기독교인이 되려는 세례 후보자들은 이웃을 섬기며, 자신들이 하나님 앞에 누구인지, 그리고 하나님이 누구신지 잊지 않으려 애썼다. 세례를 통해 하나님의 자녀가 된 이들이 고아와 과부와 나그네와 객을 돕는 것은 마땅한 일이라 여겼다. 하나님은 우리의 아버지이면서 동시에 고아와 과부와 객과 나그네의 하나님이시기 때문이다. 세례받은 이들은 주의 떡과 잔을 받을 때마다 이를 거듭 확증함으로써 교회의 공적 사역에 더욱 매진했다.

2) 교회의 공공성과 지속적인 실천: 주일 예배와 성찬 참여

　하나님은 고아와 과부와 객과 나그네의 하나님이시다. 이를 잊지 않기 위한 교회의 섬김은 주일 예배의 중보기도와 성찬 예식의 참여로 강조되었다. 세례를 받은 이들이 떡을 함께 나눔은 모든 돌봄의 기초였다. 초대교회 교부들은 '몸과 영은 함께 간다(Body and soul go together)'라는 생각으로 빵을 떼며 영의 거룩함을 경험하고 가난한 이웃을 향해 나아갔다. 아주 초기 성찬 예식은 실제 떡을 떼며 함께 먹는 자리였다. 2세기 후반부터 성찬 예식이 거룩한 예전으로 발전하는데, 모두가 함께 배불리 먹는 이미지는 그대로 지속되었다. 2세기 중엽에 기록된 순교자 저스틴(또는 유스티니아누스)의 『제1변증론』에 따르면 성찬 예식 이후 교회가 마을의 필요한 이들을 돌보는 마을형 돌봄을 행했음을 알 수 있다.

> 일요일(Sunday)이라고 불리는 날에 마을에 사는 모든 사람이 한 장소에 한 회중으로 모인다. 그리고 사도들의 글과 예언서를 시간이 허락하는 한 낭독한다. 낭독이 끝난 다음, 설교자가

담화로 훈계하고 이 선한 내용을 따라 살도록 권고한다. 그런 다음 우리는 모두 일어서서 기도를 올린다. 전에 말한 것처럼, 기도가 끝난 뒤, 우리는 빵과 포도주 그리고 물을 가지고 나오고 집례자가 그 위에 기도하고 그가 할 수 있는 한 최선의 감사를 드린다. 사람들이 이에 아멘으로 화답한다; 그 후 감사기도로 성별된 성찬이 나눠지고 모두들 이에 참여한다; 참석하지 못한 사람들에게도 이 성찬을 집사가 가져다준다. 부유한 이들은 자신이 원하는 만큼 기부를 하고, 모인 것들은 집례자가 거두어서 고아와 과부, 병든 자 그리고 궁핍한 자들을 돕는 데 사용한다. 집례자는 또한 옥에 갇힌 자, 우리 가운데 객으로 있는 자, 모든 필요한 이들을 돌본다(『제1변증론』 67:3-7).

이 글에 따르면 부유한 이들이 헌금을 하였고, 교회는 이를 사용하여 모두가 배불리 먹을 수 있도록 했고, 그 외 다른 필요한 곳에 공적으로 사용하였음을 알 수 있다. 누군가 허기진 배를 안고 고통 가운데 있다면 그리스도의 몸인 교회가 돌봄이 마땅했다. 예배에 참석한 이들은 물론 참석하지 못한 사람들까지도 교회의 돌봄을 받았다. 교회의 목양 범위가 마을 공동체(심지어 객과 모든 필요한 이들 포함) 전역이있음을 알 수 있다. 이들은 가난한 이들이 풍성히 먹을 수 있도록 성찬 예식을 통해 전달받은 헌금을 사용했고, 이는 헌금의 성찬 신학적 근거이다. 보다 구체적인 성찬 신학적 근거는 매 주일 예배 때마다 교회가 드린 기도 내용을 보면 알 수 있다.

한편, 4세기 교회의 주일 예배 기도문을 싣고 있는 예식서가 남아 있는데, 이집트 교회 감독이었던 사라피온의 예식서(Sarapion's Sacramentary)이다. 현존하는 가장 오랜 예식서(Sacramentary)이다. 개인의 기도가 아니라 교회의 예배 기도를 모은 예식서이다. 이에 따르면 설교가 끝난 후 성찬 집례 직전에, 전 회중을 위해 기도하고, 병자를 위해, 그리고 곡식의 수확과 교회를 위해 기도했다.[4] 사라피온의 기도 [27]은 주일 예배에 내포된 교회의 공공성을 잘 보여준다.[5]

> 모든 통치자들을 위해 기도드립니다.
> 공교회의 평안을 위해 저들이 평화롭게 살게 하소서.
> 자비의 하나님,
> 자유인과 노예, 남자와 여자, 노인과 어린이, 가난한 이들과 부유한 이들을 위해
> 기도합니다.
> 하나님의 모든 백성에게 인자하심을 보이시고
> 하나님의 모든 백성에게 자비의 손길을 내밀어 주소서.
> 긍휼을 베푸사 모두가 하나님께로 돌아오게 하소서.
>
> 집을 떠나 여행하는 이들을 위해 기도드립니다.
> 평화의 천사가 저들과 동행하게 하소서.
> 누구에게도 해를 당치 않게 하시고
> 저들이 크게 만족하여 항해와 여행을 마치게 하소서.
>
> 학대당하거나 옥에 있거나 궁핍한 이들을 위해 기도드립니다.
> 모든 사람을 해방시켜 주시고
> 속박에서 풀려나게 하시고
> 가난에서 구해주시며

---

4) 이에 대한 자세한 내용은 다음을 참고한다. 김정, "사라피온 예식서: 4세기 이집트 기도 예식서와 치유 기도," 「장신논단」 vol. 48(2016).
5) 김정, 「사라피온 예식서: 4세기 교회의 예배 기도」 (경기도: 레이투르기아, 2019), 124-128.

모두 평안하게 하여 주소서.

위로자이시며 격려자이신 하나님,
병든 이들을 위해 기도드립니다.
건강을 허락하시고 병으로부터 저들을 일으켜 세워주소서.
육체와 영혼의 온전한 건강을 갖게 하소서.
하나님은 구원자이며 후원자이시고 만유의 주님이요 왕이시
기 때문에,
우리가 이 모든 것을 간구합니다.
하나님의 유일한 아들 예수 그리스도를 통해
하나님께 영광과 권능이 성령 안에
지금 그리고 영원토록 있사옵나이다.
아멘.

   중보의 내용이 다양하고 길다. 모든 생명을 포함하고 있다. 초대 교회로부터 지금까지 교회는 공예배를 통해 온 땅의 생명을 위해 기도해야 할 책무가 있다. 왜냐하면 세례 안에 "유대인이나 헬라인이나 종이나 자유인이나 남자나 여자가 다 그리스도 예수 안에서 하나"(갈 3:28)이므로 교회는 공예배를 통해 세상의 생명을 위해 기도했다. 또한 "왕 같은 제사장"으로서 이 땅의 아픔의 소리, 간구의 소리를 하늘에 들어 올리는 역할은 모든 세례받은 사람들의 거룩한 의무요, 대제사장이신 그리스도를 본받는 길이었다. 이러한 교회의 기도는 매 주일 성찬 기도 가운데 더욱 명확히 나타났다.

3) 성찬 기도(아나포라)와 신학: "세상의 생명을 위해"

교회의 가장 큰 공공성은 세상의 생명을 위해 기도하는 것이다. 모든 생명이 존귀하기에 교회는 매 주일 공예배(public worship)를 통해 기도한다. 이 기도는 세상의 생명을 위해 이 땅에 오신 그리스도를 본받아 교회가 행하는 제사장의 기도이다. 온 땅 만물을 창조하신 하나님이 세례를 통해 우리에게 주신 직분이다. 이 땅의 아픔의 소리, 고통의 소리, 고난의 소리를 하늘에 들어 올리는 제사장으로서 기도의 사명이 우리에게 있다. 베드로전서에 따르면 세례받은 우리는, "택하신 족속이요 왕 같은 제사장들이요 거룩한 나라요 하나님의 소유가 된 백성"(벧전 2:9)이다. 따라서 매 주일 교회에 모인 예배 공동체는 주의 식탁을 대하며 주의 몸 된 교회를 위해 기도했다. 생명을 위해 기도했다.

특히 4세기 교회는 "주의 날에 주의 식탁"이란 개념을 강조했고, 다양한 성찬 기도문을 발전시켰다. 매주 성찬을 행할 때 드려지는 기도를 가리켜 '아나포라(Anaphora)' 또는 '대감사기도(Great Thanksgiving Prayer 또는 Eucharistic Prayer)'라 한다. 이 기도는 특정 구조와 형식을 지닌다. 이 구조 속에 즉흥적 문구가 더해지기도 한다. 하지만 정해진 틀을 크게 벗어나지는 않는다.[6] 초대교회의 아나포라(anaphora)에 사용된 중보적 기도 내용을 보면 주일 예배를 통해 교회가 어떻게 기도했는지 알 수 있다. 다음은 "주의 형제 야고보의 기도"로 알려진 야고보 예식서의 성찬 기도문 중 일부이다. 초대교회

---

6) 카테쿠멘이라는 단어와 마찬가지로 아나포라(성찬 기도) 역시 초대교회의 전통인데 오늘날 교회, 특히 개혁교단의 경우 이 기도문의 구조와 형식을 갖춘 성찬 기도를 거의 드리지 않게 됨으로써, 거의 잊혀진 기도문 또는 사라지고 있는 전통이다. 아나포라의 구조와 특징에 관해 김정, 『초대교회 예배사』(2014), 4장을 참고.

당시 매우 널리 알려진 기도문으로서, 예루살렘은 물론 비잔틴 세계와 이집트, 나아가 중세에도 사용되었다. 그 내용은 아래와 같다.

> 기억하소서, 하나님, 바다에 있는 기독교인들, 길 위에 있는 기독교인들, 해외에 있는 기독교인들, 감옥에 갇히고 차꼬에 채워진 우리의 아버지들과 형제자매들, 수감 중이며 망명 중인 우리의 아버지들과 형제자매들, 탄광 속에 고문 속에 비참한 노예로 있는 우리의 아버지들과 형제자매들을 기억하소서; 왜냐하면 그들이 평화 가운데 집으로 돌아와야 하기 때문입니다.
> 기억하소서, 하나님, 나이 들고 허약하며 병들고 아프거나, 악한 영으로 괴롭힘당하는 이들을 기억하소서; 왜냐하면 그들에게 빠른 쾌유와 구원이 하나님, 그들의 하나님에게서 와야 하기 때문입니다.
> (중략)
> 기억하소서 하나님, 주의 거룩한 이름을 위하여 애쓰고 수고하는 모든 우리의 아버지들과 형제들을.
> 기억하소서, 하나님, 선한 모든 이들을. 모두에게 자비를 주소서. 주님, 우리 모두가 화해하도록, 주의 수많은 백성에게 평화를 가져다주옵소서. 소문을 흩으시고, 전쟁과 교회의 분열을 없애주시며, 이단의 창궐을 속히 제어하시고 이들의 교만을 무너뜨리시며 그리스도인들이 승리의 나팔을 드날리게 하소서. 우리에게 주의 평화와 사랑을 허락하소서, 우리의 구원자 하나님. 이 땅 모든 이들의 희망이시여.

지금도 일부 정교회는 이 기도문을 사용한다. 주로 성탄절 후 첫 주일의 성찬 예식 기도문으로 사용한다. 교회는 매 주일 예배로 모이며 성찬을 받고, 위와 같은 성찬 기도를 통해 교회는 물론 이웃과 세상을 위해 기도했다. 교회의 공공성은 기도에서 시작된다. 주일 예배의 성찬 기도문 중 이웃을 향한 기도 내용은 교회가 제공하는 마을형 돌봄의 근거가 되었다. 박해에도 불구하고 교회가 이웃을 향해 마을형 돌봄을 행할 수 있었던 것은 부활하신 그리스도에 대한 신앙으로 매주 모여 성찬을 행함으로써 하나님이 누구신지, 그리고 하나님 앞에 자신들이 누구인지 잊지 않았기 때문이다. 하나님을 잊음은 단순한 망각이 아니라 작은 거짓 신들(small gods)을 숭배함이요, 고아와 과부와 객과 나그네를 돌보지 않음은 하나님이 이들의 하나님이심을 잊는 것이라고 초대교회는 가르쳤다. 이러한 돌봄이 가능한 것은 주일의 공예배(Public Worship)의 아나포라(anaphora), 즉 성찬 기도 속에 중보기도를 드림으로써 그리스도의 몸으로서 하나 됨을 이룰 수 있었기 때문이다.

2. "기도하는 집"으로서 교회 건물의 공공성

교회가 행하는 공적 사역과 공공성의 근거는 세례와 성찬 신학에 있음을 살펴보았다. 한편 교회의 매일 공기도 또는 매일 공중 기도(Daily Public Prayer)는 교회 건물로서 공공성을 더욱 잘 보여준다. 이 역시 사라진 전통 중 하나이다. 이는 개인 기도가 아니다. 골방에서 자유로운 시간에 드리는 사적 기도가 아니다. 교회의 매일 공기도는 정해진 시간에 교회에 나와 시편을 중심으로 함께 기도하며 캔티클(canticle: 시편 이외의 성경에 기록된 노래)을 부르고 아침과 저녁의 기도 시간을 중심으로 하루를 거룩하게 사는 것이다. 이를 통해 시간의 성화를 이루고, 삶의 성화를 이루게 된다. 교회의 오래된 전통 중 하나로 기도 시간에 맞춰 종을 쳤다. 시계가 없을 당시 교회의 종소리는 시간을 알려주는 중요한 공공재였다.

1) 교회 종소리와 기도: 삶의 성화

예배당의 아름다움과 거룩함, 그리고 이웃에 대한 섬김으로 인해 교회는 마을 공동체로부터 칭찬을 듣기도 하고, 반대로 매 주일 발생하는 교통 체증과 주차 문제, 그리고 소음으로 인해 비난받기도 한다. 맑은 공기와 물이 공공재(public goods)로서 그 마을에 아주 중요하듯, 교회 종소리도 소중한 기억이 될 수 있다. 그러나 반대의 경우도 많다. 어릴 적 교회 근처에 살아본 사람은 이 두 가지 경험을 다 해보았을 것이다. 예배당 종소리에 잠을 깨 하루를 시작해 본 경험이 있는가. 모처럼 늦잠을 좀 자야겠다 싶은 어느 날, 유난히 크게 들리던 종소리로 인해 결국 이부자리를 털고 일어나 본 경험은 별로 유쾌한 기억이 아니다. (도시 교회건 시골 교회건) 예배당의 종소리로 인해 법정 다툼이 생길 수도 있다. 실제로 그 고장에 갓 이사 온 사람의 경우, 종소리에 신경이 쓰여 잠을 못 이룰 수도 있다. 이로 인해 교회 종소리가 점점 작아지고 거의 사라졌다.

그래도 어릴 적 고향 마을의 종소리를 하나의 전통으로 기억하는 사람도 있다. 하나님 안에서 쉴 때 비로소 참 안식이 주어짐을 느껴본 사람이라면 어느 날 교회 종소리에 이끌려 (비록 낯선 교회라 해도) 안으로 들어가 기도할 수도 있다. 이럴 때 교회 마당이 있는 교회라면 더욱 친근한 느낌으로 다가올 것이다. 어쩌면 삶의 무게에 짓눌려 잠 못 이루던 어느 날 새벽, 싸늘한 공기를 흔들며 살갗 깊이 저미는 파동처럼 다가오는 종소리를 기억하는 사람도 있을 수 있다.

그 종소리의 파장이 마치 '죽지 말고 살라'고 외치는 진동처럼 느껴질 수도 있다. 그렇다면 그 누군가는 다시 들려오는 교회 종소리에 기도를 회복하고 하나님께 돌아갈 수 있을 것이다. 혹은 처음으로 교회 문을 열고 예배당 안으로 들어와 기도가 무언지 그리고 어떻게 하는지 잘 모르지만 그 와중에 뭔가 알 수 없는 뜨거운 경험을 할 수도 있다. 그리고 나중에 그때 그 경험이 하나님과의 만남이었음을 깨달을 수도 있다.

이처럼 세월 속에 무뎌진 날을 보내며 희미해지는 기억 가운데, 마치 하나님이 숨어 있는 것처럼 느껴지는 어느 날, 예상치 못했던 종소리가 어느 날 근처 교회에서 들려온다면, 우리의 깊은 기억을 깨우며 되살아나는 무언가가 있다. 내면의 하얀 벽을 뚫고 되살아나는 새로운 어떤 것이 있다. 새벽의 침묵을 깨뜨리며 새 창조의 신비한 무언가를 경험한다. 말로 형용할 수 없는 신비, 어쩌면 그 예배당의 종소리로 인해 우리는 하나님과 만나는 경험을 할 수도 있다. 이러한 하나님과의 만남, 에피파니(epiphany)는 종소리 이외에도, 교회를 지나치며 느꼈던 그 어떤 기억으로 인해 우리는 신앙을 지탱해 나갈 수 있다.

오늘날 도시 교회는 점점 종 치기를 그치고 있다. 그래도 건물 안으로 들어서면 거룩한 음률의 소리를 내는 오르간이나 피아노 연주로 성스러운 분위기가 난다. 이때 교회 건물이 주는 인상과 분위기가 매우 중요하다. 모두가 기독교인인 마을이라면 마당이 있고 없음이 별 차이가 없다. 실제로 중세 이후 이런 공간은 사라졌다. 마을의 모든 사람이 기독교인이었기 때문이다. 그러나 단 한 번도 교회에 발 들여본 적이 없는 사람이라면 몇 그루의 나무와 쉴 만한 의자가 있는 마당이 대단히 중요하다. 환대를 경험할 수 있다. 편안한 분위기의 마당이 있고 담도 없고 울타리도 없는 교회라면 누구든지 교회 건물 안으로 한 걸음 들어가서 잠시 앉아 쉬거나 기도를 할 수 있다. 모든 사람은 마음 깊은 데서 거룩함을 갈망하기 때문이다.

2) 교회 건물을 넘어: 시간의 성화

사회적 거리두기를 행하기 이전, 텅 빈 예배당에 혼자 앉아 기도 드려본 적이 있는가. 코로나 이전, 사람이 없는 교회 마당을 거닐며 기도해 본 적이 있는가. 규칙적으로 시간에 따라 기도하는 사람이라면 교회 공간이 주는 의미를 더 확연히 느낄 것이다. 예배당 한편에 앉아 기도하던 중 하나님의 신비를 경험해 본 사람이라면 공간이 무슨 말을 하는지 느껴보았을 것이다. 그곳은 더 이상 평범한 교회 건물이 아니다. 마치 야곱이 돌베개를 베고 잠들었던 곳에서 하나님을 만나게 되자 벧엘이라 부르며 그 장소를 기념했던 것처럼, 하나님과 만남의 사건이 일어난 공간은 거룩하다. 그곳에서 만난 하나님, 그 신비로 인해 우리는 자신이 누구인지, 그리고 하나님이 누구신지 깨닫는다. 그리고 기억한다. 이 기억이 신앙을 지탱해 준다.

코로나라고 하는 전염성 질환의 대유행과 상관없이 교회의 본질은 기도하는 집이다. 다만 종교개혁 이후 설교를 지나치게 강조한 닷에 실교를 듣기 위해 교회로 가는 것으로 여기는 경우가 많다. 그 결과 주일 예배는 물론이고 수요 예배와 금요 기도회까지 설교를 듣기 위해 모여드는 사람들로 인해 교회 건물이 북적였다. 바로 여기에 집합금지라고 하는 행정조치가 교회에 내려진 것이다. 또한 예배 이후 많은 사람이 모여 식사할 때 바이러스가 전파된 사례가 많아 집합금지 행정명령이 내려졌다. 그러나 교회는 예배로 모이는 공간이면서, 동시에 기도하는 집이다.

3. 거룩한 시간과 공간으로 초대

오늘날 도시 교회는 더 이상 종을 치지 않는다. 외견상으로 보았을 때 하나님에 대한 깊은 기억을 불러일으키는 은유와 상징을 잘 담아내지 못하고 (상가교회건 아니건) 교회 건물로 존재하는 경우가 대부분이다. 그런데 대림절을 지나 성탄절로 접어드는 초겨울이 되면 교회가 하나둘 초와 등을 밝히며 무언가 새로운 이야기를 건넨다. 아름다운 성탄목의 불빛과 자태에 우리가 감탄하는 이유는, 교회가 더 이상 단순한 건물이 아니라 드디어 무언가 이야기를 하고 있음을 느끼기 때문이다. 시간 속을 살아온 우리의 삶을 보듬듯, 대림 절기의 초를 밝히며 성탄을 기다린다. 기다림의 신비, 시간의 신비를, 대림 절기의 화환 속에 빛나는 초를 보며 느낀다. 그리고 대림 절기의 초를 밝히며 기도한다. 시간이 흘러 먼 훗날, 아니 내년 어느 순간에라도, 그 기다림의 시간 속에 기도하면서 만난 하나님에 대한 기억은 우리의 신앙을 지탱해 내는 깊은 기억이 된다.

우리의 마음속 깊은 곳으로부터 거룩한 공간에 대한 그리움이 밀려올 때, 성전에 나가 기도하던 그날의 신비를 기억하며 하나님 앞에 나아가고 싶을 때, 누구든지 교회에 와서 하나님 안에서 참 쉼을 누리고 갈 수 있도록 교회의 기도 공간을 열어두자. 기독교인이 아닐지라도 혼자 고요함을 찾아 침묵의 시간 속에 머물 수 있도록 하자. 이는 "기도하는 집"으로서 교회가 지닌 본연의 기능이면서 동시에 공공재의 기능이다. 교회 건물은 공간적 차원을 넘어 거룩한 시간으로 우리를 초대한다. 하나님에 관한 깊은 기억 속으로 우리를 초대한다.

모든 사람은 마음 깊은 곳에 거룩함을 추구한다. 하나님이 누구인지 모를지라도 거룩한 존재에 대한 갈망과 배고픔이 있다. 아무도 없는 텅 빈 교회 안, 고즈넉하니 앉아 있다 문득 경험하게 되는 그 어떤 신비가 있을 수 있다. 교회 마당에 소담스럽게 놓인 의자와 나무 그늘이 또한 그러한 공간이 될 수도 있다. 빌딩형 교회 건물이라면 도로를 지나 문을 열고 들어와야 하는데, 이곳이 거룩한 공간이 되려면 어떻게 해야 할까. 이곳은 안내대가 아니다. 백화점식 정문도 아니다. 성과 속이 분리되는 공간이 되어야 한다. 여기에는 거룩함과 환대가 있어야 한다. 교회 문을 처음 열고 들어갔을 때, 마치 우리를 기다리고 있는 것처럼 고즈넉하니 놓인 작은 소파 하나, 단아한 테이블에 켜둔 초, 그 위에 놓인 성경책. 이런 것들이 주는 환대는 결코 무시할 수 없다. 성스러운 느낌과 경외감일 수도 있다.

　교회 건물은 어쩌면 설교보다 더 많은 말을 한다. 때로 비음성적 언어가 음성적 언어보다 더 많은 말을 하기 때문이다. 이처럼 교회 공간이 주는 기억은 우리의 신앙을 형성한다. 하나님에 대한 사랑은 환대(hospitality)에서 시작되기 때문이다. "누구든지 목마르거든 내게로 와서 마시라"(요 7:37). 이제 교회 공간은 건물로서의 의미를 넘어, 거룩한 시간과 공간으로 우리를 초대한다. 여기에 교회 건물의 진정한 공공성이 있다.

4장

코로나19 이후 예배당을 공유하는 교회들

백상욱 목사
(요한서울교회)

1. 들어가는 말

코로나 팬데믹으로 교회는 뜻하지 않은 재난을 맞게 되었습니다. 이 재난과 위기가 차라리 박해라면 미래에 희망이 있을 텐데, 박해라기보다는 전염병으로 인한 세계적인 현상이기 때문에 이 일을 어떻게 수습해야 할지 아직 그 출구가 보이지 않습니다. 대형교회는 대형교회대로 코로나가 끝나면 가나안 성도가 폭증하여 교세가 급감할 것을 걱정하고 있습니다. 멀티미디어 환경이 좋지 않은 중형교회는 인터넷 설교와 예배를 쇼핑하듯 이곳저곳 기웃거릴 성도들이 영상 설교를 통해 스타급 목사들의 교회로 옮겨갈 것에 대한 걱정을 하고 있습니다. 소형교회와 개척교회는 교회 존립의 문제로 시름을 앓고 있습니다.

더군다나 코로나가 시작된 2020년부터 교회 개척은 거의 이루어지지 않고 있습니다. 헌금이 급감하고, 교회에 대한 충성도가 떨어진 이 시기에 개척교회는 운신의 폭이 사라져가고 있고, 앞으로 개척하려는 이들의 앞날을 우울하고 불안하게만 합니다.
　헌금이 감소하고 성도들의 헌신도가 떨어져가는 이 시기에 비용을 절감하며 교회가 상생할 수 있는 길은 어디에 있을까요?
　이 같은 고민을 복음의 공공성 차원에서 시작하여 하나님 나라의 실현이라는 목적 아래 예배당 공유의 가능성에 대해 요한서울교회의 사례를 중심으로 살펴보고자 합니다.

2. 지역 공동체로서의 교회

1) 지역 공동체

　그동안 교회는 지역사회와 분리되어 섬처럼 지내왔습니다. 그 까닭은 교회의 존립 목적을 영혼 구원에 한정시키는 편협하고 소극적인 복음관을 가지고 있었기 때문입니다. 우리는 지금까지 이 세상을 천로역정의 순례자처럼 장차 멸망할 도성으로 여기고 있었습니다. 우리는 이 멸망할 도성을 속히 떠나 천국으로 가야 하는 순례자이기 때문에 우리가 속해 살아가는 이 사회와 지역사회의 문제에 대해서 크게 관심을 가질 필요가 없었던 것입니다. 오히려 지역사회의 문제에 관심을 가질수록 부질없는 세상에 대한 집착처럼 여겼습니다. 세상에 대한 관심을 가질수록 복음으로부터 멀어지는 것처럼 생각했습니다. 그래서 지역사회의 문제와 필요에 대해서는 거의 무관심하게 지내왔던 것입니다.

그러나 복음은 이 땅에 하나님의 나라가 오게 하는 것이며, 이 땅에 하나님의 공의와 사랑이 이루어지게 하는 것이 복음의 능력임을 기억할 때, 이 세상과 우리가 속해 살아가는 지역사회에 대한 책임이 교회에 있다는 것은 자명한 사실입니다.

하나님의 나라는 미래의 세계에서 이루어지는 것만이 아니라, 예수 그리스도의 오심으로 인해 이미 역사 속에 들어와 있으며, 완성되어 가고 있는 과정에 있다고 말합니다.[1] 교회는 이 땅에 하나님의 나라를 이루어가야 할 하나님의 도구요, 하나님 나라의 관리자인 것입니다.[2] 따라서 교회는 지역사회 안에 하나님의 공의와 사랑이 이루어지도록 할 책임이 있습니다.

2) 경쟁자인가, 동역자인가?

같은 지역에 있는 다른 교회들은 서로 어떤 관계 아래 있습니까? 같은 지역에 있는 주변 교회는 동일한 고객군을 놓고 경쟁을 벌이고 있는 같은 업종의 경쟁 상대입니까, 아니면 같은 목적을 이루기 위한 동역자입니까?

사실 그동안 우리는 주변에 있는 다른 교회들의 사정에 대해서는 거의 눈을 감고, 귀를 막고 지내왔습니다. 만약 주변 교회에 대해서 관심을 가지고 있었다면 그것은 경쟁심을 바탕으로 한 이기적인 동기가 기저를 이루고 있었던 것이 부끄러운 사실입니다. 주변 교회의 부흥과 성장에 대한 부러운 마음이나 시기심, 혹은 그들의 쇠퇴와 분열을 우리 교회의 성장의 동력으로 삼으려는 이기심에 의한 관심

---

1) G.E. Ladd, 신성종 역, 『신약신학』 (서울: 대한기독교서회, 2002), 79.
2) G.E. Ladd, 『신약신학』 (2002), 144-145.

이 주를 이루지 않았나 모르겠습니다.

그러나 같은 지역 안에 있는 주변 교회야말로 우리가 의도했건, 의도하지 않았건 같은 목적으로 사역하고 있는 하나님 나라의 동역자들임은 두말할 필요가 없습니다. 지역에 있는 크고 작은 교회들은 하나님 나라의 동역자들이요, 믿음의 한 공동체인 것입니다. 우리는 모두 예수 그리스도로 인해 구속함을 받은 형제들이며, 같은 주님을 통해 사명을 받고 세상에 보내심 받은 동역자들입니다. 우리의 공통적인 사명은 이 땅에 하나님의 나라를 이루며 예수 그리스도의 재림을 준비하는 것입니다.

그 하나님의 나라는 구성원 개인 안에 내재하면서 동시에 공동체 구성원 모두에 의해 유기적으로 이룩되는 사회입니다. 그러므로 하나님 나라는 개인적이면서 동시에 공동체적이어야 합니다. 그것은 성도 한 사람과 그가 속한 교회만을 의미하는 것이 아니라, 지역에 있는 각기 모든 교회에게도 해당합니다. 지역사회에 참다운 하나님의 나라가 이루어지기 위해서는 모든 교회가 각기 하나님의 나라를 이룰 뿐 아니라, 서로에 의한 공동체적 하나님의 나라를 이루어가야 합니다. 장로회신학대학 교수인 송용원은 "하나님 나라는 하나님 혼자 일하시는 나라가 아니라 그분의 모든 백성이 다 같이 참여하는 나라"이며, "공동신은 모든 구성원의 영적, 정치적, 사회적, 육체적 안녕으로 표현되어야 하며, 이것이 성경이 말하는 하나님 나라이다"라고 말합니다.[3] 따라서 하나님의 나라는 지역에 있는 모든 지역 교회가 서로 협력하고 유기적으로 하나가 되어 공동체적 완성을 이룰 때에만 가능한 것입니다.

---

3) 송용원, 『하나님의 공동선』(서울: 성서유니온, 2020), 32.

3. 교회 건물의 공공성

하나님의 나라에 있어서 모든 재화는 하나님의 것입니다. 거기에는 땅이나 재물뿐 아니라, 모든 건물도 포함됩니다. 지역사회에서 하나님의 나라를 구현하는 길은 하나님의 나라를 표방하는 교회들이 경쟁하지 않고, 상호 협력하며 재화를 서로 공유하는 공유경제를 통해 이루어질 수 있을 것입니다.

구약시대에 땅을 소유하고 있었던 지역민은 그 지역에 살고 있는 객이나 고아, 과부를 위해 자신의 소유로 되어 있는 토지의 네 귀퉁이에서 산출되는 수확에 대해서는 거두지 못하게 하셨습니다. 또한 포도원의 열매를 다 따지 못하게 하셨으며, 수확하던 중에 땅에 떨어진 이삭과 포도를 줍지 못하게 하셨습니다.[4] 밭의 네 모퉁이와 떨어진 수확물들은 그 지역에 살고 있는 가난한 자들과 거류민들의 몫으로 주신 것이었습니다. 하나님의 백성들의 소유물 중에는 토지가 없는 가난한 이들의 몫이 그 속에 들어 있었던 것입니다. 이것은 그 지역에 살고 있는 사람들이 모두가 함께 어울려 서로 간에 상호 책임감을 가지고 살아가도록 하시는 하나님의 율법적 장치였던 것입니다. 그래서 토지가 없는 사람도 자기 몫의 수확을 거둘 수 있게 하신 것입니다. 하나님의 나라는 그 공동체 구성원 모두에게 샬롬이어야 합니다.

이것을 오늘날 지역사회와 교회의 건물에 비교해 본다면, 건물을 가지고 있는 교회에게는 그 지역에 있는 건물이 없는 교회들을 위해 하나님께서 마련하신 배려의 몫이 들어 있다는 것을 의미하지 않을까요? 모든 소유가 내 것이 아니듯이 건물을 가지고 있는 교회의

---

4) 레위기 19장 9~10절, 23장 22절.

건물 사용권 속에는 건물이 없는 교회의 몫이 들어 있다고 여겨야 하지 않을까요? 그 지역에 있는 교회가 건물의 임대료를 낼 수 없는 사정에 처했다면 건물을 가지고 있는 교회는 그들이 예배를 드릴 수 있는 공간을 확보할 수 있도록 공동체적 책임의식을 가지라는 것은 아닐까요?

이것을 통해 건물이 없는 교회가 건물을 가진 교회와 협력하여 함께 하나님 나라를 이루어갈 수 있는 길을 모색할 수 있게 될 것입니다. 건물을 가진 교회의 공간 활용을 재조정함으로 예배를 드릴 공간이 없는 교회가 자유롭게 예배를 드릴 수 있도록 도울 수 있을 것입니다. 그 속에서 교회는 개 교회의 울타리를 넘어 지역 교회로서, 더 나아가 하나님 나라의 교회로서 하나님 나라 공동체를 이루어가게 될 것입니다. 우리가 하나님의 말씀과 하나님 나라의 원리에 순종할 때 하나님의 나라는 우리가 사는 지역사회에서 관념 속에만 있는 왕국이 아니라, 우리가 실제로 경험할 수 있는 나라가 될 것입니다.

4. 교회 성장 침체기의 교회 개척 현실

코로나 팬데믹으로 교인 수가 많지 않은 교회들, 혹은 개척을 시작하는 교회들은 존립을 위협받는 타격을 받게 되었습니다. 예배당에 모이지도 못하는데 건물임대료만 지불되는 상황에서 상가교회들은 건물을 유지할 수도, 버릴 수도 없는 진퇴양난의 상황에 빠지게 되었습니다. 대부분 재정적으로 취약하여 외부로부터 지원을 받고 있으면서 전도를 통한 성장으로 초기의 재정적 부족을 채워가려고 하였지만, 전도도 할 수 없고, 교회에 모일 수도 없으니 재정적 부담만 커갈 뿐입니다.

　또한 지난해부터 교회를 개척하려고 했던 목회자들은 오랫동안 기도해 왔던 개척의 꿈을 접거나 연기해야만 했습니다. 보통 중대형교회 부목사가 개척하면 사역하던 교회가 여러 가지 지원을 해왔습니다. 개척 지원금뿐 아니라, 일부 성도를 개척 멤버로 보내주어 개척을 돕게 해주었습니다. 그렇지만 지난해부터 시작된 코로나 팬데믹은 중대형교회의 개척 지원마저도 중단시키고 말았습니다. 모이는 예배가 어려워지고, 교회에 대한 불신이 깊어지면서 전도도 심각하게 위축되었기 때문입니다. 게다가 두 주마다 변하는 거리두기 지침 때문에 언제 개척을 시작해야 할지 가늠하기도 어렵게 되었습니다. 그러면서 혼자 개척을 하건, 교회로부터 지원을 받아 개척하건 여러 종류의 개척 사역에 있어서 그 개척의 기회를 놓쳐 가고 있는 것이 현실입니다.

　성도가 모이기 어렵고 전도가 어려운 때에 장기간 고정적으로 지출되어야 하는 월세는 대단히 큰 부담입니다. 그래서 코로나 팬데믹과 포스트코로나 시대에 예배당 공유는 개척을 꿈꾸고 있는 목회자들에게 개척의 꿈을 포기하지 않게 하는 하나의 대안이 되어 가고 있습니다.

5. 예배당은 공유될 수 있는가?

　21세기 들어서면서 한국 교회는 성장기가 끝나고 침체기를 거쳐 쇠퇴기에 들어서기 시작했습니다. 신학교에서는 계속 교역자들을 배출하지만, 쇠퇴하고 있는 교회에서 목회자들이 임지를 구하기는 하늘의 별 따기가 되었습니다. 코로나19로 인해 교회 개척은 중단되었습니다. 이와 같은 상황에서 기존 교회와는 조금 다른 새로운 목회적 전략을 가지고 개척을 해보고자 하는 분들이 일정 수준으로 성장할 때까지 공간을 무상으로 빌려주거나 공유해 줄 예배당이 절실합니다.

아울러, 어느 정도 중형 사이즈가 된 교회가 부득이한 이유로, 예컨대 성전 건축이나 재개발 등의 이유로, 한시적으로 성전을 비워주어야 할 경우가 생기기도 합니다. 그런 교회에게는 어느 정도 규모가 있는 공간이 필요합니다. 한때 그런 교회는 인근의 학교 강당이나 관공서의 강당을 주일에만 빌려 쓰기도 하였습니다. 그러나 수년 전부터 학교 강당이나 관공서의 강당을 교회에게 빌려주지 않고 있습니다. 그들에게도 안정적으로 예배드릴 수 있는 공간이 필요합니다. 이런 상황에서 이미 건물을 가지고 있는 교회가 공간을 함께 쓸 수 있도록 해준다면 그들에게는 광야의 생수와 같을 것입니다.

예배당의 공유는 일반적으로 규모가 큰 교회가 여유 있는 공간을 재정적으로 안정이 될 때까지 개척교회에게 공유해 주는 형태가 될 것입니다. 개척교회가 큰 교회의 품 안에서 인큐베이팅되는 동안에 큰 규모의 성도들이 개척교회를 돕거나 혹은 지원할 수 있게 될 것입니다. 이 모든 것은 주로 규모가 큰 교회가 일방적으로 도움을 주는 형태가 될 것입니다. 그러나 어떤 경우에는 규모가 작은 교회도 규모가 큰 교회와 공간을 공유하며 함께할 수도 있습니다. 요한서울교회(이하 요한교회)에 그런 일이 있었습니다.

6. 예배당 공유 가능성

1) 규모가 큰 교회가 나눔의 공간으로 공간을 제공할 때

규모를 갖춘 교회가 부목사를 독립시켜 개척을 내보낼 때 일정 기간 동안 사역비와 함께 건물의 일부를 예배당으로 사용할 수 있도록 공유하는 형태입니다. 이와 같은 경우는 교회 개척을 독립하는 부목사에게만 맡기지 않고, 교회가 교회를 개척하는 형태입니다. 이것을 위해 개척하는 교회가 재정적으로나 교인 규모의 면에서 어느 정도 안정이 될 때까지 모교회가 모교회의 건물 안에서 인큐베이팅을 하는 경우라고 할 수 있습니다. 광주광역시에 있는 양지문교회(정만영 목사)는 사랑나눔교회를 개척시키면서 생활비와 함께 어느 정도 자립할 때까지 예배당과 교육관을 공유하여 한 지붕 두 교회가 될 수 있게 하였습니다.[5] 사랑나눔교회는 3년여간 양지문교회의 예배당과 교육관을 사용하면서 큰 재정적 걱정 없이 전도에 집중하여 빠르게 자립할 수 있었습니다.

개척교회를 인큐베이팅하는 차원에서 공간을 공유하는 것뿐만 아니라, 규모가 있는 교회가 불특정한 개척교회나 미자립교회 중에 공간 문제를 안고 있는 교회들에게 예배공간을 제공하는 경우도 있습니다. 수서교회(황명환 목사)는 새 성전을 건축하면서 이전에 사용하던 예배당 건물을 지역에 있는 미자립교회와 개척교회에게 내어주었습니다.[6] 1년을 계약기간으로 설정하여 최대 3년간 이용할 수 있게 하면서 임대료를 받지 않고 개척교회나 미자립교회가 잘 갖추어진 예배환경 속에서 안정적으로 예배를 드릴 수 있게 제공한 것입니다. 2016년부터 시작한 예배당 공유는 10여 개 교회가 혜택을 받아 예배당을 공유하였고, 현재 구 예배당의 여러 부속실까지 활용

---

5) 포스트코로나 시대의 목회전략연구위원회, 『예배처소 공유교회 초청 간담회(서울)』 (2021년 4월), 5.
6) 포스트코로나 시대의 목회전략연구위원회, 『예배처소 공유교회 초청 간담회(서울)』 (2021년 4월), 20.

하여 현재 5개 교회(560여 명의 성도)가 한 건물 아래 예배당을 같이 사용하여 예배를 드리고 있습니다.

2) 작은 여러 교회가 예배공간을 공유할 때

재정이 열악한 작은 교회가 또 다른 작은 교회 혹은 개척하려는 교회와 예배당 공간을 공유함으로 재정적 부담을 줄이고 공간 활용의 효율성을 높이는 형태입니다. 예배공간은 가지고 있지만 성도 수가 많지 않고 건물 임대료에 대한 부담이 큰 경우에 개척하려는 교회에 공간을 셰어하면서 임대료의 일부를 부담하게 하면 두 교회 모두 상생하는 길이 될 것입니다. 혹은 재정적인 문제가 없더라도 예배당의 유휴 공간을 더 어려운 개척교회나 작은 교회를 위해 공유할 수도 있습니다. 일산에 있는 은혜교회(성하준 목사)가 그런 경우입니다.[7]

일산 은혜교회는 창립한 지 7년 된 교회로 작으나마 예배공간을 가지고 있었습니다. 30여 명의 성도로 구성된 작은 교회지만 넓은 마음으로 선교지도 후원하고, 지역에 있는 다른 교회에게 공간을 내어주어 함께하는 교회가 되고자 공간 공유를 시작한 것입니다. 그리고 현재 은혜교회는 4년째 변두리교회(김혁 목사)와 두 번째 동행을 하고 있습니다. 오전 11시 예배는 은혜교회에서 집례하고, 오후 2시 예배는 변두리교회에서 집례하는 예배로 진행됩니다. 교인들은 자신의 필요에 따라 원하는 예배에 참석할 수 있습니다. 종종 절기 때에는 두 교회가 함께 예배를 드립니다. 자칫 개척 담임목사 한 사람

---

7) 포스트코로나 시대의 목회전략연구위원회, 『예배처소 공유교회 초청 간담회(서울)』 (2021년 4월), 10.

에게만 영향을 받을 수 있는 작은 개척교회가 예배당을 공유함으로 큰 교회가 되었고, 두 교회의 예배를 서로 공유하면서 2부 예배가 되고, 다채로운 예배를 경험하는 더 큰 예배 공동체가 됩니다.

3) 규모가 비슷한 교회가 공간을 빌려주어 공동 사용할 때

중형교회가 예배당 건축으로 임시적으로 예배공간이 필요하게 되었을 때 비슷한 규모의 교회가 공간을 공유하도록 해주어 한 지붕 두 교회의 형태로 예배당 공유가 일어나게 된 경우입니다. 일반적으로 예배당 공유의 가장 큰 어려움은 성인 예배가 아니라 주일학교입니다. 주일 한 번의 성인 예배를 위해서는 잠시 공간을 빌려 줄 수 있지만 유치부부터 중고등부까지 여러 주일학교가 있을 때는 주일에 유휴 공간을 찾기 어렵습니다. 이런 이유로 중형교회가 다른 교회와 예배당을 공유하기는 매우 어려운 것이 사실입니다. 그러나 절박한 상황에서 상호 양보하고 대의를 위해 협력하면 불가능한 것도 아닙니다. 요한서울교회와 벧엘성서침례교회의 아름다운 동행이 그런 경우입니다.

7. 요한서울교회 예배당 공유 사례

1) 예배당 공유의 배경 및 목적

요한서울교회는 2016년 1월, 본래 있던 성전 자리에 성전을 허물고 새 성전을 짓기로 결정하였습니다. 요한서울교회는 성전을 건축하는 2년 동안 임시로 사용할 예배당 처소가 필요하게 되었습니다.

요한서울교회 전 교인의 80% 이상이 교회 인근에 살고 있으면서 도보나 혹은 자전거를 이용해서 교회에 오고 있습니다. 이런 이유로 임시 예배당 처소는 현재 교회 인근이어야 했습니다. 인근의 대학교와 초·중·고등학교의 강당을 이용할 수 있는지 알아봤지만 대학 강당은 임대료가 너무 비쌌고, 초·중·고등학교는 교육부 방침상 종교기관에 대해 강당을 빌려줄 수 없다고 연락이 왔습니다. 일반 상가 건물은 그 규모에 있어서 우리 교회 교인들을 수용할 만큼 넓은 곳을 임대할 수 있는 곳이 없었고, 혹 있다고 하여도 임대료와 더불어 방송장비와 인테리어 경비가 부담스러웠습니다.

그러던 중 '자양동 좋은 동네 만들기 이웃교회 연합회' 모임에서 함께 기도제목을 나누면서 교회 건축 계획과 아울러 예배처소를 구하고 있는데 쉽지 않으니 기도해 달라고 기도 요청을 했습니다. 기도하는 중에 함께 기도하던 '벧엘성서침례교회'의 담임목사이신 현상웅 목사께서 자기가 섬기는 교회에서 함께 예배를 드리면 어떻겠느냐고 제안해 주셨습니다.

벧엘성서침례교회(이하 벧엘교회)는 요한서울교회(이하 요한교회)와 직선거리 500미터밖에 되지 않는 곳에 위치한 가까운 이웃 교회입니다. 서로 교단도 다르고, 신학적 배경도 달라서 두 교회가 서로 교류를 한 적도 없고, 알고 지낸 바도 없습니다. 다만 목회자들 간에만 연합회를 통해 짧은 교류가 있었을 뿐입니다. 벧엘교회의 건물은 본당 좌석이 220석가량 되는 성전을 가지고 있는 3층짜리 단독 건물의 성전입니다. 1층에는 남녀 전도회 방과 목양실, 식당과 부엌, 소예배실이 있고, 2층에 본당이 있고, 옥상층에 담임목사 사택이 있는 구조였습니다. 독립된 건물을 가지고 있고, 50여 년의 역사가 있는 교회지만, 과거에 어려움을 겪으면서 출석인원은 60여 명가량으로 줄어들게 된 교회입니다. 현재 담임목사는 부임 5년 차인 40대 초반의 목회자입니다. 벧엘교회는 재건축 과정에서 부채를 지고 있어서 재정적으로도 어려움을 겪고 있었습니다.

요한교회 당회는 건물 임대료를 벧엘교회에 지불하고, 낙후된 벧엘교회 1층을 리모델링하여 같이 사용할 수 있는 현대적 공간으로 만들어 드릴 것을 제안하면서 성전 건축이 끝날 때까지 두 교회가 한 지붕 아래 있는 '아름다운 동행'을 하기로 하였습니다. 또한 요한교회가 벧엘교회보다 규모가 크고 대부분의 시간과 공간을 사용하기 때문에 벧엘교회에서 사용하는 기간의 모든 공과금과 건물 유지 보수비를 부담하겠다고 제안하였습니다. 이렇게 해서 요한서울교회 건축이 시작된 2017년 9월 1일부터 요한교회와 벧엘교회의 한 지붕 두 교회의 '아름다운 동행'이 시작되었습니다.

주일 오전은 벧엘교회가 사용하고, 요한교회는 오후에 성전을 사용하기로 하였습니다. 수요일은 벧엘교회가 저녁 예배를 드리고, 요한교회는 오전에 수요예배를 드리고, 금요철야를 요한교회가 본당에서 하기로 하였습니다.

2) 예배당 공유 내용

(1) 공유기간
2017년 9월 1일부터 2019년 11월 31일(2년 3개월)
(2) 공유공간
교회 건물 전체(1층 소예배실 및 부속실, 2층 본당, 중층 방송실 및 자모실)
(3) 공유예배시간
① 주일 오전 9시. 2층 본당(벧엘교회 주일학교)
　오전 11시. 2층 본당(벧엘교회 성인 예배), 1층 소예배실(요한교회 청소년 예배)

오후 2시. 2층 본당(요한교회 성인 예배), 1층 소예배실(요한교회 어린이 예배)

오후 4시. 2층 본당(요한교회 청년예배)

② 수요일 2층 본당. 오전(요한교회 수요여성예배), 저녁(벧엘교회 수요저녁예배)

③ 금요일 2층 본당. 오후(벧엘교회 구역 모임), 저녁(요한교회 금요철야예배)

④ 평일 새벽 본당(요한교회 새벽예배)

평일 1층 식당과 소예배실 및 부속실은 요한교회의 대안학교 교육공간으로 사용

8. 예배당 공유, 예배의 공유

'아름다운 동행'이 진행되는 2년 3개월의 기간 동안에 두 교회는 단지 공간만 나누어 쓰는 셋집살이 교회가 아니라, 함께 살아가는 두 교회가 되기 위해 종종 담임목사의 강단 교류와 연합행사도 함께하였습니다. 1년에 한두 차례 벧엘교회의 담임목사가 요한교회의 강단에서 설교할 수 있도록 하였습니다. 매년 초에는 연합 성경통독 수련회를 하면서 서로 마치 한 교회인 것처럼 지냈습니다. 또한 교회에 행사가 있을 때에는 음식과 선물을 함께 나누면서 그리스도 안에 있는 사랑의 정을 돈독히 하였습니다. 마지막 예배를 드릴 때는 두 교회가 연합예배를 드렸는데, 연합 찬양팀을 구성하고, 연합성가대를 구성하여 요한교회의 담임목사가 예배를 인도하고, 벧엘교회의 담임목사가 설교를 하면서 마치 한 교회처럼 예배를 드렸습니다. 그리고 서로 축복하며 찬송하면서, 두 교회 교우들이 서로 석별의

정을 나누는 시간을 가졌습니다.

두 교회는 각기 예배에 충실할 뿐 아니라, 서로 경쟁하지 않고 서로의 교인들이 필요에 따라 서로 참여할 수 있도록 개방하였습니다. 벧엘교회는 교인들이 많지 않은 관계로 새벽예배 시간에 목회자 부부 외에 1~2명가량 참석하고 있었기에 요한교회가 모든 새벽예배를 집례하면서 인근의 벧엘교인들도 자유롭게 참석하여 함께 예배드리도록 하였습니다.

요한교회 교인 중에 주일 오전 예배를 선호하는 성도들은 자유롭게 벧엘교회의 오전 예배에 참석하도록 하였습니다. 종종 주일 오후에 일이 있는 성도들은 벧엘교회의 오전 예배에 참석하고 출타하는 일이 많이 있었습니다.

주중 예배는 벧엘교회가 수요저녁예배를 드리고, 금요철야는 요한교회에서 집례하였기 때문에 성도들이 자신들의 필요에 따라 우리 교회, 네 교회를 가리지 않고 자유롭게 주중 예배에 참석할 수 있었습니다. 이와 같은 시간들을 통해 성도들은 서로 교류하면서 다른 교단, 다른 교회에 대해서 마음의 문을 열고 서로 존중하며 배우려는 자세를 갖게 되었습니다.

9. 예배당 공유의 장점과 단점

1) 장점

(1) 재정적으로 서로 보탬이 되었습니다.

요한교회는 상가 건물에 들어가야 할 인테리어 비용을 절감할 수 있었고, 상가 임대료보다 적은 금액으로 임대료를 드리면서도 작은 교회 지원금으로 드렸다고 생각하니 성도들도 매우 만족하게 생각하였습니다. 또한 벧엘교회는 요한교회로부터 받은 헌금(임대료)으로 감당하기 어려웠던 부채의 대부분을 갚을 수 있었습니다. 아울러 요한교회가 내부 시설(화장실, 창고)을 개축하여 주었고, 방송 장비 및 노후된 악기를 교체 보수하여 줌으로 벧엘교회는 실질적인 유익을 얻게 되었습니다.

(2) 지역 교회 간 교단을 초월한 교류와 연합을 할 수 있었습니다.
교단도 다르고, 교파도 다른 교회였지만 종종 함께 예배를 드림으로 우리와 다른 교단의 특색을 이해할 수 있는 계기가 되었고, 다른 교단에 대해서도 마음을 열고 그리스도 안에서 한 교회요, 그리스도의 몸이라는 것을 성도들이 실감할 수 있었습니다.

(3) 성도들이 지역에 있는 다른 교회에 대한 실질적인 관심을 가질 수 있게 되었습니다.
지금까지는 지역에 있는 다른 교회에 대해서 거의 관심을 갖지 않았지만, 함께 생활하면서 다른 교회의 형편에 대해서 이해하고 공유할 수 있었습니다. 우리 교회가 지역에 있는 다른 교회로부터 사랑의 섬김을 받은 것을 통해 우리도 새로 짓는 예배당을 이웃 교회를 위해 함께 사용할 수 있으며, 다른 교회를 섬겨야 한다는 것을 실질적으로 배울 수 있게 되었습니다.

(4) 두 교회의 '아름다운 동행'은 이웃 교회들과의 연합행사와 공동사역에 큰 힘이 되었고, 기폭제가 되었습니다.
두 교회가 진정성 있게 연합하고 협력하자 이웃 교회들과의 연합행사(지역사회 독거노인을 위한 김장김치 지원, 지역사회 어르신을 위한 삼계

탕 데이, 연합 성경통독 수련회, 강단 교류 등)에 진정성이 더해져 지역 교회가 더욱 연합하고 협력하는 계기가 되었습니다.

2) 단점

(1) 시간 및 장소 사용에 있어서 제약이 있었습니다.

주일학교 예배, 찬양팀 연습시간, 예배 후 모임 등 장소 사용을 사전에 협의하여 진행하였지만 장소 사용이 자유롭지 못해 어려움이 있었고, 가끔 예기치 않은 충돌(더블 부킹)도 있었습니다.

(2) 더 많은 모임을 하기가 어려웠습니다.

주일 오후에 주일 예배를 드리는 것으로 인해 오전 일과가 느슨해지는 면이 있으며, 주일에 기타 소그룹 활동, 성경공부에 제한이 있었습니다(주일 저녁예배를 드리지 못함).

(3) 관리 측면(청소, 방송장비 및 비품 사용)에 있어서 상호 간에 사소한 마찰이 있었습니다.

공간 및 비품 사용 후 정리 정돈의 측면에서 서로 말 못하는 어려움이 있었습니다. 상호 교회의 실무자 간에 갈등이 생기곤 했습니다.

(4) 지역 주민과 교회 사이에서 민원이 발생했습니다.

주택가에 있는 작은 교회에 조금 더 큰 교회가 들어가서 함께 생활하였기 때문에 이전에 없었던 소음 문제와 주차 문제가 발생하여 몇 차례 민원이 있었습니다.

10. 공유예배당 제도가 마련될 때 고려해야 할 점

① 교회 운영 책임자들 사이에 정기적인 회의가 필요합니다. 그 회의를 통해 장소사용 및 비품사용 등 제반 문제에 대한 사전 조정, 실무자 간의 갈등을 원만하게 조정할 수 있는 정기적인 회의가 있어야 합니다.

② 예배당 공유를 시작하기 전에 건물의 유지 보수, 파손 배상, 비품의 유지 보수, 비품 파손에 대한 배상, 새로운 비품 구입에 대한 재정적 책임, 공간 사용에 대한 자세한 책임 소재에 대한 충분한 협의를 하여야 합니다.

③ 공유예배당이 단지 공간활용이나 재정적인 문제에 대한 해결책으로써만이 아니라, 그리스도의 한 몸과 하나님 나라의 구현이라는 거시적 관점에서 서로 협력하기 위한 관점에서 시작되어야 합니다. 그래야 성도의 교류와 연합행사, 공동예배 등을 실현할 수 있습니다.

11. 신축된 성전에서 예배당 공유

요한교회는 2019년 12월에 벧엘교회와의 '아름다운 동행'을 끝내서 새 성전에 입당하게 되었습니다. 새 성전 입당예배를 드리면서 우리 교회가 이웃 교회로부터 받은 은혜의 섬김을 마음에 간직하면서 우리도 이제 성전을 갖게 되었으니 우리의 성전으로 이웃 교회와 어려운 교회를 섬길 수 있는 기회가 있을 때 섬기자고 결단하였습니다. 그리고 바로 코로나 팬데믹이 터졌습니다. 코로나로 인해 어려움을 겪고 있다는 말이 들리고 있습니다. 그래서 지난 2020년 연말에는 자양동에 있는 상가 교회와 미자립 교회가 어려운 겨울나기에 보템이 되도록 자양동 20여 개 미자립 교회에 20만 원씩 난방비를 지원하였고, 올해 5월에는 미자립 교회도 성도들 가정 중에 어려움을 겪는 가정들을 섬기고 성도들을 돌볼 수 있도록 생필품 선물 박스를 만들어 14개 교회에 40상자를 보내주었습니다.

올해 7월 어느 날 여름, 인근에 있는 한 교회의 담임목사님과 장로님께서 찾아오셨습니다. 예배당이 있는 건물주가 내년에 건물을 재건축하고자 하니 교회를 비워달라고 요구하였다고 합니다. 여러 이유로 성도 수가 줄어들었고, 새로운 곳으로 이주할 형편이 되지 않기 때문에 혹시라도 우리 교회 부속실을 빌려서 예배처소로 쓸 수 있는지를 문의하여 왔습니다. 당회에서는 이 일에 대해 논의하였습니다. 우리 교인들도 주일에 공간이 부족한 현실이지만, 우리가 받은 은혜가 있기 때문에 어려움을 당한 교회가 도움을 요청하였으니 우리가 마땅히 섬기는 것이 좋겠다고 논의하였습니다. 당회는 만약 그 교회가 내년에 우리 교회 성전의 소예배실을 사용하고자 한다면 주일 오후 시간 4시부터 6시까지 두 시간 동안을 그 교회의 주일 예배시간으로 사용하도록 허락하였습니다.

우리도 부족하고, 여유 있는 공간을 확보해야 한다고만 생각하면 언제나 나누어 줄 수 있는 여유는 없습니다. 그러나 받은 은혜를 생각하고, 모두가 그리스도의 교회이며, 모든 재화는 주님의 것이라는 것을 확인하는 순간, 우리가 선택할 수 있는 폭은 넓어집니다.

12. 예배당 공유를 넘어

예배당 공유는 계획된 일이 아니었습니다. 그것은 하나님의 섭리와 성령의 인도하심이 있었기에 가능했습니다. 이것은 지역 교회가 서로의 벽을 허물고 하나님의 나라라는 공동의 목표를 위해 실질적으로 협력하고 동역할 수 있는 초석을 놓는 계기가 되었습니다.

이것을 바탕으로 자양동 지역의 7개의 중진 교회가 연합하여 지역사회와 하나님 나라를 위해 연대 및 동역을 하고 있습니다. 한동네에 같이 사는 가까운 이웃 교회들이 서로 불필요한 경쟁을 하지 않고, 지역사회에 하나님 나라를 이루는 일에 협력합니다. 중요한 행사를 공동으로 개최하고, 종종 연합집회도 합니다. 빈번히 강단을 교류합니다. 함께하는 교회들은 모두 반경 1km 안에 있는, 같은 동네에 있는 7개의 이웃 교회들입니다. 벧엘성서침례교회(현상웅 목사), 선린교회(함명진 목사), 성광교회(천귀철 목사), 서울성산교회(장태영 목사), 영광교회(김변호 목사), 요한서울교회(백상욱 목사), 원일교회(박병우 목사)입니다. 서로 교단도 다릅니다. 대한예수교 장로회 합동 측이 2곳, 예장 통합과 그 자매교단인 해외한인장로회, 예장 고신, 예장 대신, 성서침례가 각각 1곳씩입니다. 이들 이웃 교회는 '자양동 좋은 동네 만들기 교회 연합'을 구성하여 '마을선교'라는 공통의 분모를 위해 서로 협력하고 지원하면서 각기 교회가 가진 은사와 장점을 서로 살려주며 목회를 합니다.

위의 7개 교회들이 교회 공간과 프로그램을 공유하는 것에는 지역 다음 세대와 관련한 교육에 관한 것이 대표적입니다. 요한교회는 교회를 건축하면서 성도들로부터 교회 내에 어린이집을 지어줄 것을 요청받았지만, 어린이집과 유치원은 서울성산교회와 선린교회가 이미 훌륭한 교육환경으로 잘 운영하고 있으니 요한교회가 추가로 만들지 않고 우리 아이들을 그 교회의 유치원과 어린이집에 갈 수 있도록 하였습니다. 방과후 학습센터는 지역아동센터로 유명한 영광교회를 이용하도록 합니다. 요한서울교회가 운영하고 있는 초중등 대안학교인 요한기독학교에는 각 교회에서 대안교육을 받으려는 아이들을 보냅니다. 지역 교회들이 각자 장점을 공유함으로써 중복 투자에 따른 고비용 저효율 구조를 막는 효과를 보고 있습니다. 최근 원일교회는 카페형 스튜디오를 개설하여 이웃 교회를 초대하였습니다. 그리고 벧엘교회는 독서실형 오픈 카페를 오픈하여 개방하였습니다. 모두들 각 교회의 공간을 서로 공유하며 필요에 따라 공용공간으로 사용하려고 합니다.

13. 나오는 말

앞으로 이 경험을 바탕으로 한 교회의 울타리를 넘어 상호 동역함으로 '지역 공동체 교회(community church)'의 꿈을 꾸게 되었습니다. 서로 다른 건물과 구별된 성도를 가지고 있지만, 목회 프로그램과 건물 사용에 있어서 상호 협력하고 공유함으로 마치 하나의 지역 공동체 교회의 멀티 캠퍼스처럼 만들어가려는 비전을 갖게 되었습니다. 같은 지역에 있는 교회들이 건물이라는 공간의 공공성을 받아들인다면, 그리고 각 교회가 꿈꾸고 있는 하나님 나라의 비전을 이웃 교회도 같이 꿈꾸고 있다는 것을 알게 된다면 지역 공동체 교회는 그저 꿈만 같은 일은 아닐 것이라고 생각합니다.

오늘날 교회가 넘쳐나고 목회자가 계속 양산되고 있다면 대안은 경쟁이 아니라 상생입니다. 그리고 사역의 분화입니다. 그리고 분화된 교회의 연대를 통한 연합입니다. 교회는 경쟁이 아니라 다양성으로 분화되어야 합니다. 그리고 서로 다른 지체가 되어 그리스도의 한 몸을 이루게 될 때 비로소 세상은 교회가 그리스도의 몸이며, 그리스도의 몸 된 공동체로서의 교회 안에 살아 계신 그리스도를 보게 될 것입니다.

5장

수서교회
공유교회 프로젝트에 대하여

황명환 목사
(수서교회)

1. 수서교회가 공유교회를 시작하게 된 계기

    수서교회는 2015년 새 성전으로 이사하면서 이전 교회(구 성전) 건물을 그대로 두고 오게 되었다. 본당과 부속 건물, 주차장과 식당, 예배실에 오르간까지 그대로 두고 오는 상황에서 그 공간을 비워 두는 것이 안타깝게 생각되었다. 왜냐하면 강남구 수서동에는 개척교회가 들어오지 못한다. 10년 전까지는 간혹 있었는데, 그 후로는 이곳이 개발되고 가격이 상승해서 이곳에서 교회를 개척한다는 것이 현실적으로 어렵게 된 것이다. 그래서 구 성전 공간을 어떻게 활용할까 생각하다가 개척하고 싶어도 공간 때문에 시작할 수 없다면 이 공간을 무상으로 빌려주어야겠다고 생각하게 되었다. 왜냐하면 수서교회도 공간 때문에 너무나 고생했고, 교회 공간을 마련하는 일이 정말 쉽지 않다는 것을 알고 있었기 때문이다. 그래서 구 성전을 다른 교회가 사용할 수 있도록 문을 열어준 것이 공유교회의 시작이었다.

공유교회란 예배할 수 있는 공간을 공유하는 사역이며, 인큐베이팅의 과정이다. 이것은 교회가 새로운 미래를 준비하게 해주며, 좀 더 의미 있는 곳에 재정과 마음을 사용할 수 있는 여유를 준다. 대부분 교회의 공간 활용은 정해진 시간에만 집중적으로 사용하고 나머지 시간은 여유가 있다. 하지만 교회 공간을 임대하려면 전체를 다 빌려야 하기 때문에 재정 부담이 크다. 그러나 예배공간을 공유하면 재정의 부담이 현저히 줄고, 공간의 활용성도 월등히 좋아진다. 그래서 그만큼의 에너지를 교회의 사역을 위해 집중하며 내일을 도모할 수 있게 된다.

그뿐 아니라 공유하는 교회들과 서로 배우며 영향을 주고받을 수 있다. 타 교회가 드리는 예배를 보게 되고, 교육상황을 알게 된다. 자기 교회와 다른 교회를 비교하면서 질문하거나 자극을 받고, 교류하거나 발전할 기회도 얻을 수 있다.

그래서 다양한 방법을 동원해서 이런 의도를 홍보했고, 이 공간을 사용할 사람들은 신청하라고 했다. 처음에는 의아해하며 믿지 않았는데, 점점 소문이 나면서 6개월이 지난 후에는 여러 군데서 문의가 들어오기 시작했다. 그래서 공간을 빌려주는 기본원칙을 만들고, 필요로 하는 공간의 크기와 시간을 할당해서 원하는 시간과 장소를 배정하기 시작했다. 그래서 적게는 10여 명, 많은 곳은 300명 정도 되는 교회도 들어와서 여기서 머물다 가도록 했다. 비용은 원칙적으로 없다. 청소비만 받는다. 사용 가능한 공간은 본당과 지하 예배실, 별관과 비닐하우스동 등 여러 공간이 있어서 나누어 사용하였다.

원래 예상한 것은 주중에 성경공부나 다른 모임의 공간으로 꼭 필요할 것이라고 생각했다. 더 나아가서 요일에 따른 교회가 있으면 어떨까 하고 생각했다. 예를 들면 월요일 교회, 화요일 교회, 수요일 교회…이런 식으로 주일에 예배할 수 없는 사람들이 주중에 모이는 교회도 있을 수 있고, 물론 주일에 전혀 예배를 드리지 않으면 안 된다면 주일에는 온라인으로, 주중에는 제대로 예배를 드리는 그런 교회도 있을 수 있다고 생각했다. 그런가 하면 세대별 교회, 동일 직업군의 교회 등등 다양한 형태의 교회가 생겨날 수 있고, 그런 공간으로 사용되기를 원했다.

주일에는 오히려 빈 공간이 많기 때문에, 주중에 공간이 필요한 어려운 교회들이 많지 않을까 생각했는데, 막상 해보니 모두가 주일에만 장소를 원하고 주중 모임은 거의 없었다. 모든 교회들이 하나같이 주일 오전 11시만 선호하는 경향이 있었다. 그래서 설득했다. 모두가 꼭 11시에 예배를 드릴 필요가 있는가? 주일에 예배를 드리면 되지. 그래서 주일 아침 9시부터 오후 5시까지 예배하는 교회들이 들어오게 되었다. 들어오려는 교회들이 많아지면서 한 교회가 3년까지만 머물 수 있도록 규정을 만들게 되었다.

지금까지 수서교회 구 성전(수서교회라는 간판이 붙어 있으면 그 안에서 예배를 드리는 교회들이 불편할 것 같아서 수서비전동산으로 이름을 바꾸었다)에서 예배를 드리며 기틀을 다진 뒤에 안정된 예배처소를 마련해서 떠난 교회는 6개 교회이다.

1) 개요

① 2015년 10월 새 성전 입당으로 여유 공간 발생
② 규모가 작은 교회의 예배처소로 활용 방안 제시

③ 수서비전동산(구 성전)에 개척 및 소형교회를 위한 교회 공간 공유

2) 예배당 공유기간 및 형태

① 공유기간: 2016년 2월 18일부터 현재
② 공유형태: 계약기간 1년(최대 3년까지 이용 가능)

3) 공유 완료 교회

① 광야교회(독립, 이병왕 목사): 2016년 2월 18일~2019년 12월 28일/ 예배처소 마련
② 아둘람공동체(독립, 현명인 목사): 2018년 7월 12일~2019년 3월 31일/ 예배처소 마련
③ 새빛교회(통합, 손성수 목사): 2020년 6월 9일부터 코로나 2차 대유행까지 화요일에 예배드림
④ 함께하는교회(통합, 엄정광 목사): 2017년 9월~2018년 6월/ 예배처소 마련
⑤ 나들목 꿈꾸는교회(독립, 최호남 목사, 170명): 2019년 6월~2021년 9월/ 예배처소 마련
⑥ 산돌교회(통합, 강충숙 목사, 32명): 2019년 3월~2021년 9월(31개월)
⑦ 기타: 선교단체모임(예수전도단 등), 연구모임 세미나 장소(박필 목사 설교연구 모임과 인 더 처치 등), 개척교회 성경학교(수련회) 장소로 활용

4) 현재 5개의 교회가 수서비전동산에서 함께 예배를 드리며 내일을 준비하고 있음

① 세계산돌교회(통합, 곽하연 목사, 32명): 2021년 10월~현재

② 다애교회(합신, 이순근 목사, 320명): 2020년 1월~현재/ 교회를 건축 중이며 2021년 12월 입당 예정

③ 푸른교회(통합, 정종희 목사, 15명): 2020년 8월~현재

④ 나란히걷는교회(통합, 정용주 목사, 23명): 2021년 2월~현재(8개월)/ 창립예배 2021년 5월 23일 실시

⑤ 돌샘교회(통합, 조재룡 목사, 10명): 2021년 4월~현재

장소	시간	사용자
본당	13:30~16:30	푸른교회
	17:00~19:00	나란히걷는교회
지하예배실	15:00~17:00	세계산돌교회
비닐하우스동	10:00~13:00	다애교회
	13:00~18:00	돌샘교회

이것과는 별개로 2018년 7월 새 성전 헌당을 앞두고 어떤 일을 하면 좋을까 생각하다가 우리도 은혜 중에 예배당을 지었으니, 우리도 예배당을 지어주는 것이 좋지 않을까 하는 생각을 했다. 그런데 어느 한 교회를 위해 짓는 것보다 공유교회를 지어보면 어떨까? 특별히 노회 내에서 개척교회를 하려는 분들이 많을 것인데, 노회가 그런 공유교회를 소유하고 있다면 얼마나 잘 활용될까? 그런 노회에 땅을 사주고 교회를 지으라고 하면 어떨까? 그래서 몇몇 노회를 직접 찾아가서 수서교회 건축비의 십일조인 10억을 드릴 테니 땅을 사서 교회를 짓고 노회가 관리하면 어떻겠는가? 아니면 노회가 땅을 주면 건물을 지어서 노회로 건물을 완전히 넘기겠다는 뜻을 밝혔는데, 적극적으로 반응하는 곳이 없었다. 아마도 너무나 생소한 제안이었고, 또 노회가 직접 성전건축 헌금을 모아야 한다는 부담이 있

었기 때문이었을 것이다.

　결국 이런 시도는 실현되지 않았고, 고민하던 중에 수서교회 건축비의 십일조인 10억을 공모하기로 했다. 이 금액을 가장 가치 있게 사용할 교회와 기관이 있다면 가져가라는 것이었다. 백 군데가 넘는 곳에서 제안서를 냈고, 결국 탈북자 학교에서 가져가게 되었다. 그러나 원래 수서교회의 의도는 교회 공간을 지어서 여러 교회가 공유하게 하려는 것이었다.

2. 새로운 공유교회를 만들게 된 동기

　그런데 코로나 팬데믹 상황이 되면서 개척교회들의 사정은 더욱 열악해지고, 임대료를 내지 못해서 교회 공간을 소유할 수 없는 교회들이 늘어가면서 교회공간의 문제는 더욱 심각해졌고, 교회 공유의 필요성은 교단의 아주 중요한 문제로 부각되었다. 이런 상황을 인지하고 총회선교부에서는 공유교회 프로젝트를 위한 공청회를 열면서 수서교회를 초청하여 공유교회를 하게 된 동기와 현황, 그리고 제안할 것이 있으면 해달라고 하였다.

　공청회에 가서 놀란 것이 두 가지이다. 하나는 이미 공유교회가 다양한 방법으로 시작되었다는 것이다. 공간은 있지만 성도들이 너무 적어서 운영이 어려운 교회들이 공간은 없으나 성도의 숫자가 많은 교회와 서로 공간을 공유하며 윈윈(win-win)하는 경우도 있었고, 개척교회지만 공간을 마련한 교회는 공간이 없는 개척교회와 시간을 조정하여 공간을 공유하며 부담을 분담하고 있었고, 특히 감동적인 것은 어느 교회는 공간을 임대하여 자기 교회만 예배드리는 것이 아니라 다른 여러 교회를 위해 공간을 오픈하면서 그 공간 유지

비용을 그 교회가 다 감당하는 경우도 있었다.

또 하나는 규모가 있는 교회들은 아직도 공유교회에 대한 개념이 없다는 것이었다. 대부분 약한 교회가 동병상련의 마음으로 다른 교회에 공간을 제공하거나 서로 돕는 상황이었다. 이것을 뛰어넘는 방법이 나와야 한다는 생각이 들었다. 힘 있는 교회들이 공유교회에 대한 마음을 가지고 도우려 한다면 진정한 공유교회의 효과가 나타날 것이라고 생각되었다.

수서교회가 이 사역을 시작해 보기로 했다. 그래서 강남구와 송파구 지역 지하철 부근에 교통이 편리하고 접근성이 좋으며 깨끗한 사무실 50평 정도를 임대하여 50명 정도가 예배할 수 있는 아름다운 공간을 만들고, 붙박이장을 설치하여 성경도 비치하고, 예배실과 별도로 예배 전후에 간단한 모임을 가질 수 있는 공간을 만들어주면 도심에서 교회를 개척하거나 공간 때문에 고통을 받는 교회를 도울 수 있을 것으로 판단하고 필요한 자금을 확보하고, 봉사할 인력을 모집하게 되었다. 선교부장과 국내선교팀장, 건축 및 인테리어 관계자, 부동산 관계자, 법률관계자, 교회 개척에 관심 있는 분들로 위원회를 구성해서 거기서 모든 안을 만들어내기로 했다.

예산은 도심 지역이므로 3~5억 정도로 운영하기로 했다. 그런데 실제로 추진해 보니 보증금 1~2억에 월세 500~600만 원 정도였다. 많은 장소가 나왔는데 위원들이 일일이 탐방하고 회의를 거쳐 최적지를 결정하고 계약하려는 단계에서 건물주들이 그 공간 임대를 주저하는 일들이 많이 있었다. 이런 경험을 하면서 우리 사회가 얼마나 교회에 대하여 비판적인 시각을 가지고 있는지 알게 되었다. 정말 이런 상황이라면 도심지역에서 개척하는 것이 가능하겠는가 하는 생각이 들 정도였다.

처음에 계획한 내용은 5월에 위원회를 발족하고, 8월까지 공간을 임대하고, 10월까지 인테리어를 끝내고 입주할 교회를 모집하고, 성탄절 즈음에 첫 교회를 오픈할 예정이었으나 지금은 내년 부활절로 오픈 시기를 연기하게 되었다.

이런 시간을 보내면서 우리는 기도가 필요하다는 것을 알게 되었고, 온 교회가 어려운 교회들이 예배할 공간을 주시도록 함께 기도하며 마음을 모았고, 이런 상황을 알게 된 교인들 중에는 그들이 가지고 있는 건물의 공간이나 사옥의 일부를 어려운 교회를 위해 제공할 용의가 있는데, 본인들이 직접 나서지 않고 교회가 그 공간을 관리해 주면 안 되겠는가 하는 이런 질문도 받게 되었다.

진행하는 과정에서 수서교회는 공유교회의 유형을 이렇게 구분하게 되었다.

밴드형 공유교회	플랫폼형 공유교회
기존 교회 공간에 타 교회가 들어와서 그 공간을 공유하는 형태	교통이 좋은 곳에 예배할 거점을 만들고 그곳을 여러 교회가 공유하는 형태

플랫폼형 공유교회의 내용은 아래와 같다(밴드형 공유교회에 대해서는 앞의 수서비전동산 내용 참고).

1) 개요

팬데믹 상황으로 인한 개척교회 및 소형교회의 어려움을 인지하고, 거점공간을 임대하여 여러 교회가 공유하도록 하고자 함.

① 개척교회 및 소형교회의 상황 확인. 한국 교회 50%가 50명 미만의 교회
② 개척 및 소형교회가 예배할 수 있는 공간 구성 연구

③ 여러 교회가 예배할 수 있는 플랫폼형 공유교회 운영 결정

2) 진행사항

① 2021년 5월 공유교회 프로젝트 당회 결정
② 2021년 6월 공유교회 프로젝트 실행위원회 구성 및 논의
③ 2021년 10월 공유교회 공간 구성 중

3) 공유교회 시행계획

① 목적: 개척교회 및 소형교회 자립의 현실적인 대안으로 예배 공간을 공유하는 플랫폼을 제공함으로써, 하나님의 몸 된 교회이며 형제인 교회가 건강하게 성장하도록 돕는다.

② 공간사용 및 임대조건

항 목	내 용	비 고
입주교회	주일 6교회/ 필요 시 주중에 사용 가능	9:00 11:00 13:00 15:00 17:00 19:00
사용시간	주일 2시간	예배시간 1시간 예배 준비시간 20분 예배 후 모임시간 30분
물품사용	각 교회별 사용 가능한 붙박이장 설치 개별교회 사용물품은 비치한 후에 원위치 성경찬송가 또는 기본 음향장비 등 공동 사용 장비는 제공	기물 파손 시, 해당 교회에서 보수 원칙 건물내부 보수 필요 시, 교회에서 보수
대여기간	3년까지	
기타사용	주중에는 공유교회 교역자들을 위한 사무실로 사용하거나 성경공부 공간으로 활용	교역자를 위한 공유 오피스

항목	내용	기타
크기	50평 전후 빌딩 건물 2층 이상 (예배당 높이 고려)	사무실 포함, 홀 형태의 공간 강남 송파지역
위치	강남권 일대, 교통편 편리	지하철 역세권
대여	3년까지 가능	
임대료	각 교회당 30만 원	전체 임대료는 수서교회가 제공

③ 공간 구성

항목	내용	기타
예배공간	이동식 착석 의자 예배 시스템 및 음향장비 교회별 사물함 헌금함 장비 적재를 위한 팬트리	
사무실	테이블, 의자	교역자 공유 오피스
홀	웰컴 공간	

3. 앞으로의 전개 방향과 그 가능성

앞으로 수서교회는 공유교회를 계속해서 만들어가려고 생각한다. 그래서 젊은 목회자들에게 교회 개척의 기회를 제공하고, 공간 때문에 어려움을 당하는 교회들을 도와주고, 그곳에서 힘을 축적하여 그들만의 공간을 마련할 수 있도록 기회를 제공하고자 한다. 이미 공간에 여유가 있는 교회들은 그런 교회 공간을, 또는 요지마다 거점교회를 만들어 교회를 공유하게 만들고, 혹은 교인들이 가지고 있는 공간을 일정한 기간 동안 제공받아 교회로 사용할 수 있다면 생각보다 많은 공간들이 생겨날 것이라고 예상한다. 그래서 수서교회는 앞으로 '공유교회 관리팀'을 만들어서 구 성전에서 예배하는 교회들을 관리하고, 더 나아가서 교통이 편리한 곳에 거점교회를 만들고 그 교회를 관리하는 일과 성도들이 제공한 공간을 잘 관리하는 일을 종합적으로 시도해 보려고 한다.

이 시대는 소유에서 공유로 이동하는 시대이다. 이것은 교회에도 해당될 수 있다. 땅을 사고 건물을 지어서 교회를 하는 것도 좋은 일이지만, 모두 다 그럴 순 없기 때문에 개척교회나 완전히 기반이 잡히지 않은 교회들은 공유교회를 통해서 자기들의 색깔에 맞는 교회를 구상하고 만들어갈 수 있고, 지금처럼 모든 부담을 개척교회 혼자서 다 지지 않고, 재정과 공간의 부담 없이 목회의 꿈을 가지고 시도해 볼 수 있는 길을 열어주는 것이 연약한 교회를 위하여 이미 안정된 교회들이 해야 할 가장 중요한 일이라고 생각한다. 이렇게 할 때 교회 공간의 문제는 충분히 해결될 수 있다고 생각한다.

6장

부천노회 공유예배당 시행계획과 준비

안경근 목사
(부천노회 노회장)

1. 들어가는 말

요즘 코로나19 팬데믹으로 인해 성도들이 원활하고 자유롭게 예배드리기가 어려운 실정입니다. 그뿐만 아니라 교회의 예배와 집회의 어려움으로 인해, 많은 교회가 예배당의 건축이나 구입과정에서 생긴 부채를 갚아나가는 일에 어려움을 겪고 있으며, 사역자들의 사역 환경에도 많은 어려움이 생기고 있습니다. 이런 현실을 방관하거나 물러서지 않고, 이 문제에 대처하며 어려움을 해결하기 위해 여러 교회가 하나의 교회 건물에서 시간을 달리하여 예배를 드리는 공유교회가 하나의 대안으로 나타나고 있습니다.

여러 교회가 함께 공유예배당을 이용함으로써 각 교회가 예배당 건축이나 건물 구입, 혹은 임대를 통하여 월세나 전세로 지출되는 비용을 절약하여, 재정적인 부담으로 힘들어하지 않고, 온전한 예배와 영적 성장, 성도들에 대한 목회적 돌봄과 같은 목회 본질에 충실할 수 있다는 것입니다.

2. 최근의 공유예배당의 실태

2011년에 '교회다움'(민걸 목사)이라는 단체에 의해 '소형 다교회주의'를 모토로 20여 평 되는 조그만 공간에서 13개 단체와 5개 교회가 주중에는 단체들이 나눠서 쓰고, 주일에는 교회들이 시간대를 달리해 예배를 드리는 시도를 하였습니다. 명동과 청량리에 각각 한 곳씩 '교회다움' 예배실과 사무실을 갖추어 교회가 시간대별로 나누어 함께 예배를 드리는 시도를 하여 공유교회 운동을 시작하였습니다.[1]

2020년에는 경기도 김포 한강신도시의 한 상가건물 7층에 '어시스트 미션'(사무총장 김인홍 장로)이 '르호봇 코워십 스테이션'을 설립하고, 여섯 개의 교회가 공유예배당을 사용하며 각 교회가 2시간씩 시간대를 달리하여 4월 12일(부활주일) 주일부터 예배를 드리기 시작하였습니다. 길위의교회(김철영 목사), 김포명성교회(김학범 목사), 또오고싶은교회(윤철종 목사), 시와사랑이있는교회(박경철 목사), 하늘백성교회(김홍철 목사), 돌모딤교회(조태회 목사)가 스테이션의 가족입니다. 소속 교단도 대한예수교장로회(예장) 통합과 기독교대한하나님의성회, 기독교대한성결교회, 대한기독교나사렛성결회 등으로 다릅니다. 이후 두 교회가 더 참여하여 현재 8개 교회가 시간대를 달리하여 예배드

---

1) 김성원 기자, "'교회다움' 민걸 목사, 한 장소서 5~10개 교회가 더부살이하며 팀 목회 실험," 양지문교회(정만영 목사). http://news.kmib.co.kr/article/view.asp?arcid=0004672765

리고 있습니다.[2]

　서울 서초구 추수교회(김인호 목사)도 교회 문을 열고 높은 임대료로 어려움을 겪고 있는 미자립 교회의 자립을 돕기 위해 예배당을 공유하는 운동을 벌이고 있습니다. 대상은 교단 상관없이 성인 성도 20명 내외의 미자립 교회가 월 사용료 10만 원만 내면 추수교회가 사용하는 오전 11시를 제외한 시간대로 2시간씩 나눠 공유할 수 있게 하였고, "각 교회의 공동체성을 유지할 수 있도록 교회 간 성도 교제"는 최소화하고 있습니다.[3]

　우리 통합 교단에서도 이런 공유예배당 시도가 이루어지고 있습니다. 매 주일 오후 2시 예배당과 평일 교육관을 공유해 준 덕분에 광주동노회 사랑나눔교회(이승준 목사)는 임대료 부담 없이 4년을 이곳에서 건강하게 성장하여 4년 만에 독립을 할 수 있었습니다. 또 2020년 봄 노회에서 서울북노회(노회장: 한봉희)가 처음 '예배처소공유제(공유예배당제도)' 신설을 위한 안건을 총회에 헌의하기로 결의했습니다. 이미 건물이 있는 교회와 사용 시간을 조정하거나 작은 교회가 연합해 한 건물을 임대해 예배당을 공유할 수 있습니다. 서울강남노회 수서교회(황명환 목사 시무)는 지난 2015년 새 성전을 건축하면서 구 성전을 작은 교회와 공유하며 예배를 드리고 있습니다. 소속 교단에 상관없이 개척교회나 자립 대상 교회를 대상으로 예배당을 공유하고 있는데, 임대료에 대한 큰 부담 없이 최대 3년 동안 사용할 수 있다고 합니다. 현재 3개 교회가 각자의 예배 시간에 맞춰 예배당을 공유하고 있습니다.

---

2) 장창일 기자, "한 지붕 여섯 교회, 예배당을 공유하다: 새로운 목회 나선 작은 교회들 함께 쓰는 '예배 플랫폼 공감." http://news.kmib.co.kr/article/view.asp?arcid=0924139224

3) 양한주 기자, "예배당 공유…월세 부담 함께 나눠요": 추수교회 김인호 목사 "미자립 교회들에 공간 제공." http://news.kmib.co.kr/article/view.asp?arcid=0924150765

이러한 최근의 공유예배당 운동을 살펴보면서, 이 운동을 우리 부천노회에서 해보자는 의견이 있어서 동반성장위원회를 중심으로 해서 그동안 준비했던 것을 정리해 보았습니다.

3. 부천노회 공유예배당 시행계획(동반성장위원회) 및 진행과정

1) 부천노회 공유예배당 시행계획(동반성장위원회)

(1) 목적

코로나19로 인해 어려워진 목회 상황에 처한 교회와 목회자들을 위해 공유예배당을 만들어 공유목회를 할 수 있도록 도움을 주고자 합니다.

(2) 근거

제46회 부천노회 보고서 동반성장위원회 보고(71쪽)

(3) 세부 계획

① 안산 공유예배당(상록구 일동 568-11, 3층)

가. 진행내용
- 계약일시: 5월 중에 계약금을 걸기로 하다(신종천 장로).
- 계약자(좋은교회 박요셉 목사)와 동반성장위원회의 MOU 혹은 공유예배당 보증금을 공유예배당 목적용 기금임을 확인하는 계약서 체결.
- 집 주인에게 무상임대를 한다는 내용으로 동의를 얻은 후 입주하는 교회와는 무상임대차 계약을 하며 공유예배당 입주 계약

서를 작성한다(계약기간, 사용시간, 관리비 등등).
- 모집 광고: 계약 후 공유예배당에 입주할 교회 모집 광고를 한다. 단, 노회 내에서 모집이 되지 않으면 타 노회로 확대하고, 그 후 타 교단에도 알려 모집한다.
- 인테리어: 르호봇센터의 컨설팅 결과 비용절감과 공유목회 정신을 위하여 작은 교회 목회자들에게 맡긴다.(정세진 목사에게 맡겨 일할 목회자들을 섭외케 한다.)
- 입주 시기: 8월 초순
- 비품 및 집기류: 각 교회에 지원 요청한다.
- 현재 입주 희망 교회(정세진 목사 빛과소금공동체교회)

② 부천노회회관 공유예배당

가. 입주 희망 교회
- 온사랑(조용환 목사), 신본(김재성 목사), 부평참된(박호승 목사), 부천(김영실 목사)

나. 공유공간 사용계획
- 제1공유예배당(현 부천교회 예배당) 및 제2공유예배당(현 부천교회 교육관): 플랫폼형의 교회가 들어와서 사용한다.(플랫폼형이란 주일 예배만 드리고 그 외 활동은 타 장소를 이용하는 교회를 말한다.)
- 제3공유예배당(혹은 다용도실): 세미나 등 다양한 교육장소로 활용한다.
- 인테리어 계획

가) 현 부천교회 예배실 입구 부분을 큰 홀로 만들어 중앙 로비 및 라운지로 만든다.

나) 현 부천교회가 사용하고 있는 예배당(제1공유예배당)과 노회 사무실은 가능한 한 적은 비용을 들여 리모델링하여 비용을 절감한다.

다) 부천교회 교육관을 약간의 리모델링을 하여 제2공유예배당으로 사용한다.
라) 부천교회 식당 및 주방을 제3예배당이나 공동으로 사용할 수 있는 다용도실로 이용할 수 있도록 리모델링한다.
- 공사: 전문 업체에게 맡겨 진행한다.
- 비용: 노회 재정부와 동반성장 재정 및 노회 교회의 지원을 받는다.

다. 내규 마련
- 무상임대차 계약서, 공유예배당 입주 계약서, 시설 사용신청서, 시간 및 시설 사용안내서 등 확보함. 우리 공유예배당의 실정에 맞게 재구성하도록 하다.

라. 기타
- 안산과 노회회관 공유예배당의 원활한 관리를 위해 어시스트미션(관리장: 김인홍 장로)과 MOU를 체결하도록 한다.
- 부천노회 산하 공유예배당 사용 교회들의 계약 기간은 노회 시마다 보고할 수 있도록 6개월로 하고 연장할 수 있게 한다.

2) 부천노회 공유교회 예배당 진행 과정

(1) 2020년 제4차 교회동반성장 임원회[2020. 7. 24(금) 오후 12:00] 결의로 총회 교회동반성장위원회 지시사항인 노회 내 교회동반성장위 지원교회 세미나 건은 '르호봇 코워십 스테이션 설립 및 운영'에 대한 강의를 듣기로 하다.
- 일시: 2020. 8. 9(주일) 오후 5:30~9:00
- 장소: 르호봇 코워십 스테이션(김포시 김포한강4로 515)
- 강사: 김학범 목사(김포명성교회)

(2) 2020년 제6차 교회동반성장 임원회[2020. 9. 17(목) 오후 2:00] 결의로 르호봇 코워십 스테이션에서 세미나를 한 후 후속 모임을 갖지 못하여 10. 11(주일) 오후 3:00 카페 LNS에서 집중지원 방안에 대해 의견을 들어보기로 하다.(이때 공유예배당을 마련할 경우 참여할 수 있다는 동반성장 지원받는 교회 목회자들이 여러 명이 있었다.)

(3) 2021년 교회동반성장위원회/제3차 동반성장위원 임원회[2021. 3. 11(목) 11:00] 결의로
① 동반성장위원회 집중지원방안으로 노회회관을 노회회관 이전시까지 공유예배당으로 사용할 수 있도록 이번 봄 노회에서 허락 청원하기로 하다.
② 동반성장위원회 집중지원방안으로 시안시찰 경내에 공유예배당 공간을 마련하기로 하다.[2021. 3. 4(목) 시안시찰회에서 공유예배당 보증금을 좋은교회 박요셉 목사가 지원하기로 구두로 약속하였음.]

(4) 2021년 교회동반성장위원회/제4차 동반성장위원 임원회[2021. 4. 6(화) 11:00] 결의로 시안시찰 내 공유예배당 장소 선정을 위해 조사한 내용을 보고받고 결정하였다.

(5) 시안시찰 경내 공유예배당 장소
① A안
가. 장소: 상록구 일동 568-11, 3층/빛과소금공동체교회(정세진 목사) 건물 3층
나. 내용: 40평, 전세 2천만 원, 월세 110만 원, 관리비 없음, 권리금 500만 원
다. 장단점: 빛과소금공동체교회(까페)와 연계하는 시너지 효과

주변 공원 위치, 공용주차장 이용가능
당구대 8개 사용 가능
역세권과 떨어져 있어 접근성 부족

② B안
가. 장소: 상록구 한양대역 앞 빌딩 3층 또는 6층
나. 내용: 52평, 전세 2천만 원, 월세 120만 원, 관리비 50만 원
다. 장단점: 역세권이어서 접근성 좋다.
월세가 비싸다.
상업지역이라 환경이 좋지 못하다.
주차문제

③ C안
- 은퇴한 목회자가 소유한 건물(예, 김상태 목사가 시무한 상복제일교회 건물)

④ 결의사항
- A안으로 결정
- 권리금은 재정재단부와 협의 또는 기금마련 등으로 동반성장위원회에서 방안을 마련하기로 하다.
- 공유예배당 준비 시 공유예배당을 함께할 교회를 정확하게 파악하기로 하다.
  1차로 부천노회 시안시찰 경내 자립 대상 교회의 지원을 받는다.
  2차로 같은 교단, 타 노회의 자립 대상 교회의 지원을 받는다.
  3차로 우리 교단이 인정하는 교단의 자립 대상 교회의 지원을 받는다.
- 선정된 운영위원회를 통해 장소계약, 인테리어 공사, 내규 만들기 등을 진행한다. 세부적으로 진행하기 위해 추진위원회를 둔다.
- 전세계약자는 보증금을 지원하는 교회 담임목사로 하고, 공유

예배당 운영은 동반성장위원회에서 하기로 한다.

(6) 제43회기 부천노회(2021. 4. 20)에서 부천노회 회관을 공유예배당으로 사용 허락을 받다.

(7) 제6회 동반성장위원 임원회[2021. 5. 18(화) 7:30] 결의로 시안시찰 공유예배당과 부천노회회관 공유예배당에 대한 컨설팅 결과를 보고받다.
① 안산 공유예배당(상록구 일동 568-11, 3층)
- 계약일시: 5월 중에 계약금을 걸기로 하다(신종천 장로).
- 계약자(좋은교회 박요셉 목사)와 동반성장위원회의 MOU 혹은 공유예배당 보증금을 공유예배당 목적용 기금임을 확인하는 계약서 체결.
- 집 주인에게 무상임대를 한다는 내용으로 동의를 얻은 후 입주하는 교회와는 무상임대차 계약을 하며 공유예배당 입주 계약서를 작성한다(계약기간, 사용시간, 관리비 등).
- 모집 광고: 계약 후 공유예배당에 입주할 교회 모집 광고를 한다. 단, 노회 내에서 모집이 되지 않으면 타 노회로 확대하고, 그 후 타 교단도 알려 모집한다.
- 인테리어: 르호봇센터의 컨설팅 결과 비용절감과 공유목회 정신을 위하여 작은 교회 목회자들에게 맡긴다.
- 정세진 목사에게 맡겨 일할 목회자들을 섭외케 한다.
- 입주 시기: 8월 초순
- 비품 및 집기류: 각 교회에 지원 요청한다.
② 부천노회회관 공유예배당
- 입주할 교회: 온사랑(조용환 목사), 신본(김재성 목사), 부평참된(박호

승 목사), 부천(김영실 목사)
- 인테리어

가. 르호봇센터의 컨설팅

가) 부천교회 예배실 입구 부분을 큰 홀로 만들어 중앙 로비 및 라운지로 만드는 것 추천

나) 부천교회가 사용하고 있는 예배당(제1공유예배당)과 노회 사무실은 가능한 한 적은 비용을 들여 리모델링하여 비용을 절감함.

다) 부천교회 교육관을 제2공유예배당으로 사용하고

라) 부천교회 식당 및 주방을 제3예배당이나 공동으로 사용할 수 있는 다용도실로 이용할 수 있음.

나. 비용: 약 200평을 전문업체에게 맡기면 약 2억 원 소요(평당 100만 원)

다. 사용계획

가) 제1공유예배당: 3개 교회

나) 제2공유예배당: 3개 교회

다) 제3공유예배당(혹은 다용도실)

③ 내규 마련
- 무상임대차 계약서, 공유예배당 입주 계약서, 시설 사용신청서, 시간 및 시설 사용안내서 등 확보함. 우리 공유예배당의 실정에 맞게 재구성하도록 하다.
- 운영위 및 예배당 공유 요청 목회자들과 함께하는 확대 모임을 5월 28일(금) 오후 6시에 모이기로 하다.

④ 기타
- 르호봇센터 관리를 위해서 어시스트 미션(관리장: 김인홍 장로)을 만들었음. 안산과 노회회관 공유예배당의 원활한 관리를 위해 어시스트 미션과 MOU를 체결하도록 논의하기로 하다.

- 부천노회 산하 공유예배당 사용 교회들의 계약 기간은 노회 시마다 보고할 수 있도록 6개월로 하고 연장할 수 있게 한다.

⑻ 계약사항
2021. 5. 26. 안산시찰 내 공유예배당 계약금(200만 원) 걸다.

⑼ 기타 관련 회의
2021. 6. 4(금) 13:00 부천노회 이전위원회와 부천교회 김영실 목사와 만나 부천교회 이전에 대한 논의를 함.

제3부

교회 건물들을 공공을 위해
다양하게 사용하기

1장

교회 건물들을 공공을 위해
다양하게 사용하기

백광훈 원장
(문화선교연구원)

1. 들어가는 말

　오늘날 한국 교회는 전환기적 상황에 직면하고 있다. '문화', '여성', '환경', '지역', '디지털' 등 시대를 이끌어가는 시대적 키워드가 등장하고 있으며, 이에 따른 교회 공동체의 소통과 변화 능력을 요청하고 있다. 이러한 키워드 중에서도 '공간'이라는 측면에서 교회는 시대적 전환에 따라 교회 공간을 자유롭게 변형하여 왔다고 할 수 있다. 그 대표적인 예가 교회 안에 카페를 만드는 것이었다. 지역사회에 대한 중요성이 2000년대 이후 꾸준히 제기되면서 교회는 카페라는 공간을 만들면서 지역사회와 접점을 구축하는 일을 모색하였다. 최근 들어 코로나19가 가져온 뉴노멀의 환경도 교회 공간의 변화를 가져오고 있다. 교회 안에 스튜디오 같은 디지털 작업 공간들이 생겨난 것도 그와 같다. 또 물건·공간·재능 등 유·무형 자원을 여러 사람이 나눠 사용하며 사회적 가치를 창출하는 공유경제가 확산하면서 교회의 경우도 공유교회와 같은 교회들이 등장하고 있기도 하다. 교회는 이러한 시대의 변화들을 읽으면서 그 변화에 맞는 공간됨을 실천해 가고 있다.

2. 후기 세속화 시대(Post-Secular Age)의 교회

무엇보다 교회의 시대적 역할 이해에 있어서 20세기 들어 활발하게 논의되고 있는 후기 세속화 시대의 교회됨의 논의는 교회 건물을 공공적으로 사용하는 데 있어서 의미 있는 시사점을 제공한다. 20세기 들어서 후기 세속화(post-secular) 주장이 있었다. 이 주장은 서구사회가 근대화될 때, 종교는 점차 사적 영역에 머물게 되고, 공적인 광장에서 제 목소리를 내지 못하게 된다는 것이었다. 그러나 일단의 사회적 현상들에 대한 연구는 이런 예측들이 빗나간 것임을 보여주었다. 종교의 공공적 역할을 연구해 온 하버마스는 1년 후 교황으로 선출될 라칭거 추기경과 종교의 역할에 대한 공개대화를 통해 종교는 '생명의 의미에 대한 감각'을 잃어가는 '세속화 이후 사회'(post-secular society)에 생명의 의미에 대한 새로운 감각을 불어넣어 주는 자원이 될 수 있다고 하였다.[1]

주지하다시피, 신자유주의로 대표되는 가속화되는 세계화는 결과적으로 모든 영역들을 소비문화라는 틀 속에서 규정하는 상황을 만들어가고 있다. 문화, 예술, 스포츠, 심지어 종교마저 소비문화화시

---

1) 임성빈, 『21세기 한국사회와 공공신학』 (서울: 장로회신학대학교출판부, 2017), 43.

키며 모든 것이 상품화 논리에 함몰된다. 경제적 가치로 환원될 수 없는 것들이 자본화된다. 생산주체와 소비주체의 연결고리가 은폐되고, 공동체의 연대적 감각은 부식된다. 소비주의적인 사회 시스템은 생산과 소비를 견인하는 도시화를 촉진시키고, 이 도시화는 공동체 구성원의 관계를 더욱 파편화시키고 익명화시키는 위험에 노출되어 있다.

3. 커뮤니티 빌딩(Community Building)

이러한 현실 속에서 교회는 어떻게 선교성과 공적 정체성을 드러낼 수 있을까? 교회가 공적 역할을 수행하고 지역 속에서 공공선(common good)을 추구해야 한다는 시대적 요청과 최근 몇 년 동안 사회적 의제로 지속적으로 주목받고 있는 '커뮤니티 빌딩' 운동은 이 점에서 의미 있는 결합이 될 수 있을 것이다.

한국에서는 이 운동이 하나의 대명사처럼 '마을만들기운동'으로도 알려져 있는데 이 프로젝트는 지역사회 구성원들이 그들의 주거, 복지, 문화, 교육 등의 문제들에 적극적으로 관심을 갖고 참여함으로써 공동체의 삶의 질을 향상시키려는 운동이라고 정의할 수 있다.[2]

지역 혹은 마을 공동체 구축에 대한 연구는 서구에서는 이미 오랜 주목을 받았다. 후기 세속화 논쟁에서 엿볼 수 있듯이 현대 소비문화적 도시는 더 이상 주체적이고 사회적인 실천 공간이 아니라 수동적이고 폐쇄적인 개인 소비 공간으로 전락하였다고 볼 수 있다. 그리하여 "그 공간을 풍요롭고 윤택하게 바꾸어가기 위한 전략, 그리

---

2) 임성빈, "교회와 지역 공동체," 「목회와신학」 (2015/7), 인터넷판.

고 그것을 실행할 주체의 형성방안을 모색"하는 담론적, 실천적 차원이 오늘 지역 공동체가 당면한 핵심 중 하나라고 할 수 있을 것이다.[3]

지역 공동체 만들기라는 사회적 의제 속에서 지역의 공간들을 전환하는 것은 중요한 전술이 된다. 지역 안에 있는 공간을 존재론적으로 정의한다면, 공간은 그곳을 점유하는 주체들의 관계를 담아내고 만들어내는 창조적 공간이라고 말할 수 있다.[4] 공간을 만들거나 개방하여 사람과 사람, 사람과 단체, 단체와 단체가 공간을 함께 사용할 때, 그 공간은 소통의 장으로서 교육과 나눔, 문화와 휴식 등 소통의 가능성을 열어줄 뿐만 아니라 지역 공동체 내의 갈등과 긴장을 완화시키는 데 큰 역할을 할 수 있다.[5]

공간의 전환은 단지 전통적 의미의 공동체 공간을 복원하는 것이 아니라, 근대 이후 사회체제의 모순을 반성하여 사회의 진보적 재구성을 염두에 두는 것이라 할 수 있다. 이를 위해선 시민 스스로 지역의 의제에 참여하고 결정할 수 있는 동력이 보장되어야 하는데, 이는 지역성을 기반으로 하는 공적 영역의 공공성을 회복하는 것이라고 할 수 있다. 한국 교회가 보유하고 있는 공간들을 통해 이를 지역 선교적 과제로 삼을 수 있다면 이는 공공신학적 실천의 한 형태라고도 할 수 있다.[6]

---

3) 김찬호, 『도시는 미디어다』 (서울: 책세상, 2002), 19.
4) 임성빈, "교회와 지역 공동체," (2015/7).
5) 임성빈, "교회와 지역 공동체," (2015/7).
6) 성석환, "공공신학의 문화적 실천을 위한 지역 공동체 형성방안 연구," 「한국기독교신학논총」 77(1)(2011), 174.

4. 경계선, 공동선, 마을공동체 만들기

한편 교회 공간의 공공적 공유를 위해 교회의 문화적 정체성을 이해하는 것은 또 하나의 전제가 된다. 교회는 세상과 어떤 관계를 형성해야 하는가. 미로슬라브 볼프(M. Volf)에 따르면, 그리스도인들은 결코 그들만의 문화적 영토를 가진 적이 없다고 말한다. 교회는 본질적으로 '게토'가 아니다. 물론 교회는 경계를 지니고 있지만 그 경계는 뚫고 들어갈 수 없을 정도의 경직성이 아니라 투과성이 있고 소통을 위해 열려 있는 정도여야 한다.[7]

교회가 지닌 투과적 정체성은 하나님 나라의 본성과 연계된다. 세상과 단절되어 있는 교회라면 교회는 결코 세상 속으로 나아갈 수 없다. 하나님 나라의 실현은 교회 공동체의 확장만을 말하는 것이 아니라, 하나님이 선교의 주도권을 지니시는 하나님의 선교(Missio Dei)가 이루어지는 것을 의미한다. 이것은 교회공동체와 다양한 사회적 주체들이 공유하고 함께 추구해야 할 공동선(common good)의 추구로 이어지게 된다. 송용원에 따르면, 공동선에 대한 이해는 아우구스티누스, 아퀴나스, 루터, 칼뱅으로 이어지는 개혁신학 전통을 관통하는 핵심적 개념이다.[8]

---

7) 미로슬라브 볼프, 김명윤 역, 『광장에 선 기독교』 (서울: IVP, 2011), 141.
8) 송용원은 개혁신학의 주요 흐름에서 공동선 전통을 추적한다. 먼저 아우구스티누스에게 그리스도인이란 두 도시에 거주하는 방식으로 공동선을 지향하는 삶을 살아가는 존재이다. 아퀴나스에게 있어서 공동선은 모든 사람의 선이라는 공적 차원과 더불어 모두를 위한 최고의 선이 하나님이라는 종교적 차원 양편에서 이해될 수 있는 개념이다. 아퀴나스는 "모든 것들의 선함은 하나님께 의지하고 있기에 최고의 하나님 자신이 바로 공동선이다"라고 주장하였다. 아우구스티누스에게 공동선이 신의 도시와 인간의 도시, 양 영역에 걸쳐 있는 양탄자 같다면, 아퀴나스에게 공동선은 두 도시를 아우르는 우산과 같다. 이러한 공동선 개념에 대한 이해는 종교개혁의 전통으로 이어진다. 루터는 중세의 공로신학을 기독교 본래의 은혜신학으로 패러다임을 전환하면서 가난한 자들, 혜택을 받지 못한 이들에 응답하는 자선기관들의 의미를 새롭게 조명한다. 그리스도인은 공로가 아닌 의로워졌

오늘날 개혁교회의 공동선 추구의 전통을 재발견하는 것은 현대 교회와 신학의 영역에서 주된 과제를 수행함에 있어 중요하다. 전술한 바와 같이 다양한 얼굴을 지닌 세계화는 전통적인 인간관계, 가정, 사회의 가치관과 구조가 극심한 승자독식 경쟁을 고착화시키고 있다는 비판에 직면하고 있다.[9] 이러한 위기는 교회의 시대적, 맥락적 사명이 무엇인가를 보게 한다. 교회의 공동선 추구는 가시적으로 교회가 자리한 곳, 사회문화적 압력에 직면한 지역 공동체의 연대와 이를 통한 공동체의 번영으로 이어지는 것을 말한다. 교회는 지역사회를 하나님 나라와 잇대어 있는 축복의 공간으로 변혁시켜야 할, 적극적이고 구체적인 이웃 사랑의 소명과 사명을 부여받은 선교적 공동체가 된다.[10]

더 나아가 교회의 공간적 공유는 한국 교회가 공동선에 기초하여 정의롭고 평등한 공동체 형성에 기여하여 삼위일체적인 생명공동체를 지향하는 디아코니아 교회로 나아가는 것을 표현하는 것이다.[11]

조용훈은 생명공동체로서의 교회의 지향점이 마을공동체운동과 지향점을 같이할 수 있다고 말한다. 2000년대 이후 마을공동체

다는 믿음에 근거하여 사랑과 자선을 베풀어야 한다. 칭의는 하나님과의 관계, 자기 양심과의 관계, 그리고 이웃과의 관계 세 방향으로 펼쳐진다. 영적인 공동선이 없는 사회적 공동선은 유익할 수 없으며, 사회적 공동선이 빠진 영적인 공동선은 성립 자체가 되지 않는다는 것이다. 마지막으로 칼뱅에게도 공동선 개념은 신학적으로 중요하다. 칼뱅의 하나님 형상이해에 근거한 신학적 인간학은 그리스도의 회복된 형상을 받은 신자의 성화로부터 시작한다. 칼뱅에게 하나님의 율법은 공동선을 위한 사회적 질서를 확보하기 위해 부여된 선물이다. 그것은 하나님의 은혜의 선물들 안에 있는 신자들의 삼위일체적 참여를 통한 본래적 창조질서의 회복, 사회적 차원의 이중적, 종말론적 차원의 회복이다. 공공선은 인간학의 차원이 아니라 하나님의 형상의 교의라는 신학적 인간학의 차원에서 다루어진다. 송용원, "프로테스탄트 공동선을 찾아서", 「장신논단」 49(1)(2017), 45-58.

9) 장신근, "공적실천신학으로 본 한국 교회의 현실과 개혁과제", 「장신논단」 51(5)(2019), 251.
10) 임성빈, "교회와 지역 공동체", (2015/7).
11) 장승익, 『디아코니아 신학선언: 삼위일체 하나님의 디아코니아』 (서울: 예영커뮤니케이션, 2018).

에 대한 사회적 관심이 급증하면서 예장(통합) 총회 역시 이러한 사회적 흐름에 반응하여 총회 102기의 주제를 "거룩한 교회, 다시 세상 속으로"라고 정하고 구체적 실천전략으로 '마을목회'를 정했다.[12] 마을공동체운동의 목적은 "물리적 공간으로서의 마을을 정서적 친밀감과 연대의식을 가진 살기 좋은 생활공동체로 만들어가는 데 있다."[13] 이는 신앙적 언어로 표현한다면 구성원들이 살아가는 지역을 하나님의 백성의 공동체로 만들어가는 선교활동이다. 이것은 세계화와 개인주의화, 도시화로 인해 약화된 지역성과 공동체성을 재발견하는 일이다.

이미 시민사회에서는 1990년 이후 '도시연대'를 포함한 다양한 시민단체들이 마을공동체운동을 실천해 왔다. 서울 인사동과 마포구 성미산 마을만들기, 인천의 부평 문화거리 만들기, 부산의 반송마을 만들기, 인천의 부평 문화거리 만들기 등이 그것이다.[14]

사실 한국 교회는 선교 초기부터 마을공동체운동에 관심을 가졌지만, 1980년대 이후 교회 성장주의와 이에 따른 '지성전 체제'가 교회의 탈지역화를 부추겨 왔다는 비판에 직면하기도 하였다.[15] 2000년대 들어 지역 교회가 지역에 관심을 기울이기 시작했다고 하지만 여전히 교회 성장을 위한 도구 정도로 인식하였다.[16]

한국일은 한국 교회가 선교에 대한 패러다임 전환의 차원에서 '선교적 교회(missional church)'를 지향해야 하며, 이는 공동체와 공공선

---

12) 조용훈, "사회윤리적 관점에서 본 지역 교회의 마을공동체운동," 「선교와 신학」 44(2018), 45.
13) 조용훈, "사회윤리적 관점에서 본 지역 교회의 마을공동체운동," (2018), 48.
14) 김은희, "마을 만들기는 운동이다," 김기호 외, 『우리, 마을 만들기』 (고양: 나무도시, 2012), 20-21.
15) "특집: 한국 교회 '지성전 체제' 무엇이 문제인가," 「기독교사상」 (2003년 11월호), 22-106.
16) 조용훈, "사회윤리적 관점에서 본 지역 교회의 마을공동체운동," (2018), 50.

을 추구하는 교회가 되는 것으로서, 오늘날 선교적 교회는 하나의 플랫폼이 되어야 한다고 주장하였다. 플랫폼은 용도에 따라 다양한 형태로 활용할 수 있는 온라인 공간을 표현하는 것으로 널리 사용되고 있다. 그것은 연결, 소통, 생태계를 조성한다고 보면서, 플랫폼 기능을 하는 지역 교회로 하여금 지역사회와 다양한 관계와 활동을 할 수 있는 가능성을 열어줄 수 있다고 하였다.[17] 그는 이렇게 말한다.

> 플랫폼의 역할을 하는 지역 교회는 교회를 지역사회에 개방하고 다양한 분야의 주민들이 서로 만나고 협력하면서 아름다운 마을을 만들어가는 일에 자발적으로 섬김과 봉사의 일을 담당하는 것이다. 공교육, 농업, 마을 주민과의 화해, 소외 노인 등 지역사회와 함께하며 필요성에 부응하는 활동들은 다양하다.[18]

사실, 70년대 초까지 지역의 교회는 주민들과 격리되지 않은 동네 교회였다. 지역 주민과 목회자가 친밀한 관계를 맺었고, 음악을 좋아하는 사람들은 교회에서 풍금이나 기타 등을 배울 수 있었다. 하지만 급격한 산업화와 도시화로 인해 지역성이 상실되고 주민들과도 단절되면서 교회는 더욱 고립되게 되었다. 교회가 플랫폼으로서 그 역할을 회복한다는 것은 지역사회를 위해 열려 있는 것이며, 지역사회와 소통하며, 마지막으로 지역사회에 다양한 방식으로 참여하여 변화를 기대하는 것이다.[19]

---

17) 한국일, "선교적 교회로서의 지역교회의 역할 연구," 「선교와 신학」 44(2018), 95.
18) 한국일, "선교적 교회로서의 지역교회의 역할 연구," (2018), 95.
19) 한국일, "선교적 교회로서의 지역교회의 역할 연구," (2018), 95-96.

5. 교회 공간 공유 유형들

우리는 지금까지 교회가 공간의 공공성에 대해 왜 관심을 기울여야 하는가를 살펴보았다. 교회는 이 시대가 요구하는 공동선의 참여를 통해 교회됨을 드러내는 곳이어야 한다. 교회 공동체는 하나님께 받은 은혜를 표현하는 공동체다. 또한 교회는 하나님의 선교에 참여함으로 생명공동체로서 디아코니아 교회가 되는 것이다.

그렇다면 교회 공간은 구체적으로 공공을 위해 어떻게 사용될 수 있는가? 그 실천방향은 여러 차원에서 전개될 수 있다. 무엇보다 본 글의 주제처럼 교회 공간의 개방과 소통으로 이어져야 한다. 원칙상으로 교회는 공공을 위해 매우 다양하게 사용될 수 있는데, 다음과 같이 그 유형들을 구분해 볼 수 있을 것이다.

1) 유형 1

교회 공간에 카페나 친환경물품 판매소 같은 상업공간을 만드는 경우. 예컨대 카페라는 공간이 지닌 소통 기능을 구현하는 것이다. 교회 안 카페가 교회와 마을을 잇는 매개 공간이 되어 카페에서 이루어지는 접촉과 만남을 통해 구성원 간 소통과 공동체 발전을 위한 담론을 형성해 간다. 한국 교회가 공간 개방을 하는 가장 익숙한 유형이라고 할 것이다.

2) 유형 2

교회 공간 전체를 상업공간 등으로 활용하는 경우. 주중에 동네 책방이나 일반 가게, 식당, 카페, 전시관, 공연장 등으로 사용하고 주일에는 예배공간으로 쓰는 경우다. 최근 들어 교회 공간과 병행하는 상업업종도 다양해지고 있으며, 이 경우 교회 개척과정에서 처음부터 계획되는 경우가 많다.

3) 유형 3

교회 공간을 일정 부분 지역에 개방하는 경우. 이 경우는 교회의 규모에 상관없이 지역의 필요에 따라 공간을 공유하는 것이다. 마을 반상회, 지방자치단체 등과 연계된 행사 장소, 소극장, 노인대학, 평생교육센터로 이용되기도 하고, 주차장 개방도 이에 해당되는 경우라고 할 수 있다.

4) 유형 4

교회 공간의 일부를 지역의 복지 및 문화 기관으로 활용하는 경우. 교회 공간 혹은 부속건물에 지역 도서관을 만들어 지역구성원들이 이용하게 하는 경우다. 이외에도 공부방, 평생교육센터, 마을 소극장을 만들어 지역민들이 문화 복지를 누리고 교회를 통해 시민 네트워크를 만들 수 있도록 돕기도 한다.

6. 교회 공간을 공공을 위해 개방하는 다양한 시도들

1) 성암교회, 지역사회와 지속적 협력을 모색하다

성암교회(통합, 서울 은평구 소재, 담임: 조주희 목사)의 공간사역은 교회 공간을 지역과 공유하는 대표적 사례 중 하나이다. 교회가 자리한 지역에 대한 종합적인 이해와 교인들과의 목회철학 공유, 지역 현황에 대한 사전 조사와 같은 체계적인 준비 등을 통해 방과후교실, 작은 콩 도서관, 바오밥 나무카페, 안부사역 등, 문화와 복지 사역을 통해 지역과 소통하고 지역을 세워가는 선교적 교회의 대표적인 사례이기도 하다. 특히 바오밥 카페의 운영 원칙 세 가지를 보면, 교회가 지역과 공간을 공유하는 것의 원칙을 엿볼 수 있다. 먼저 카페를 전도의 장소로 사용하지 않는다(전도는 전도사역을 통해서)는 것과 교회의 행사나 관련 목적으로 카페를 사용하지 않는다(지역의 카페)는 것, 카페 사용에 있어서 우선권을 두지 않는다(지역과의 신뢰 형성)는 것 등이다.

조주희 목사는 자신의 사역을 정리하면서, 몇 가지 의미 있는 전제를 말하고 있다.[20] 첫째, 교회론적 균형을 잃지 않아야 한다. 교회의 문화선교는 단순한 사회운동이 아니라 신학적인 기초에서 이루어져야 한다. 둘째, 전문가들의 자문과 슈퍼 비전을 받을 수 있는 외부 전문 그룹과 이를 운용할 수 있는 최소한의 전문인력을 확보해야 한다. 셋째, 지역사회와의 지속적인 협력관계를 유지해야 한다. 구청, 동사무소, 유관기관 등과 쌍방향 협력을 통해 지역의 참여를 이끌어낼 수 있다. 넷째, 지역사회 봉사로의 문화선교는 교회 친화적 지역 주민들을 만들어냄으로써 발생하는 열매라는 것이다. 지역이 교회를 사용하도록 하고, 지역이 당면 문제를 풀어갈 수 있는 힘을 교회가 제공할 수 있어야 한다는 것이다. 다섯째, 교회가 교회 안의 전문가들을 양성하고, 교회 안팎의 다양한 경로를 통한 재정확보를 이루어야 한다. 마지막으로, 공교회 기관들과의 협력과 지역 교회들

---

20) 조주희, "성암교회의 사회봉사 프로그램: 동네교회," 「선교와 신학」 30(2012), 191-193.

과의 협력을 통해 공교회성을 확보하고, 건강한 관계를 유지해야 한다고 말한다.[21]

(출처: 성암교회 교회 홈페이지)

2) 더불어숲 동산교회, 마을 사랑방이 되다

　더불어숲 동산교회(합동, 화성 소재, 담임: 이도영 목사) 역시 지역과 공간을 공유하는 대표적인 교회 중 하나이다. 이 교회는 13년 전 경기도 화성시 봉담읍 동화길 85번지 이원타워빌딩 건물 한쪽에 개척하면서 "마을 사람들이 붙드는 교회"를 목표로 삼았다. 그건 마을 사람들을 모두 선교해 자기 교회에 나오게 하겠다는 것이 아니었다. "교회는 마을 사람들이 모두 필요로 하고 좋아하는 장소가 되어야 한다"는 것이다. 교회는 목사가 개척했다고 목사 것도, 성도들이 헌금해 만들었다고 해서 그들만의 것도 아니므로 모두가 쓸 수 있는 공공재로 활용해 마을을 살리고 지역을 살리는 장소가 되도록 해야 한다는 것이다.

---

21) 백광훈, "한국 교회와 문화선교: 문화선교와 지역 공동체," 「교회성장」 (2017/9).

이 건물에 들어서면 통상적인 교회 구조에서 오는 느낌에서 벗어난다. 입구, 2층 천장까지 책이 빼곡히 들어찬 도서관이 그러하다. 2층 다락방들을 비롯한 곳곳의 세미나실은 공부방으로도 활용된다. 이곳이 마을사랑방 '페어라이프센터'다. 센터와 연결된 예배당도 마찬가지다. 이곳은 용도에 따라 강대상이 치워지고 마을 사람들이 연극을 하거나 강연을 들을 수 있게 변한다.[22]

(출처: 더불어숲교회 홈페이지)

더불어숲 동산교회가 지역사회와 소통하며 열매를 맺기 시작한 것은 2015년에 처음으로 시작된 '공정무역교실'을 통해서다. 공정무역교실을 통해 시민강사를 배출하고, 그들이 학교에 파견되기도 한다. 이 운동의 의미를 받아들여 2018년에는 화성시가 주최한 '화성시 공정무역 시민 대사 및 활동가 양성과정'을 개최하기도 하였다. 페어라이프센터는 지역과 공간으로 소통하는 플랫폼이다. '삶을 가꾸고, 마을을 일구며, 세상을 돌보는 공동체'를 추구하는 이곳에서는 다양한 문화예술 워크숍이 진행되기도 한다. 페어라이프센터는 처음부터 지

---

22) "교회인 듯 교회 아닌 듯 마을과 지역 품은 사랑방," 「한겨레」 (2017년 11월 14일).
https://www.hani.co.kr/arti/society/religious/819025.html#csidx1ab12024bcd9aa4b-2ca50890c205444

역 주민들이 적극적으로 활용하도록 하였고, 마을의 공유공간으로 그 기능을 활성화하고자 하였다.[23] 더불어숲 동산교회는 마을의 사랑방으로서 지역이 필요로 하는 공간이 되어가고 있다.

3) 다리놓는교회, 제로웨이스트숍과 교회가 만나다

교회 공간을 공공과 공유하되 공공적 가치를 지향하는 상업공간과 공존하게 만드는 시도를 해볼 수 있다. 다리놓는교회(기하성, 청주 소재, 김인규 목사)가 그러하다. 이 교회가 추구하는 개념은 '동네마당', 말 그대로 누구나 들렀다 갈 수 있는 곳이 교회여야 한다는 것이다.

이곳에서 김인규 목사가 직접 운영하는 찻집인 티룸과 쓰레기 발생을 최소한으로 줄일 수 있는 제로웨이스트숍을 만날 수 있다. 또 아내인 이주은 사모가 운영하는 꽃집인 '꽃보다사람'도 함께 있다. 제로웨이스트는 생활에서 배출되는 쓰레기(waste)를 없애자(Zero)는 운동이다. 제로웨이스트숍은 플라스틱, 비닐 등 포장재가 사용되지 않는 물건들을 파는 공간이다. 소비자가 용기를 준비해 오면 그램 단위로 판매한다. 현재 재활용률이 0.9%에 불과한 플라스틱이 매립지나 소각장, 바다로 가지 않도록 하는 것이 제로웨이스트운동의 목표이다.

이 교회는 2019년 기독교환경운동연대로부터 녹색교회로 선정되기까지 했다. 교회 공간을 내어주는 많은 선교적 시도가 있었지만 제로웨이스트숍이라는 공공적인 의제까지 다루는 다리놓는교회의 경우는 특별하다고 할 수 있다.

---

23) 이도형, "공공성을 회복하는 선교적 교회," 「교회, 문화 그리고 미래」 (2019년 문화선교 컨퍼런스 자료집), 75-79.

이외에도 작은 책방을 운영하면서 교우들과 주민들에게 인문학·신학·역사 등의 동네 세미나를 열거나 다음 세대와 역사탐방을 다니기도 하고, 교회 앞 주차장 공간에서 마을 플리마켓을 열기도 한다. 교회가 다음 세대를 위한 교회가 되어야 하기에 교회 뒤편을 작은 텃밭으로 만들어 생태 감수성을 키우게 하고, 기후위기에 대한 교육을 하기도 한다. 김인규 목사는 이렇게 말한다.[24]

> 이제 예배와 기도의 공간을 위해서만 교회를 사용했던 시대는 끝났다고 본다. 교회 공간은 공공성을 보여야 한다. 누구라도 빈 세제통을 들고 와 리필해 갈 수 있고, 기후위기에 대처하는 구체적인 삶의 변화를 견인하는 일에 교회가 나서는 것으로 교회의 쓸모, 교회의 존재 이유가 될 수 있다고 생각한다.…치킨집보다, 편의점보다 많다는 교회가 공간으로나 가치로나 지역성과 공공성을 회복할 수만 있다면 예배당을 줄이고 많은 공간을 개방하고 주민들의 필요에 부응해야 할 것이다.

단순한 상업시설이 아니라 공공성을 지향하는 가게들이 교회 공간과 공존하는 것 역시 교회 공간을 공공적으로 사용하는 일이며, 지역 주민들과 공공 의제를 자연스럽게 나누는 일이 될 것이다. 동시에 작은 교회들의 재정 운영에도 의미 있는 포트폴리오를 구성할 수 있을 것이다.

---

[24] "교회 울타리를 넘어 '함께 생명'으로," 「가스펠투데이」 (2020년 12월 10일). http://www.gospeltoday.co.kr/news/articleView.html?idxno=7761

(출처: 데일리굿뉴스 http://www.goodnews1.com/news/news_view.asp?seq=105950)

(출처: 복음과 상황 http://www.goscon.co.kr/news/articleView.html?idxno=40286)

4) 광양대광교회, 지역과 이웃이 우선이 되는 교회

광양대광교회(예장통합, 광양 소재, 신정 담임목사)도 교회 건물을 공공을 위해 다양하게 사용하는 경우라고 할 수 있다. 광양대광교회 역시 지역친화적인 교회다. 교회부지에 들어서면 종합복지관을 연상하게 된다. 아로마 센터, 아가페 센터, 아름다운 가게, 아쿠아 카페, 엄마랑 아기 학교, 소극장 등, 교회엔 울타리도 없고 건물 사이에 도로 등이 나 있다. '아쿠아'(물), '아로마'(향기), '아가페'(사랑)는 대광교회가 지역과 함께 호흡해 온 목회철학의 키워드라고 할 수 있다.[25]

신정 담임목사는 "목회에서 중요한 것은 내가 누구를 바꾸겠다는 것이 아니라 지역과 이웃이 우선이라는 생각"이라며 "강요하지 않아도 교회 활동에 익숙해진 분들이 신앙을 갖게 됐다" 말한다. 실제 교회에 개설된 모든 프로그램은 신자와 비신자 구분 없이 동등하게 개방되어 있다. 주중에 1,000명 이상이 교회 시설을 이용하고 있으

---

25) "다시 빛과 소금으로, 광양대광교회," 「동아일보」 (2011년 8월 12일). https://www.donga.com/news/Culture/article/all/20110812/39483835/1

며 이 중 70% 이상이 비신자다.

특기할 만한 것은 '우리동네연구소'를 만들어서 공간을 지역사회에 개방했다는 것이다. 이 연구소는 주민들의 다양한 필요를 채우며 오랫동안 지역사회와 호흡을 함께하고 있다. 지역의 다양한 문제인 고령화, 저출산, 보육, 교육, 환경, 청년실업 등 다양한 이슈들을 다루는 담론장이다. 일전에 라돈 침대 파문이 일었을 때, 이곳에서 '라돈 측정기'를 무료로 대여해 주기도 했고, 환경보호운동의 일환으로 EM용액 홍보 및 제작보급을 실시하기도 하였다. 이외에도 우리 동네 영화제, 우리 동네 시민 교육, 유튜버 양성 교육, 10명 내외 소모임을 위한 장소 무료 제공 등 다양한 활동들을 펼쳐가고 있다.

(출처: 광양뉴스 http://www.gynet.co.kr/news/articleView.html?idxno=40908)

(출처: 동아일보 http://www.donga.com/news/Culture/article/all/20110812/39483835/1)

5) 공명교회, 동네 서점과 교회의 공존

교회를 공공과 공유할 때 선호하는 유형 중 하나가 동네 책방과 공존을 모색하는 것이다. 이러한 시도 중에 눈에 띄는 것이 '책보고가게'이다. 이곳은 동네 책방인데 이 책방 안에 공명교회가 있다. 이 공명교회(통합, 양평 소재, 백홍영/황인성 담임목사)는 공동목회를 통

(출처: 국민일보)

해 운영된다. 백홍영 목사는 원래 중국선교에 관심이 있었는데 아내가 '선교사역만 사역은 아니지 않나, 가정사역의 불모지인 한국에서 가정선교, 마을선교를 하면 좋지 않을까' 제안했고, 그러다가 황인성 목사를 만나 공동목회를 하게 되었다고 말한다.[26]

공명교회는 '책보고가게'에서 예배를 드린다. 이 경우 교회가 서점을 운영하기보다는 교회가 서점의 공간을 빌려 쓰는 형식이고, 재정 또한 분리되어 있다. 상업공간을 기독교적으로 점유한다고 할까. 두 목사를 비롯한 두 명의 사모가 재능을 살려 운영 중인 마을학교는 영어로 동화책 읽기부터 한자교실, 자수와 포토샵 강좌, 북클럽 등 젊은 세대가 많은 전원마을에서 부족한 문화적 니즈를 채우는 강좌들이다. 방학 때마다 아이들이 60~70명이 모일 정도로 마을학교 인기는 높다.[27] 책빙에서 만나는 고객들을 '주중에 만나는 성도'라 부르는 두 목사는 목회를 준비하는 이들에게 "사람들과 소통하는 것이 중요"하다며, 기존의 교회 울타리를 벗어나 사람들과 만나고 소통하는 것이 중요하다고 말한다.

---

[26] "삶이 닿아 공명으로 돌아오는 책방, 그리고 교회," 「가스펠투데이」 (2021년 4월 29일). http://www.gospeltoday.co.kr/news/articleView.html?idxno=8470
[27] "삶이 닿아 공명으로 돌아오는 책방, 그리고 교회," (2021년 4월 29일).

6) 신용산교회, 도심 속 유휴공간이 되고자

도심 한가운데 위치한 신용산교회(합동, 서울 소재, 담임: 오원석)는 지역 주민들에게 내부 공간을 내어주면서 지역사회를 섬기는 교회로 발돋움하고 있다. 신용산교회는 서울 용산 도심지역 한가운데 위치해 있다. 교회가 건물을 건축하면서 어린이들을 위한 도서관부터 스터디룸, 유아놀이방 등을 만들어 무료로 개방했다. 이곳에 들어가면 500여 권의 어린이 도서가 비치된 도서관이 눈에 띈다. 지역 주민 누구나 와서 책을 읽을 수 있다. 특기할 만한 것은 반대편에 스터디룸이 있다는 것이다. 벽을 마주 보도록 배치된 이 공간은 학생들이 별도의 비용을 내지 않고 이용할 수 있는 곳이다. 주변에 회사들이 많아 회사원들을 위한 공간도 마련했다. 지금은 코로나로 정식 개장을 하지 못했지만, 부담 없이 머물다 갈 수 있도록 카페와 휴식공간을 제공한다.

(출처: 신용산교회 홈페이지)

신용산교회는 용산구와 업무협약을 맺고 교회 내부 공간을 지역사회를 위한 유휴공간으로 정식 등록했다. 교회를 대표하여 담임목회자가 용산구 공유촉진위원회 위원장으로 위촉되기도 했다.[28] 신용산교회는 지역과 공간을 공유하고자 하는 도심 속 교회의 모델이 될 수 있을 것이다.

7) 북악하늘교회, 복합문화공간으로 함께하다

북악하늘교회(통합, 서울, 임명진 목사)는 서울 도심 가운데에서도 북악산 중턱에 자리해 시골처럼 외진 곳에 위치한 교회다. 이곳에서 북악하늘교회는 주민들의 문화공간이자 사랑방으로서 도서관과 카페, 그리고 교회를 운영하고 있다. 특히 눈에 띄는 것이 도서관이다. 이곳은 '작은 도서관'이라고 부를 수 있을 정도로 책이 가득하다. 이곳은 성북문화재단의 지원을 받아 7주 동안 매주 금요일에 영화 상영을 진행하기도 하고, 반상회나 공청회 장소로 이용하기도 한다. 이 공간에서 지역 발전을 위한 기금 모금 바자회를 진행하고, 다양한 원데이 클래스도 진행한다.[29] 담임목사인 임명진 목사는 신학뿐만 아니라 문화 쪽에도 관심이 많아 이쪽 분야에서 논문을 쓰기도 했다.

북악하늘교회는 지역의 공간적 니즈를 잘 파악한 사례라고 할 수 있다. 이 지역은 4~5천 정도 주민들이 사는데, 문화복지시설도 부족하고, 아이들 놀이터도 찾기 힘들며, 슈퍼마켓도 찾기 어려운 동네라

---

28) "도심 속 지역민에게 교회 공간 '활짝'," 「데일리굿뉴스」 (2021년 2월 4일). http://www.goodnews1.com/news/news_view.asp?seq=108207

29) "문화가 있는 사랑방, 북악하늘교회," 「문화매거진 오늘」, 인터넷판. https://www.cricum.org/1309,

고 한다. 그래서 이 지역에 카페를 만들었다. 처음에 교회 공간을 개방했을 때 오해를 받아 이런저런 신고를 받기도 했지만 지역 사람들이 찾아오기 시작했다고 한다. 현재 이 공간은 복합문화공간으로서 지역사회와 어우러져 더불어 사는 교회로 자리 잡고 있다.[30] 지역의 문화적 필요성과 목회자 자신의 관심, 공공기관과의 연계를 통해 지역의 공간으로 역할하고 있는 지역 교회의 예가 될 수 있을 것이다.

8) 주님의숲교회 & 나니아의 옷장: 교회와 공연장이 만나다

교회가 공간을 지역사회와 공유하는 일은 다양한 형태로 이루어질 수 있다. 주님의숲교회(통합, 서울, 이재윤 목사)는 교회와 공연장이 결합된 경우이다. 이 교회는 2015년 서울 성북구 성신여대 근처에서 20여 명의 성도들과 함께 시작되었다. 이곳에서 운영 중인 문화사역 공간은 '나니아의 옷장'이라는 공연장이다. '나니아의 옷장'이라는 말은 C.S. 루이스의 소설 『나니아 연대기』에서 따온 이름이다. 그 이야기 속에서 옷장 문을 열고 들어가면 새로운 세상을 만나듯이, 이 문화공간이 복음에 기초한 새로운 세상을 여는 공간이 되기를 바라

---

30) "문화가 있는 사랑방, 북악하늘교회."

며 만들어졌다. 평일에는 주로 CCM 밴드들의 공연이 이루어지고, 주일에는 교회가 된다. 매주 금요일엔 금요철야 대신 지역민을 위한 공연이 열린다. 크리스천 아티스트들이 무대에 선다. 그렇다고 CCM만 부르는 것은 아니다. 재즈, 인디, 가요 등 다양한 장르의 공연이 열린다. 공연을 위해 성도들과 외부인들이 티케팅 등으로 봉사한다. 담임목사는 음향 엔지니어, 기획, 청소 등 1인 다역을 한다. 티켓은 건강한 기독교문화를 만들기 위해 유료로 판매한다.[31]

나니아의 옷장을 운영하면서 주님의숲교회를 담임하는 이재윤 목사는 젊었을 때부터 기독 음악들을 만들어왔던 뮤지션이기도 하고, 일반적 교회에서 부교역자 경험을 하기도 하였다. 나니아의 옷장과 주님의숲교회는, 하나의 교회이면서 동시에 지역에 필요한 문화공간의 역할을 해주고 있는 로컬 공간으로서, 교회 공간이 어떻게 지역과 연계될 수 있는가를 보여주는 새로운 형태의 시도라고 할 수 있다.

---

31) "금요일 밤에는 '나니아의 옷장에 들어오세요' 교회를 문화공간으로…이재윤 주님의숲교회 목사," 「국민일보」 (2018년 10월 4일). http://news.kmib.co.kr/article/view.asp?arcid=0924014765&code=23111111&cp=nv

9) 아트교회, 공간에 대한 새로운 상상력

서울 중구 필동에 위치하는 아트교회(한국독립교회, 담임: 주희현 목사)는 예술인들을 중심으로 분립 개척한 지 10년 된 교회다. 아트교회는 색다른 공간에서 예배한다. '아트스페이스노'(Art Space No)라는 복합문화예술 공간인데, 이 공간은 크게 세 구획으로 나뉜다. 공유 오피스, 스튜디오, 갤러리 공간이다. 갤러리에서는 전문 화가들이 미술 작품을 전시하고, 쇼케이스나 음악회를 개최한다. 아트스페이스 노는 예술가들에게는 전시 공간이며 콘텐츠를 생산하는 곳이고, 성도들에게는 직장이 되기도 한다. 청소년들을 대상으로 하는 '공유문화학교'라는 대안학교가 있는데 할머니는 뜨개질 강사로, 연극하는 성도는 연기 강사로 활동하고 있다.

주희현 담임목사는 이렇게 말한다. "우리는 하나님의 공동체로 모입니다. 그런데 이 공간이 하나님은 아닙니다." 공간에 대한 고정된 관념만 버리면 얼마든지 확장성을 지닐 수 있다는 것이다.[32] 이 공간은 복합문화공간이다. 전시도 하고 음악회도 하지만 평일에는 연습실로도 사용되고, 개인레슨을 위한 장소가 되기도 한다. 때론 공유 사무실로도 활용된다. 공간을 사용한 이들에게는 '자발적 후원제' 형식으로 후원금을 받는다. 임대료의 상당 부분이 이 후원금을 통해 해결된다고 한다. 주희현 담임목사는 공간에 대한 새로운 개념이 코로나를 통해 분명해졌다고 말한다. 무엇이 교회의 본질이고 비본질인지 성찰할 수 있다면 예배당 공간은 얼마든지 다양하게 사용될 수 있다.[33]

---

32) "복합문화예술 공간 운영하며 입체적 사역 펼치는 아트교회," 「목회와신학」 (2021/8), 온라인판.
33) "복합문화예술 공간 운영하며 입체적 사역 펼치는 아트교회," (2021/8).

(출처: 마이트웰브 국민일보)

7. 나가는 말

우리는 지금까지 교회 공간의 공공적 사용을 위한 신학적 근거와 이에 대한 실천적 예들을 살펴보았다. 교회 공간의 공공적 사용은 지역을 도구화하는 교회성장운동의 변형된 형태가 되어서는 안 될 것이다. 그것은 교회됨의 본질을 실천하는 신학적, 목회적 과제로 인식되어야 할 것이다. 교회가 공간을 지역과 공유하는 것은 성육신적인 교회의 접근이며, 소비문화로 인해 파편화되고 있는 공동체에 생명을 불어넣어 주는 것이어야 한다. 그리하여 공동체를 회복해야 할 지역적 문화적 상황에 응답하는 교회의 모습이어야 할 것이다. 교회 공간을 공공적으로 사용함으로써 21세기 한국 교회가 형성해 가야 할 교회의 모습을 구축하고, 지역과 함께 성장하는 더욱 건강한 한국 교회가 되어가기를 소망한다.

2장

마을을 위한
교회 도서관 짓기

장대은 목사
(도서관교회)

1. 들어가는 말

2007년 성남시에 작은도서관을 등록하고 도서관인으로서의 길을 걷기 시작했다. 대다수 목사들에게 도서관 사역은 교회의 수많은 사역들 중 하나겠지만 나에게는 그렇지 않았다. 책과 도서관은 개인적 관심의 차원을 넘어 목사로서의 사역의 중심에 위치해 있었다. 1998년부터 2006년까지 9년간 독서를 중심으로 한 대안학교 설립과 운영에 동참했다. 2007년 지역 교회 담임 목회자로서의 사역을 시작하며 도서관을 통해 책과 글을 다루고 지역과 소통하기 시작했다.

15년 동안 도서관 사역을 하며 지역 공동체들과 관계를 맺어왔다. 관공서, 또 다른 지역 공동체, 수많은 마을 주민들과 소통할 수 있었다. 시간이 지나며 교회 도서관 사역은 지역 공동체의 인정을 받기 시작했다. 경기도 작은도서관 전수조사를 통한 평가에서 1,300여 개 도서관 중 2위로 선정되기도 했다. 지난 15년간 목사로서 외부 교회에서 강의한 것보다 작은도서관 관장으로 기관 강의한 횟수가 더 많다. 수백 회에 걸쳐 경기도를 넘어 다른 지역의 작은도서관을 세워가는 멘토로, 멘토 도서관으로서 수많은 강의 컨설팅을 이어왔다.

도서관에 대한 기독교계의 관심은 그리 크지 않은 편이다. 교회의 오늘과 내일을 이야기함에 있어서 도서관은 진지한 주제로 다루어지지 않았다. 대학의 심장은 대학도서관이라 하는데 교회교육에 있어서 도서관에 대한 관심과 투자는 찾아보기 어려웠다. 그나마 세워진 교회의 도서관에는 오래된 책들로 채워져 있으며, 아무도 찾지 않는 곳, 먼지 쌓인 책들이 가득한 '공간'에 지나지 않았다. 교회는 교회 도서관이 세상 사람들과의 매개체로서 전도의 마중물이 되기를 원하나 이웃들과 세상의 도서관인들은 그러한 교회의 도서관에 대한 관심을 신뢰하지 않고 있다. 도서관으로서의 기본 역할을 수행하지 않고 있음이 첫 번째 요인이요, 세상 사람들이 볼 때 교회가 갖고 있는 '불순한 의도'가 두 번째 이유이다. 도서관으로서의 공공성을 담아내려는 노력보다는 '자기 교회 교인 만들기' 위한 종교활동으로 느껴지기 때문이다.

2012년 '작은도서관 진흥법 시행령'이 제정된 이후 활동이 뜸하던 교회 도서관들, 도서관에 대한 인식이 전혀 없던 교회들이 도서관에 관심을 갖기 시작했다. 공공도서관과 작은도서관 관계자들에게 긍정적인 소식일 수 있었지만 현장에서는 많은 불협화음이 있었다. 그중 하나가 작은도서관은 정부보조금을 타낼 목적으로 도서관을 수단화한다고 보는 기존 도서관인들의 생각이었다. 진흥법이 제정된 이후 우후죽순 생겨난 교회 도서관들 중 정상 운영을 하지 않으며 보조금에 대한 관심만을 내보이는 곳들이 있어서 논란은 꽤 오래 지속되었다.

다수의 작은도서관은 순수한 마음을 갖고 도서관 운동에 참여하고 있었고, 보조금에 대한 관심은 재정적 어려움 가운데 있던 작은도서관 관계자들에게 자연스러운 일이었다. 작은도서관에 대한 지자체의 관심과 구체적인 지원이 늘어나는 것은 감사하고 장려할 만한 일임이 분명하나 이에 반하여 공공(공립)도서관들에 대한 지원이 대폭 축소되고 있는 현실은 교회 도서관이 인지하고 관심을 가져야 할 문제이다. 도서관에 대한 관심과 지원, 그 파이가 커지는 것이 아니라 도서관이 가지고 있던 파이를 잘라 작은도서관에 나누어 주고 있는 현실이라 도서관 전체의 측면에서 본다면 도서관 문화의 진보라고만은 이야기할 수 없는 상황이다. 이 모든 것이 교회 도서관의 책임은 아니지만 교회가 가지는 사회적 책임이라는 측면에서 교회 도서관 관계자들이 인지하고 교회 도서관 운동에 동참해야 할 것이다.

우리나라 작은도서관계에서 교회 도서관은 결코 작지 않은 세력을 이루고 있다. 2021년 6월 발표된 『2020년 전국 작은도서관 운영 실태조사 결과보고서』를 보면 2020년 운영 중인 작은도서관은 공사립을 합쳐 6,474개관으로 조사되었다. 그중 가장 많은 작은도서관은 아파트 도서관으로 전체 수의 36.3%에 해당되는 1,805개관이다. 종교시설 작은도서관은 개인 및 민간단체 설립 작은도서관에 이어 3위로 조사되었는데 전국 작은도서관 중 23.4%에 해당되는 1,161관이 운영 중이다.[1] 기독교 이외의 종교도 포함되기는 하였지만 대다

---

1) (사)작은도서관만드는사람들, 『2020년도 전국 작은도서관 운영 실태조사 결과보고서』 (문

수는 교회에서 설립, 운영 중인 작은도서관이다.

이처럼 교회 도서관의 수는 점점 늘어가고 있는 상황인 데 비해 지역사회에 미치는 영향력은 그리 크지 않은 형국이다. 등록, 운영 중이라는 교회 도서관 중 다수가 도서관으로서의 역할을 하고 있다고 볼 수 없는 상태다. 신간 서적은 업데이트되지 않고, 도서관을 지키는 담당자가 없는 도서관도 적지 않다. 작은도서관이라는 명패를 보고 조심스럽게 교회 건물을 들어선 주민들도 편안히 머물 수 없는 교회 도서관 분위기에 발걸음을 돌리고, 이후로 찾는 이 없는 책 창고로 전락한 교회 도서관들이 부지기수다.

다행스러운 것은 지난 15년과는 또 다른 차원에서 교회 도서관에 관심을 갖는 이들이 늘고 있다는 것이다. 특별히 교회를 마을공동체의 구성요소로 바라보며 좀 더 적극적으로 주민과 소통하려는 교회, 목회자들이 교회 도서관을 새롭게 바라보는 움직임은 교회를 위해서나 마을 공동체를 위해서나 매우 긍정적인 현상이 아닐 수 없다. 무엇보다 교회 도서관의 부족한 모습이 사실이지만 또 다른 사실 중 하나는 전국 최고의 작은도서관으로 꼽히는 곳들 중 교회에서 운영하는 도서관들이 적지 않다는 것이다. 그들은 일반 작은도서관들은 결코 흉내낼 수 없는 열매를 맺으며 지역사회 속에서 선한 영향력을 나타내고 있다.

필자의 짧은 글을 통해 교회 도서관의 모든 주제들을 담아낼 수는 없을 것이다. 학문적이거나 도서관의 미래 대안을 제시하는 글은 결코 아니다. 도서관의 역사와 교회 도서관의 신학적 의미를 제시하는 깊은 글도 아니다. 분명한 것은 책과 도서관 현장 24년 경험자로서의 실질적인 제언을 담는 데 집중했다. 9년간 책을 중심으로 한 대

화체육관광부, 2021), 22-30.

안학교에서 커리큘럼을 기획하고 운영했던 경험과 15년간 교회 도서관 현장을 지키며 배우고 익힌 것들, 위에서 언급한 마을을 세워가는 데 앞선 교회 도서관들을 살피며 정리한 내용들은 좀 더 발전된 모습으로 교회 도서관이 세워지기를 바라는 마음을 품은 이들에게는 의미 있는 나눔이 될 줄 믿는다.

필자는 마을을 위한 교회 도서관을 디자인하기 위한 세 가지 질문을 던지고, 그것에 대한 해법을 제시하려고 한다. 필자의 제언이 정답은 아닐 수 있고, 호도애작은도서관이 걸어온 길은 교회 도서관으로서의 모델이라고 말할 수도 없다. 다만 교회 도서관으로서 충분히 의미 있는 사례인 것은 사실이고, 지금까지 진행해 온 마을을 위한 여러 시도들은 다른 교회 도서관들에서도 적용 가능한 차별화된 시도라 생각한다. 마을을 위한 교회 도서관을 꿈꾸는 이들이 큰 그림을 그리고 세부적인 디자인을 해나가는 데 도움이 되기를 바라는 마음으로 글을 이어가고자 한다.

2. 왜 교회 도서관인가?: 목적

1) 공익성: 개교회주의 너머 공동체정신

> 그가 어떤 사람은 사도로, 어떤 사람은 선지자로, 어떤 사람은 복음 전하는 자로, 어떤 사람은 목사와 교사로 삼으셨으니 이는 성도를 온전하게 하여 봉사의 일을 하게 하며 그리스도의 몸을 세우려 하심이라 우리가 다 하나님의 아들을 믿는 것과 아는 일에 하나가 되어 온전한 사람을 이루어 그리스도의 장성한 분량이 충만한 데까지 이르리니 이는 우리가 이제부터

어린아이가 되지 아니하여 사람의 속임수와 간사한 유혹에 빠져 온갖 교훈의 풍조에 밀려 요동하지 않게 하려 함이라 오직 사랑 안에서 참된 것을 하여 범사에 그에게까지 자랄지라 그는 머리니 곧 그리스도라 그에게서 온몸이 각 마디를 통하여 도움을 받음으로 연결되고 결합되어 각 지체의 분량대로 역사하여 그 몸을 자라게 하며 사랑 안에서 스스로 세우느니라(엡 4:11~16).

(1) 잃어버린 공동체성 회복하기

성경이 이야기하는 지체의식, 공동체의식은 성도와 성도, 개교회 안에서의 관계만을 이야기하지 않는다. 세상 속에 세워진 교회와 세상의 관계, 교회와 교회의 관계 속에서도 다루어지고 적용되어야 한다. 예수 그리스도를 머리로 한 몸 된 지체인 크리스천들은 세상 속에서 빛 된 사명을 감당해 왔다. 초대교회로부터 지금까지 교회의 연약함이 없지는 않았지만 어느 공동체보다 사회문제에 적극적으로 참여했고, 공동체를 세워가는 일에 집중했다.

지난 30~40년의 시기, 급속한 도시화와 맞물려 교회의 공동체성에도 적지 않은 변화가 있었다. 도시화가 진행되는 가운데 단절된 것은 사회 속 개인과 이웃만이 아니다. 교회는 세상과의 구별을 추구하는 것을 넘어 단절되어 가는 모습들이 나타나기 시작했다. 교회와 교회도 단절되기 시작했다. 예수 그리스도를 머리로 한 교회가 지체로 각자의 자리를 지키며 연결되어 가기보다 개교회 중심의 공동체를 중시하는 분위기가 대세가 되어버렸다. 그런 가운데서도 교회는 부흥했고, 기독교인은 증가되어 갔다. 큰 교회 건물이 이곳저곳에 지어졌고, 사회적 영향력은 점점 커져갔다. 그런 상황이 펼쳐지는 가운데 하나님 나라 교회 공동체의 분열과 분리는 조용히, 교회

가운데서 계속 진행되고 있었다.

　시간이 지날수록 내상이 깊어져 갔다. 모든 영역에서 세상을 주도하던 성경적 가치는 옛말이고, 교회 안에서조차 세상의 가치와 사상이 효과와 효율의 이름으로 가득 차기 시작했다. 어느 순간부터 표면적으로는 성경이 이야기하는 교회의 비전을 말하지만 내면적으로는 세상 속에서 디자인된 공동체가 교회의 전형, 목회자들의 로망이 되어갔다. 작은 교회 공동체는 도시화된 사회 속에서 점점 설 자리를 잃어갔다. 이러한 상태가 지속되며 교회가 감당했던 사회적 영향력은 줄어갔으며, 그 자리는 분야마다 다른 것으로 대체되어 가고 있는 형국이다.

　교회교육도 이전과 다른 현실을 직면하고 있다. 선데이스쿨로나마 명맥을 이어오던 교회교육은 그 뿌리마저 흔들릴 정도로 위태한 상황 가운데 놓여 있다. 성인 크리스천도 다르지 않다. 교회를 중심으로 살아왔지만 성경과 삶, 일상과 신앙이 분리된 채 오랜 기간 살아왔고, 코로나가 안겨준 변화의 물결 속에 이전과 다른 위기감을 느끼며 교회의 미래를 염려하는 것이 오늘 우리 교회의 자화상이다.

　이러한 상황 속에서 교회는 왜 교회 도서관에 주목해야 하는가? 많은 이유를 열거할 수 있겠지만 교회와 마을의 공동체성을 회복하는 데 교회 도서관이 훌륭한 매개체가 될 수 있다는 것이 가장 큰 이유다. 무엇보다 큰 교회들이 주도해 왔던 교회 프로그램들과는 달리 마을 중심에 자리하고 있는 작은 교회들이 도리어 큰 영향력을 나타낼 수 있는 흔하지 않은 소통의 창구다.

　도서관을 수단으로만 바라보는 시각이 아니다. 공동체성을 상실해 온 것은 교회만이 아니기 때문이다. 우리 동네, 마을공동체의 유대감도 예전 같지 않다. 도시화의 물결 속에 개인화가 주를 이루고 소통 없는 단절이 사회적 분위기로 자리 잡았다. 이러한 상황 가운데 교회 도서관을 매개체로 하여 교회와 마을의 소통을 이루고 교회와 마을의 공동체성을 함께 회복해 가는 꿈을 꾸는 이들이 늘고 있음은 반가운 일이 아닐 수 없다. 교회가 세상 속 일원으로서 사회적인 역할을 감당해 가는 데 있어 도서관은 교회가 진행해 온 그 어떤 노력보다 공동체적이며, 교회의 정체성을 잘 드러낼 수 있는 기회라는 사실에 주목해야 한다.

(2) 교회 도서관, 공익을 추구하다.

공익(公益)이란 무엇인가? 사회 전체의 이익을 말한다. 어느 한 곳의 이익이 아닌 모두의 이익에 충족된 것이어야 한다. 교회 도서관을 통한 마을 만들기, 공공재로서의 교회 도서관, 공익을 추구하는 도서관의 목표에 있어서 교회는 일방적인 서비스 제공자이고 마을은 수혜자의 입장에 서 있지 않다. 교회가 제공하는 서비스를 통해 수혜를 입는 것은 마을 주민만이 아니라 교회 자체다. 일방적인 관계가 아닌 상호보완적인 양방향의 소통 속에 건강한 교회가 세워지고 건강한 마을이 세워질 수 있기 때문이다.

이는 마치 부모와 자녀의 관계와도 같다. 부모의 사랑을 받으며 자녀가 자라는 것은 사실이지만 일방적으로 받는 것처럼 보이는 자녀들과의 관계에서 부모는 진정한 성인으로 거듭나게 된다. 자녀를 키우기 전에는 알지 못했던 자신을 직면하고, 이전과는 다른 방향으로의 변화와 성숙을 추구하며 이루어간다. 교회와 마을의 관계도 마찬가지다. 마을과 소통하며 교회는 교회가 잃었던 모습을 살피게 되고, 자기 교회 교인 만들기 위한 도구로써가 아닌, 세상 속의 그리스도인으로 살아가는 교회의 생명력을 다시 회복해 갈 수 있다. 교회 도서관 사역에 있어 개교회 중심의 사역이 강조되기보다 교회와의 연합, 마을과의 소통을 중심에 두어야 하는 중요한 이유다. 도서관이 또다시 개교회의 목표를 이루는 수단으로 전락한다면 교회연합, 마을과의 소통은 이룰 수 없는 바람일 뿐 아니라 도서관으로서의 바른 역할을 감당할 기회도 잃게 된다.

교회 도서관을 통한 공익성, 공공성을 위해 교회 도서관은 무엇을 해야 하는가? 우리의 선택은 멀리 있지 않고 크게 어렵지 않다. 철저히 준비하는 것도 좋지만 큰일을 추구하기보다 기본을 지키는 것으로부터 출발하면 된다. 첫째, 교회 도서관은 교회 교인들에게만이 아니라 일반인들에게도 개방해야 한다. 마을 주민들이 찾아와도 누구나 자연스럽게 그 공간에 머물 수 있는 분위기를 디자인해야 한다. 둘째, 가능한 개방 시간을 분명히 고지하고, 찾는 이들이 적든 많든 일관성 있게 그 자리를 지켜가는 것이 중요하다. 지역의 교회 도서관들의 경우 지자체 관계자들에게 가장 많이 지적받는 내용 중에 하나가 도서관 운영시간이 불투명하다는 것이다. 주민이, 지자체 관계자가 고지된 도서관 운영시간에 찾아와도 문이 잠겨 있는 교회 도서관이 많은 것이 현실이다.

교회 안의 대다수 기관과 프로그램은 교회 성도들과 잠재적인 교회교인을 대상으로 한다. 반면 도서관은 사회 깊숙한 곳에서 이웃들과 만나 교제할 수 있는 기회를 제공하는 공동체다. 세상 속 그리스도인으로서, 공익을 추구하는 교회로 세워져가는 데 있어서 도서관을 통한 작은 노력은 교회의 교회됨을 세워가는 가장 탁월한 선택지 가운데 하나다. 아무쪼록 교회 도서관이 마을을 위한 교회의 발걸음이 될 뿐 아니라 교회와 교회가 연합하여 그리스도의 몸 된 지체를 회복해 가는 마중물 되기를 원한다. 그것이야말로 진정한 공익(公益), 사회 전체의 이익을 도모하는 선택이다. 그 시작은 작은 일의 실천이다. 기본을 실천하는 것으로부터 공익은 실현된다.

2) 정체성: 도서관의 공익 너머 교회의 사명

지난 20년간 35개국을 여행했다. 방문하는 나라마다 도서관을 방문했다. 2006년 6개월간 진행된 18개국 비전여행 때는 각국 도서관의 담당자들을 인터뷰할 수 있는 기회도 주어졌다. 여행은 가는 것으로 시작되지만 돌아오는 것으로 완성된다고 했다. 2007년에 설립한 호도애도서관은 그렇게 세워져갔다. 그곳에서 보고 느낀 것들을 교회 도서관을 세우는 데 접목해 가려고 노력했다.

방문했던 나라들의 도서관 모두 인상 깊었지만 싱가포르 공립도서관의 기억은 특별하다. 싱가포르에 머무는 2주 기간, 매일 방문했던 16층 빌딩의 중앙도서관의 위용도, 시설도 놀라웠지만 시내 중심 곳곳에 세워진 별관은 더욱 특별했다. 우리나라를 찾는 외국인들이 명동을 찾듯 싱가포르를 찾는 관광객은 쇼핑의 성지 오차드 로드를 빼놓지 않고 방문한다. 그 중심에 쇼핑몰 오차드 센트럴이 있는데 싱가포르에서 가장 비싼 이 건물에 국립중앙도서관의 별관 오차드 라이브러리가 위치해 있다. 사람들에게 도서관으로 오라고 하기보다 사람들의 발걸음이 머무는 곳으로 도서관이 찾아가 세워졌다.

도서관의 공익성을 논할 때 다루어야 할 현실적 요소 가운데 접근성은 초기값이다. 심리적 접근성은 물론이요 물리적 접근성은 도서관의 공공성, 공익성의 중요한 요소다. 그런 측면에서 전국 모든 마을 곳곳에 위치해 있는 교회가 도서관을 품는 행위는 공공의 차원에서 그 무엇으로도 대신할 수 없는 대안을 넘어 최선의 선택지다.

교회 도서관은 교회가 세상으로 나아가는 마중물이 되어주는 동시에 마을 주민들과 교회가 소통하는 가교역할에 제격이다. 교회 도서관 사역을 하다 보면 주일공동체인 교회에 갖는 부담과는 달리 주중 작은도서관이 주는 공공기관으로서의 편안한 이미지로 인해 교회 도서관을 마을공동체의 일부로 받아들이고 나아오는 이들이 적지 않다. 교회가 주일이 아닌 주중 사역을 통해 기독교 신앙에 대한 이야기만이 아닌 세상의 수많은 주제들을 나누며 삶을 이야기할 수 있는 플랫폼으로 작은도서관만큼 효과적인 곳은 찾아보기 힘들다.

교회가 도서관을 품고 주민들에게 나아가는 것은 공익 너머 교회의 사명에 가깝다. 책의 종교라 불리곤 하는 교회에 있어 도서관은 기독교의 정체성을 드러내 주는 최고의 시스템이다. 하나님의 말씀이 특별계시로 주어졌고, 하나님은 성경을 통해 말씀하심을 성경은 이야기한다. 교회의 사명은 제자 삼고 가르쳐 지키게 하는 예수 그리스도의 명령에 기인한다. 지역 주민 곁으로 다가서며 디자인해가는 교회 도서관의 공공성이야말로 성육신하신 예수 그리스도를 본받는 교회의 발걸음인 동시에 천지창조의 세계에 대한 기록이요, 그 세계를 살아간 이들의 흔적을 교회의 도구 삼아 교회의 정체성을 세워가는 교회의 근본 사역이라 할 수 있다.

3. 무엇이 마을을 위한 교회 도서관 되게 하는가?: 목표

1) 전문성: 문화센터 너머 평생학습센터

도서관사역을 하며 수많은 교회 도서관, 지역 도서관을 방문했다. 경기도 멘토 도서관으로 위촉되어 멘티 작은도서관 사역자들을 코칭하며 작은도서관의 자립을 도왔다. 그때마다 생각하는 것은 교회 도서관의 전문성에 관한 것이다.

교회 도서관의 공간적 위치는 마을 중심에 자리해 있기에 그 어떤 도서관보다 마을 친화적이다. 누구나 쉽게 찾을 수 있고, 그 수도 적지 않다. 안타깝게도 작은도서관으로서의 기능을 제대로 수행하고 있는가 하는 물음에는 자신 있게 그렇다 대답할 수 없는 상황이다. 작은도서관이라 말하기에도 부끄러운 공간 디자인은 물론이요, 시설을 갖추었어도 그에 걸맞은 도서관 콘텐츠를 가진 교회 도서관들은 찾아보기 힘들다.

(1) 도서관의 세 가지 콘텐츠

도서관의 콘텐츠는 크게 세 가지다. 먼저 책이다. 도서관이라면 책의 양과 질적 관리가 이루어져야 한다. 두 번째는 도서관 커리큘럼과 프로그램이다. 지속 가능한, 도서관다운 프로그램의 개발과 보급, 운영이 필요하다. 큰 그림으로서의 커리큘럼이 필요하며, 커리큘럼에 입각한 프로그램을 운영해야 한다. 셋째, 사람이다. 도서관 최고의 콘텐츠는 누가 뭐라 해도 사람이다. 책과 프로그램의 문제는 재정과 깊이 연관된 문제일 수 있지만 설령 그것이 준비되지 못했다 하더라도 준비된 사람이 있다면 천천히 풀어갈 수 있는 해결 가능한 문제다. 책의 양과 질이 보장되고 프로그램이 운영된다 할지라도 준비된 사람, 도서관에 대한 사랑과 계획을 가진 사람이 없다면 그 어떤 것도 지속 가능하지 못하다. 교회 도서관에 제기되는 많은 문제들 중 가장 중요하면서도 제일 먼저 해결해야 할 과제다.

외국 영화를 보면 도서관이 자주 등장한다. 도서관을 공간으로 이야기가 진행될 때면 사서와 그 역할이 의미 있게 묘사되곤 한다. 외국 저자의 책 프롤로그를 볼 때도 마찬가지다. 유독 사서들에 대한 감사 인사가 자주 등장한다. 도서관이 도서관인 이유는 그곳에 책이 있기 때문만이 아니다. 그 중심에 사서가 있다. 사서는 책의 관리자이고 도서관과 이용자를 연결시켜 주는 매개자이며, 책의 전문

가이다. 사서라고 해서 모든 분야의 전문가일 수는 없다. 그것을 목표로 하지도 않는다. 미국과 유럽의 도서관들은 오래전부터 전문사서 제도를 운영해 오고 있다. 도서관의 십진분류체계 가운데 자신의 분야를 정하고 전문사서로서 준비하며 역할을 감당하는 것이다. 그들의 준비된 전문성을 토대로 도서관의 질은 높아져 가고, 도서관의 공공성은 세워져 간다.

교회 도서관을 이야기하고 마을공동체로서의 도서관을 강조할 때도 도서관이 책을 중심에 두고 운영되는 공간이라는 사실을 잊어서는 안 된다. 정식 사서를 두고 운영할 수 있는 곳은 많지 않을지라도 책에 대한 사랑과 관심만큼은 가치 있고 소중한 것으로 여기는 사람이 담당하도록 해야 한다.

⑵ 모든 도서관은 문화센터지만 모든 문화센터가 도서관은 아니다.

"책 읽는 사람이 모두 지도자는 아니다. 그러나 모든 지도자는 책 읽는 사람이다"라는 말이 있다. 이 말을 도서관에 비유해 이야기해 본다면 "문화센터가 모두 도서관은 아니지만 모든 도서관은 문화센터다"라고 표현할 수 있다. 이 말에서 필자의 방점은 '문화센터가 모두 도서관은 아니다'에 찍혀 있다.

실상 우리나라 작은도서관들 대부분은 도서관의 고유 기능에 집중하기보다 문화센터로서의 역할에 집중하는 방향으로 흘러가곤 한다. '모든 도서관은 문화센터다'라는 말에 담긴 의미처럼 도서관의 역할 중 문화센터로서의 역할도 분명 존재한다. 000 총류로부터 900 역사에 이르기까지 다양한 주제들을 책 너머 다양한 문화적인 방법과 도구를 통해 접하는 것도 필요하다. 책을 매개로 세상을 만나고 사람을 만나는 모든 것은 도서관을 통해 제공되어야 하는 서비스 중 하나다. 다만, 대전제는 잊지 말아야 한다. 도서관의 고유기능이요 핵심역할은 책을 중심에 두고 진행되어야 한다는 사실이다.

문화센터로서의 역할을 감당하되 중심을 지키고 균형을 잃지 말아야 한다. 문화 프로그램을 통해 마을공동체 사랑방으로서 역할을 충실히 감당한다면 교회 도서관으로서의 사명 감당에 해당되지 않느냐 말할 수 있다. 문제가 바로 그 지점에 있다. 사람들은 책이 빠진 도서관에 머물지 않는다는 것이다. 잠시 잠깐 프로그램에 관심을 갖고 마음과 뜻을 주며 도서관 공동체의 구성원이 된 것처럼 다가오지만 그런 이들 대다수는 도서관에 머물지 않는다. 도서관을 채우고 있는 수많은 프로그램은 다른 수많은 문화센터에서 더욱 전문적으로 운영되고 있기 때문이다.

교회 도서관을 통해 사람이 모이는 것도 중요하지만 그들에게 선한 영향력을 미쳐나가는 도서관이 되기 위해 도서관다움을 세워가고 유지해 나가야 한다. 도서관으로서의 정체성을 잊지 않고 질을 높여가는 노력이 커리큘럼과 프로그램에 반영되어야 한다. 도서관 현장 속에서 영향력을 유지하는 교회 도서관들은 모두 이 문제의 중요성을 알고 준비한 곳들임을 기억해야 한다.

(3) 선택과 집중을 통해 차이를 만들다.

오늘날의 한국 교회는 '대형교회와 그들을 닮아가기 원하는 작은 교회들'로 구성되어 있는 듯하다. 모두 그러한 것은 아니지만 전반적인 분위기와 흐름은 누구도 부정하지 못할 것이다. 그러다 보니 교회성장세미나, 전도세미나가 복음을 증거 하기 위한 목회자와 교회의 관심과 사랑이기는 하지만 '성공한' 대형교회의 성공 요소들을 작은 교회에 이전하는 프랜차이즈 시스템으로 활용되곤 한다. 한국 교회에는 작은 사랑의교회, 작은 명성교회, 작은 여의도순복음교회가 넘쳐난다. 큰 교회가 잘못되었음을 이야기하는 것이 아니다. 교회의 부흥에 대한 관심, 전도에 대한 열정을 폄하하려는 것도 아니다. 안타까운 것은 교회는 예수 그리스도를 머리로 한 지체들일진대 모든 교회가 너무도 닮았다는 것이다. 좋은 것은 나누고 닮아가는 과정이 필요하고 그것 또한 건강한 교회의 구성요소이기는 하나, 그 과정 속에서 상실한 것들이 있음을 기억해야 한다. 각 지체의 모양대로, 분량대로 역사해야 하는 교회의 부르심을 상실했다. 모두 팔과 다리, 심장에 해당하는 교회의 모습으로만 존재한다.

지체로서의 지교회의 차별성은 세워지지 않고 카피에 카피를 거듭한 결과는 세상 속 교회의 영향력 약화로 이어져왔다. 그 증거는 지역 교회들의 연합이 쉽지 않다는 것이다. 어쩌면 불가능하다고 보는 것이 맞다. 지구 반대편 선교지를 위해서는 기도할 수 있고 눈물 흘릴 수 있어도 같은 동네 교회는 관심 밖의 대상이다. 너무 닮았기 때문은 아닐까? 복음의 열정이라는 같은 길 이외에 달라야 하는 다른 모든 목표까지도 너무 닮았다. 같은 길을 가는 동지요 지체가 아닌 경쟁자요, 그 집단이 되어버렸다. 교회의 싸움은 세상-적그리스도와의 싸움이 아닌 교회와 교회의 싸움처럼 보여지곤 한다.

필자가 목회하는 지역 교회로서의 도서관교회는 특별한 길을 가는 독특한 교회가 아니다. 한국 교회, 지역 교회와 호흡해 가며 지체의 분량대로 하나님이 주신 은사에 집중하는 교회이기를 소망하며 달려왔다. 모든 것을 우리 교회가 하려 하지 않았다. 복음에 대한 기도와 열정 이외의 것은 하나님 주신 사명이 무엇인지 고민하고 그것에만 집중하고자 했다. 은혜의 복음으로 이끄신 하나님께서 '자기의 기쁘신 뜻을 위하여 도서관교회로 소원을 두고 행하게 하시는'(빌 2:13) 그 일을 비전으로 삼고 나아가기를 간구했다. 그런 과정을 통해 찾고 부여잡은 것이 '잃어버린 기독교교육 읽기와 쓰기의 회복'이며, 교회 도서관을 설립하고 교회명도 '도서관교회'로 변경하여 이름에 비전과 사명을 담아냈다.

교회명		의미	핵심	도구와 방법
도	道	하나님의 진리를	말씀	성경
서	序	천천히 차례를 지키고	이치와 원리와 가치	창조십진법
관	觀	생각하고 바라보며	기술	트리비움
교	敎	본받아 가르치는	방법	호도애 스토리
회	會	신앙 공동체	일상	생활공동체

도서관교회와 호도애작은도서관은 한국 교회의 오른팔과 몸통이 되기보다 작은 지체이기를 소망한다. 지역 교회인 동시에 한국 교회, 세계 교회와 연결된 하나의 중요한 지체 교회를 꿈꾸며 사역에 임하고 있다. 다만, 도서관교회에게 주신 사명, 그것이 없으면 한국 교회가 아파하고 힘들어하는, 작지만 힘 있는 교회를 꿈꾼다. 누구를 닮아가기 위함이 아니라 하나님이 디자인하신 예수 그리스도를 머리로 한 지체 된 교회의 일부가 되기를 기도하며 나아가는 중이다. 그러할 때 도서관교회의 또 다른 많은 빈자리, 부족함은 지체 된 다른 지역 교회의 도움을 받으며 그들과 소통하고 연합하는 기회가 되어줄 것이라 기대하고 있다. 그러한 기도제목 가운데 작은도서관을 설립했고 운영해 왔다.

교회 도서관을 세우고 디자인해 가는 과정에서 '모든 도서관이 감당해야 하는 것'과 '우리 교회 도서관만이 감당할 수 있는 것'을 함께 준비하며 관리하는 일에 집중했다. 그런 과정을 통해 도서관, 독서, 글쓰기를 이야기할 때면 작지만 의미 있는 나눔을 지체 교회들과 진행할 뿐 아니라 마을공동체로 인정받으며 자리 잡아가는 축복도 누리고 있다.

교회로서의 정체성을 유지하는 것과 도서관으로서의 전문성을 세워가는 일은 서로 다른 일이 아니다. 하나의 방향을 향해 나아가는 과정에서 모양을 달리할 뿐 사명의 중요한 요소로 작용한다. 다른 교회와 도서관의 장점을 닮아가는 것도 중요하지만 지체로서의 교회와 교회 도서관만이 할 수 있는 분야를 찾고, 그것으로부터 마을과 소통하려는 노력이 필요하다. 그러할 때 하나의 도서관으로서의 전문성이 세워질 뿐 아니라 서로 다른 모습의 교회와 작은도서관들이 연합하여 하나 되어가며 세상 속에서 교회의 참된 사명을 감당할 수 있을 것이다. 도서관교회에게 있어 작은도서관은 하나의 부속물과 기관이 아닌 하나님 나라를 완성해 가는 비전 공동체요, 세상 속 그리스도인으로 살아가는 삶의 자리이다.

호도애도서관의 꿈[2]

우리에겐 꿈이 있습니다.
호도애도서관과 함께하는 어린이들과 모든 가족들이
주어진 하루하루를 살아갈 때에
사랑하며 배우며 나누는 삶을 살기 원하는 꿈이 있습니다.

우리에겐 꿈이 있습니다.
호도애도서관과 함께하는 가족들이
먼저 자신을 변화시키고,
이웃을 사랑하며
그들과 함께 하나 된 마음으로 살아가는

---

2) 2007년 호도애 작은도서관을 설립하며 기도하는 마음으로 기록한 시 "호도애도서관의 꿈"이다.

하나님의 공동체를 소망하는 꿈이 있습니다.

우리에겐 꿈이 있습니다.
호도애도서관을 찾는 이웃들이
참된 지혜자로서
좋은 것과 중요한 것과 먼저 할 것을
알고 준비하며 실행해 나가는 자 되길 바라는 꿈이 있습니다.

우리에겐 꿈이 있습니다.
호도애도서관을 찾는 모든 어린이들이
인류의 미래를 함께 책임지며 살아가는 자로서의 꿈을 꾸며
배움의 길을 걸어갈 수 있도록 돕길 바라는 꿈이 있습니다.

도서관교회로 이 꿈을 마음에 소원 삼아 살아가게 하시는 하나님의 인도하심이
교회와 도서관을 통해 항상 함께하실 줄 믿습니다.

2) 지속성: 일회성 너머 지속가능성

(1) 지속 가능한 프로그램

교회 도서관은 지속 가능한 도서관 커리큘럼을 디자인해야 한다. 생명력이 부족하고 연결성과 지속성에 있어 아쉬움 가득한 프로그램의 유혹에서 벗어나야 한다. 마을공동체로 세워져 가는 교회 도서관은 불특정 다수를 위한 곳이 아니다. 마을, 우리 동네라는 특정 지역의 특정 주민들을 대상으로 한다. 특정 주민이라고 해서 정해진 소수를 의미하지 않는다. 도서관을 찾을 가능성이 있는 이들 대

부분은 지근거리에 위치해 있는 이들이 거의 대다수라는 것을 전제한다. 마을 속 교회 도서관의 에너지는 지속성과 일관성에서 찾아야 한다. 일회성 행사가 아닌 소속감을 갖고 참여할 수 있는 프로그램들로 디자인되어야 한다. 시간의 흐름 속에 도서관의 진심은 마을 주민들과 통하게 되어 있다.

(2) 도서관 예산이 마련되어야 한다.
교회 도서관의 지속성을 담보하기 위해서는 예산이 확보되어야 한다. 무엇보다도 도서관의 책은 질적인 면에서뿐만이 아니라 양적인 측면에서도 관리되어야 한다. 책을 위한 예산이 필요한 것은 도서관 운영의 기본이요, 초기값이다. 기부 받은 책만을 통해서 도서관이 유지될 수는 없다. 좋은 도서관에는 좋은 책이 있어야 한다. 다양한 분야의 책을 제공해야 하며, 이용자들의 선택의 폭을 넓혀 가야 한다. 목회자의 입장에서 좋은 책, 고전만을 고집해서는 안 된다. 도서 큐레이션을 통해 좋은 책을 선별하여 공급하는 것은 중요한 일이나 시류를 반영하는 대중서, 시대의 흐름을 읽을 수 있는 베스트셀러도 신간 목록에 어느 정도 반영되어야 한다. 교회 도서관에 신앙도서만 가득한 상태에서 마을공동체와 원활한 소통을 기대하는 것은 무모함을 넘어 어리석음이다. 교회 도서관의 북 큐레이션은 책 선정에서 그쳐서는 안 된다. 시대의 흐름에 대한 통찰, 대중이 놓치고 있는 문제들에 대한 견해를 제시하는 차원까지 진행해 주어야 한다.
마을공동체의 사랑방이자 배움터가 되기 위해서는 투자가 필요하다. 여기서 필요한 투자의 절대 기준은 없다. 다만, 우선순위를 어디에 두느냐는 운영 주체인 교회가 점검하고 확인해야 한다. 도서관의 소중함은 말뿐이 아닌 예산 지원을 통해 증명해 내야 한다. 그러나 예산이 풍부한 교회는 많지 않다. 교회 도서관을 통해 사역을 도모하는 교회들 중 대부분은 예산이 부족한 개척교회거나 군소교회다. 기억해야 할 것은 예산의 문제는 돈 문제이기에 앞서 우선순위의 문제이며, 동기의 문제다. 도서관을 얼마만큼 중요한 사역으로 여기는가의 문제다.

지속성을 위한 예산의 기준은 교회마다 다르다. 다만 도서관이라면 신간의 유입이 어느 정도 보장되어야 하고, 도서관의 공공성을 유지하기 위한 초기값을 잊어서는 안 된다. 호도애도서관의 경우 성남시에서 지원해 주는 연 도서구입비 400여 만 원 이외에도 별도의 비용 500여 만 원 정도를 매년 정기적으로 책 구입비로 책정해 활용 중이다. 여유 있어서가 아니다. 도서관 사역의 지속성, 영향력을 유지하기 위해 다른 예산을 줄여가면서 마련한 자금이다. 마을과 소통하는 세상 속 그리스도인, 교회가 되기 위한 기독교 도서관인으로서의 최소한의 선택이다.

(3) 자원봉사자 중심이 아닌 풀타임 사역자 중심

교회 도서관의 경우 대부분 자원봉사자에 의해 운영되는 경우가 많다. 교회 성도가 자리를 지키거나 운영이 잘되는 곳인 경우 도서관 이용자 중 주민이 자원봉사에 참여하는 경우도 있다. 도서관의 지속적인 운영을 위해 자원봉사자의 참여는 필수적이다. 다만 그것이 주가 되어서는 안 된다. 자원봉사자, 활동가들의 일은 도서관 운영자, 사서들의 일을 돕는, 말 그대로 봉사여야 한다. 교인도, 봉사자도 없는 가운데 잘 운영되는 교회들도 있다. 목사와 사모만이 교회 도서관 운영에 참여할 수밖에 없더라도 그 지점을 초기값으로 헌신하는 이들이 있기 때문이다.

한 사람의 헌신자로부터 시작하면 된다. 다수의 봉사자가 없더라도 한 사람의 헌신하는 운영자가 도서관을 운영해 가면 인정받는 것은 시간의 문제다. 마을을 위한 도서관 사역의 순수성과 어느 정도의 전문성이 인정받기 시작되는 순간부터 마을 이용자가 늘어나는 것은 물론이요, 자원활동가들의 참여도 늘어나는 것을 경험할 수 있다. 작은교회 목회를 통해 한계에 직면했던 많은 목회자들이 생각지도 못한 교회 도서관 사역을 통해 새로운 마을목회의 비전을 발견하고 생명력 있는 교회로 세워져 가는 경우를 많이 지켜보았다.

교회 규모가 커져갈수록 담임 목회자의 비중은 줄고 부목회자나 교인 중에 담당자를 세워 도서관 운영을 진행하곤 한다. 그럴 때에도 담임 목회자는 교회 도서관 운영에 깊은 관심을 가져야 한다. 도서관 사역 담당자를 선정함에 있어서 도서관 사역을 일을 넘어 비전을 갖고 참여할 수 있는 사람을 운영자로 세워야 한다. 원활한 도서관 운영을 원한다면 도서관 운영자에게 어느 정도 의결권을 넘기는 것도 도서관의 생명력을 살려가는 운영의 지혜다.

다시 한 번 강조하지만 교회 도서관에 가장 먼저 필요한 것은 의식 있는 운영 주체다. 중심 운영자 없는 가운데 수많은 봉사자들이 참여하는 도서관보다 의식 있고 도서관의 비전을 가진 한 명의 운영자가 지키는 도서관이 더욱 든든하게 세워져 간다는 사실을 기억하라. 봉사자들 가운데도 의식 있고 열심 있는 이들이 있다. 그러나 그들의 한계는 분명하다. 그들에게 도서관의 일은 '주 업무'가 아니다. 언제든 다른 요인으로 인해 맡고 있던 역할을 내려놓을 수 있다. 갑작스러운 이사로 의지와 상관없이 도서관 일을 내려놓은 중요 봉사자들이 생길 경우의 빈자리는 채울 수 없는 공백이다. 든든한 봉사자 한 사람이 도서관을 떠나며 그동안 쌓아온 도서관의 영향력이 초기화되는 일들은 많은 도서관들에서 빈번하게 발생한다. 그 피해는 고스란히 이용자인 마을 주민들의 몫으로 돌려진다. 도서관의 연혁을 넘어 교회 도서관의 전문성을 세워가는 일에 있어 풀타임 사역자를 세우는 일은 반드시 해결해야 할 과제다.

4. 교회 도서관 어떻게 디자인할 것인가?: 실행

1) 체계성: 프로그램 너머 커리큘럼

이전 장 '무엇이 마을을 위한 교회 도서관 되게 하는가?'에서 살핀 전문성과 지속가능성의 핵심은 체계적인 커리큘럼과 그것을 기반으로 한 프로그램 운영이다. 전문성과 지속가능성은 체계적인 커리큘럼을 통해 이루어진다. 도서관의 도서관다움을 유지해 가며 자연스럽게 마을공동체 기관으로, 공익을 감당해 가는 공동체로 세워져 가기 위해서 커리큘럼 디자인이 필요한 이유다. 그렇다면 교회 도서관다운 정체성을 유지하며 전문성과 지속가능성을 이룰 수 있는 체계적인 도서관 커리큘럼은 어떻게 디자인해야 하는가?

(1) 도서관 십진분류체계는 천지창조 세계의 출입문이다.

필자는 도서관의 분류체계인 십진분류법을 교회 도서관의 차별화된 커리큘럼의 기본 시스템으로 채택할 것을 추천한다. 2007년 분당에 작은도서관을 설립한 이래로 교회 도서관으로서의 정체성을 세워가기 위한 커리큘럼 연구는 지속되었다. 그 과정에서 도서관의 도서분류 시스템인 십진분류법이 크리스천의 신앙과 정체성을 담아낼 탁월한 그릇으로서의 커리큘럼임을 확인하고 도서관 현장 프로그램의 베이스 커리큘럼으로 활용하기 시작했다. 도서관의 십진분류체계는 하나님이 창조하신 천지창조의 세계를 알아가는 훌륭한 학습체계다. 성경적 가치를 추구하며 마을공동체로 교회 도서관을 세워감에 있어 십진분류체계는 천지창조의 세계를 담는 잘 빚어진 그릇이다.

하나님께서 태초에 천지를 창조하신 이래 그 세계를 살아온 인류의 역사는 문헌정보학자들이 정리한 십진분류체계 속에 고스란히 담겨 있다. 인류역사 전부를 담는 완전한 체계는 아닐지라도 모든 분야의 문자와 그림으로 자료화된 다양한 정보들은 그 어떤 분류체계보다 체계적으로 정리, 관리되어 왔다. 000 총류, 100 철학, 200 종교, 300 사회과학, 400 자연과학, 500 기술과학, 600 예술, 700 언어, 800 문학, 900 역사의 열 가지 주류는 이후 100가지의 강목, 1000가지의 요목, 수십만의 세목, 세세목의 분류로 정리되어 관리된다. 시대가 변하며 새로운 분야가 생겨나면 제일 먼저 문헌정보 체계인 십진분류체계 안에서 수정, 보완, 정리된다.

교회가 세상의 모든 주제를 가르치자는 것이 아니다. 전문가적 가르침을 줄 수 없고, 그럴 필요도 없다. 다만 교회 내부의 성도들, 교회 도서관을 통해 만나는 마을 주민들이 몸담고 살아가는 세상의 다양한 직업, 분야, 주제들에 대해 바른 관점, 성경적 관점을 가질 수 있도록 돕는 일은 교회 도서관을 통해 감당해야 할 중요한 사명이다.

이러한 전제를 가지고 운영되는 호도애도서관의 경우 도서관에서 운영되는 모든 프로그램은 십진분류의 다양한 주제들을 균형 있게 담아내는 일에 관심을 둔다. 일회성 행사보다는 정기 프로그램으로 기획하여 운영한다. 문화, 예술 등 어떤 프로그램일지라도 질을 높여가는 독서를 초기값으로 하여 글쓰기로 마무리하는 것을 기본 전제로 기획 운영하고 있다. 예를 들어 학기 중, 방학 중 진행되는 모든 프로그램은 아래의 자료처럼 십진분류로 정리하여 고지하고 참여자를 모집한다.

> 000 총류 매일아침독서학교, 독서리더스쿨, 부모독서학교, 독서지도사과정 등
> 100 철학 철학교실, 논리와 심리캠프, 독서산책
> 200 종교 성경암송학교, 성경필사교실, 여름성경학교(권별 연구)
> 300 사회과학 경제캠프
> 400 자연과학 숲속자연학교
> 500 기술과학 세계요리교실, 공동체 식탁 아침 뷔페, 호도애 방송국
> 600 예술 흙놀이학교, 아름다운도자기, 퀼트교실, 패들보드 동아리, 포크댄스, 요들합창단, 도서관 콘서트, 원두막 콘서트
> 700 언어 어휘력 캠프, 영어토론교실
> 800 문학 문학철인, 자서전쓰기, 책쓰기 캠프, 독후 공모전
> 900 역사 인물탐구, 여행캠프, 세계는 우리의 교실, 작가와의 만남

모든 프로그램은 책읽기와 쓰기를 기본으로 하였기에 문화센터의 문화 프로그램과는 다른 도서관다움을 유지한 프로그램으로 운영된다. 모든 프로그램은 선착순 모집하는데, 대체로 공지 하루 만에 모두 마감될 정도로 마을 주민들의 참여율이 높다. 그것은 교회에서 운영하는 도서관일지라도 프로그램의 질이 보장되고, 1회성 행사가 아닌 체계적인 프로그램으로 운영되는 정기 과정으로 신뢰를 쌓아왔기 때문이다. 자녀들을 적극적으로 참여시키는 것은 물론이거니와 성인들의 참여는 프로그램 참여자가 교회 도서관 자원활동가로 이어지는 선순환이 진행되고 있다.

(2) 천지창조의 세계로 나아가라.

교회 도서관은 도서관 속 책 안에 머물러서는 안 된다. 물리적 공간으로서의 교회 도서관을 넘어 하나님-세계-인간을 연결하는 통로가 되어야 한다. 무엇보다 공간을 확장하여 천지창조 세계 속으로 사람들을 인도해야 한다. 하나님이 창조하신 자연을 발로 밟고, 눈으로 보고, 손으로 만지며 창조세계를 탐구하도록 해야 한다. 도서관의 물리적인 공간은 10평인 작은 교회, 작은 도서관일지라도 기독교적 가치에 입각하여 도서관의 십진분류체계 안에서 프로그램을 계획하여 운영하며 전문성을 쌓아간다면 도서관 문 넘어 모든 마을의 공간을 교회 도서관의 필드로 삼아 사역해 나갈 수 있다. 십진분류체계를 활용하는 것이 시스템적인 차원에서의 천지창조학습을 실행하는 것이라면 자연으로 나아가는 것은 공간의 한계를 극복하는 방법인 동시에 넓은 의미의 교회교육을 확장해 가는 노력이며, 원안을 극복해 가는 지혜다.

2) 확장성: 도서관 너머 도서관학교

1998년부터 9년 동안 두 곳에 대안학교 설립과 정착 과정에 동참했다. 운영자와 기획자의 입장에서 기독교학교를 세워가는 일을 진행하는 가운데 얻은 깨달음은 교회 도서관을 통해 교회교육의 한계를 극복해 나갈 교육 프로젝트를 기획하는 일로 이어졌다.

(1) 교회 대안학교 설립 열풍

2000년대 중후반부터 대안학교를 설립하는 교회가 늘어나기 시작했다. 대형교회만의 시도가 아니었다. 중소형교회들도 자신들만의 계획을 세우고 대안학교를 세워가기 위한 노력을 기울였다. 대안학교 세우기 열풍이라 불러도 이상하지 않은 상황이었다. 문제는 대안학교가 마음먹으면 누구나 설립할 수 있는 단순한 시스템이 아니라는 것이다. 좀 더 질적으로 향상된 기독교교육을 실현하고자 하는 교회와 지도자들의 신앙적인 열심이 주된 이유겠지만 더러는 교인의 자녀들을 다른 교회에서 설립한 대안학교로 보내기보다 직접 운영하여 교회로서의 차별성을 구축하려는 의도도 적지 않았다.

이유야 어찌 되었든 웅대한 꿈을 선포하며 시작된 많은 교회 대안학교들 중 얼마 지나지 않아 문을 닫는 곳들도 적지 않았다. 운영은 할지라도 학교라 하기에 모든 면에서 열악한 상태에서 진행되는 대안학교가 대다수다. 그 피해는 오로지 자녀를 보낸 가정의 부모와 학생들의 몫으로 남겨질 뿐 아니라 한국 교회가 풀어야 할 문제요 과제로 던져진 상태다.

(2) 교회 도서관을 주중 교회학교로 활용하기

필자는 교회가 운영하는 대안학교의 형태로 주중 도서관을 활용한 도서관학교를 제안한다. 오랜 기간 기독교학교와 도서관 운영진으로 지내오면서 교회 도서관을 주중 교회학교로 운영하는 것이 미래 교회교육을 세워가는 최선의 선택이라 생각한다. 일반 대안학교가 특정 소수만을 대상으로 하면서 질적 강화를 추구한다지만 결코 쉬운 일은 아니다. 공교육 과정을 겸하며 기독교적 가치를 담은 커리큘럼을 수행한다는 것은 결코 쉬운 일이 아니다.

반면 교회 도서관을 활용한 도서관학교는 여러 가지 측면에서 매력적이다. 첫째, 교회의 정체성과 마을의 공공성을 모두 담을 수 있는 학교의 형태다. 여러 가지 단계로 나누어 대상을 선정하고 수준을 디자인해야겠지만 국가가 진행하는 공교육 과정이 아닌 도서관학교 자체의 커리큘럼에 집중할 수 있다는 것은 최고의 장점이다.

이전 글에서 강조한 것처럼 교회는 출발부터 일반 도서관과 차원이 다른 전제 속에서 출발한다. 공공 서비스의 중요성을 약화시키는 것이 아닌, 복음과 구원받은 자로서의 사랑을 나누는 자로서의 정체성을 지킨다면 세상 그 어떤 공동체도 구현하지 못할 과정을 구현하고 결과를 이끌어낼 수 있는 것이 교회이며, 교회 도서관이다.

지금 강조하는 도서관학교는 기독교인에게 익숙한 성경학교나 제자훈련과는 다르다. 도서관의 십진분류의 다양한 주제들을 마중물로 프로그램을 운영하며 기독교적 가치와 사회적 책임을 다하는 마을공동체를 위한 열린 학교를 지향한다. 도서관학교는 공공도서관의 공공성을 품되 도서관 너머 교회의 가치를 지키며 학교가 가진 체계성을 마을 단위로 실현해 갈 수 있는 최선의 선택이다. 교회 도서관이 도서관학교가 될 때 그 혜택은 오로지 마을공동체 구성원들의 몫으로 돌아간다. 이전 장에서 강조한 도서관 커리큘럼이 디자인되고 천지창조의 커리큘럼을 실행한다면 공교육 과정을 통해 채워지지 않은 빈자리, 줄 수 없는 공동체의 사랑과 가치를 방과후 도서관학교를 통해 제공받을 수 있다.

도서관 너머 도서관학교를 지향하라. 교회에서 운영하는 도서관이 어떻게 한 사람의 인생을 바꿔갈 수 있는지를 보여주라. 교회 도서관이 죽어가는 마을을 살리고 경쟁력을 세워가는 중심지요 마을의 랜드마크 되는 것도 어려운 일이 아니다. 일반 공공도서관은 결코 감당할 수 없는 교회 도서관의 사명의 자리다. 개교회 이기주의가 아닌 하나님 나라의 확장을 위한, 지체 된 교회의 사명을 감당해 나가기 위해 기도하며 노력하는 교회들이 늘어난다면 교회 도서관을 통한 하나님의 일하심은 우리가 상상하는 것 이상의 결과로 열매 맺어갈 것이다. 시간이 지나면 지날수록 사람과 마을에 있어 교회 도서관이 부인할 수 없는 마을의 자산임을 깨닫게 된다. 그러기 위해 프로그램 너머 커리큘럼을 바탕으로 공공도서관의 한계를 뛰어넘는 도서관학교를 구현해 가보라. 이것이 도시화 속에서 공동체성을 잃어버린 채 살아가는 마을에 생명력을 불러일으키는 마중물이 될 것이다.

5. 나가는 말

박준 시인은 자신의 시 "광장"에서 고백한다.[3] "사람이 새와 함께 사는 법은 새장에 새를 가두는 것이 아니라 마당에 풀과 나무를 키우는 일이었다." 교회가 대중과 함께 사는 법도 마찬가지다. 교회와 도서관에 사람들을 모아들이는 것이 목표가 되어서는 안 된다. 마당, 풀과 나무를 키우는 데 집중해야 한다. 그때 사람들이 그곳에 모여든다. 그곳에 머물기 원하고, 그제야 교회와 크리스천이 전하는 음성에 귀 기울이기 시작한다. 교회 도서관, 크리스천의 삶 가운데 책이 있고, 믿음에 기인한 사랑, 소망을 품고 살아가는 이들의 진보가 있다면 '와보라' 하지 않아도 '가보자'는 이들이 생겨날 것이다.

많은 교회 도서관들이 무너지는 이유는 거창한 문제들 때문이 아니다. 앞서 언급한 도서관의 구성요소들이 바로 세워지지 않을 때 마을공동체 안에서 사람들의 신뢰를 얻지 못한다. 마을을 위한 교회, 마을을 위한 교회 도서관은 생명력을 가져야 한다. 그러기 위해서는 교회 도서관으로서의 정체성을 유지하며 마을을 위하는 교회 도서관이 되어야 한다.

2007년 성남시에 작은도서관을 등록하고 활동을 시작하면서 도서관을 통한 꿈을 시에 담아보았다.

---

3) 박준, 『당신의 이름을 지어다가 며칠은 먹었다』 (파주: 문학동네, 2012), 37.

꿈과 희망이 자라는 땅, 우리 동네 작은도서관

미래를 꿈꾸고 행복을 가꾸며 희망을 나누는 꿈과 희망이 자라는 땅!
우리 동네 작은도서관.
작은도서관과 함께하는 사람들의 삶 속에서 희망의 열매를 바라봅니다.
나무의 생명력이 땅과 하늘, 건강한 자연에서 비롯되듯이
어린이들과 우리 모두의 변화를 이끄는 곳, 우리 동네 작은도서관.
비록 작은 공간일지라도 마음 평안히 오갈 수 있으며
이웃과 함께 호흡할 수 있는 우리 동네 작은도서관
아이들과 어른 모두가 함께 만들고 지켜야 할
우리 동네 정신 문화제라 할 수 있지요.
편안하게 뒹굴며 책을 읽는 어린이의 본부.
어른들도 친구 되어 마을 사랑방,
함께 호흡하는 편안한 쉼터 우리 동네 작은도서관
책을 볼 수 있고 이야기를 들려주며,
책을 빌려주고 이야기를 나누는,
인류의 유산이 전해주는 만남과 대화가 있는 곳
도서관 너머 우리의 삶을 풍요롭게 하는 마을학교,
그곳은 꿈과 희망이 자라는 땅, 우리 동네 작은도서관

3장

지역의 소외계층을 위해 교회 건물 사용하기

송용섭 교수
(영남신학대학교)

1. 들어가는 말

본 논문은 지역의 주민과 소외계층을 위해 교회 건축을 사용하기 위한 신학적 근거와 주중 활용 방안을 소개하려 한다. 이러한 목적을 위하여, 본 논문은 그동안 필자가 한국 교회 건축의 공공성에 관하여 저술한 논문들을 선행연구 차원에서 소개하고, 그 내용에 근거하여 교회의 규모와 환경에 따른 구체적 예시들을 새롭게 제안하려 한다.

본 논문은 교회 건축이 지역 주민과 소외계층을 위해 활용되어야 할 신학적 근거를 자기 비움의 성육신 신학에서 찾고 있다. 교회가 지역사회에서 외딴 섬처럼 기능하지 않도록, 교회는 교회 건축 공간을 지역사회를 위해 개방하고 주민과 소외계층을 그 안에 초대함으로써 지역사회와 연결되고 소통할 수 있는 접촉 공간을 마련해야 한다.

이를 위하여, 한국 교회는 교회 건축 활용 중장기 계획을 세우고, 최근의 건축 활용 트렌드를 적극 반영하여 교회 건축 공간을 리모델링하고 지역사회에 개방할 수 있어야 한다. 최근의 트렌드를 적용한 교회 건축의 주중 활용 방안으로는, 기존에 활용되었던 카페나 문화공간 이외에도 교회의 상황에 따라 교회 교실이나 회의실을 활용하여 '스튜디오 공간, 스마트 독서실/세미나실, 창업 및 협업 공간, 노숙자 또는 청소년 임시 쉼터, 신진연구자 연구 공간, 담장을 허문 녹색 공간, 혹한기/혹서기 대피쉼터, 외국인 노동자와 이주민을 위한 만남의 공간'을 예시로 들었다. 한국 교회는 이러한 예시를 발전적으로 활용하거나 참고하여 독창적인 새로운 활용 방안을 마련함으로써, 지역사회의 주민들과 소외계층을 위해 교회 건축을 사용할 수 있을 것이다.

만일, 교회 건축을 주일 예배를 위한 제한적 공간으로만 이해하는 교인들이 많을 경우에는, 교회 건축을 지역 주민과 소외계층을 위해 활용하는 데 현실적인 어려움이 발생할 수 있다. 이러한 경우에는 한국 교회가 성육신 신학에 근거한 거룩함과 아름다움의 의미를 한국 교회 건축과 그 활용을 위해 재해석하고 이를 근거로 교인들을 교육해야 할 것이다. 이렇게 한국 교회가 새로운 교회론과 성서의 재해석을 통해 지역사회를 위한 공공적 역할의 필요성을 교회 내에서 상호인식 공유하게 될 때에 교회 건축이 지역 주민과 소외계층을 위하여 보다 적극적으로 활용될 수 있고, 교회 건축 활용을 통한 교회와 지역사회의 교류와 소통이 활성화됨으로써 지역 선교의 장이 열릴 수 있을 것이다.

2. 교회 건축의 공공성: 신학적 성찰 및 제언

필자는 한국 교회 건축의 공공성에 관한 한국연구재단 과제에 참여하여 두 편의 저서에 공동저자로 참여한 바 있다. "지역의 소외계층을 위해 교회 건물 사용하기"라는 본 장의 주제를 진행하기에 앞서, 본 글의 주제와 연관성을 고려하여 필자의 두 논문들을 선행연구검토 차원에서 먼저 소개하려 한다.

지난 2015년에 출판된『한국 교회 건축과 공공성』에서 필자는 "교회 건축 공공성 지표 확립을 위한 기독교 윤리학적 제안"이라는 논문을 저술하였다.[1] 해당 논문은 이 세상을 구원하시기 위해 이 땅에 오신 예수 그리스도의 성육신에 교회 건축의 공공성과 이의 신학적 의미가 내재해 있다고 주장하였다. 공공성을 지향하는 교회 건축은 물질주의적인 세속가치를 화려한 교회 건축을 통해 세상에 자기과시적으로 드러내려 하지 말고, 베들레헴 말구유에서 태어나신 하나님 아들 예수 그리스도의 자기 비움과 겸손함을 반영하는 자기 비움의 성육신 신학을 교회 건축에 반영하여 지역사회에 교회 건축을 개방해야 한다.

자기 비움의 성육신 신학을 지향하는 교회 건축은 하나님의 거룩함과 아름다움에 대한 신학적 의미를 건축과 공간 활용에 반영해야 한다. 먼저, 신학적으로 교회 건축에 거룩함을 투영하고, 공간을 구성할 때에는 '세속과의 분리 또는 구별되는 예배공간'으로서의 거룩함뿐만 아니라, '이웃과의 올바른 관계 또는 정의와 돌봄의 실천 강조'로서의 거룩함 역시 반영할 수 있어야 한다. 이러한 관점의 거

---

[1] 본 내용은 다음의 논문을 요약 발췌하였다. 송용섭, "교회 건축 공공성 지표 확립을 위한 기독교 윤리학적 제안," 곽호철 외,『한국 교회 건축과 공공성』(서울: 동연, 2015), 306-332.

룩함을 반영하는 교회 건축은 교회 주변의 지역사회 주민들 및 소외계층과의 올바른 관계 회복을 실천할 수 있는 교회 건축을 지향하는 것이다. 따라서, 성육신 신학의 공공성과 거룩함의 신학적 의미가 올바로 반영된 교회 건축은 구별된 예배공간을 통해 예배에 참여하는 내부 교인들을 위한 건축만으로 머물러서는 안 된다. 공공적 교회 건축은 내부 교인들뿐만 아니라 이웃 사회와 세상에 하나님의 복음을 가시적이고 상징적으로 선포하는 거룩한 건축으로서, 이웃 사회와 소통할 수 있는 자기 비움의 공간을 구성해야 하고, 지역의 소외계층을 그 공간으로 초청함으로써 교회와 이웃 사회의 단절된 관계를 올바로 회복할 수 있는 건축으로 기능해야 한다.

또한, 현대 신학은 하나님의 속성을 설명할 때 거룩함뿐 아니라 아름다움을 강조한다. 하나님의 아름다움은 인간과 세상을 하나님에게로 끌어당기고 있으며, 하나님과 피조물 간의 분리와 단절을 유지하지 않고, 상호 관계성과 연결성을 강조하고 증대시킨다. 이 세상을 구원하기 위해 아기 예수를 보낸 하나님의 사랑은 우리를 그분에게 끌어당기고 있다. 아기 예수는 유대 지방의 보잘것없는 시골 마을인 베들레헴의 냄새나고 누추한 말구유에 태어났으나 그의 아름다움은 과거에 그에게 나아갔던 목자들과 동방 박사들처럼 현재의 우리를 그분을 향해 나아가게 한다. 하나님의 아름다움은 그가 창조하고 사랑하신 이 세상에 내재되어 있고, 하나님의 모든 피조물은 그의 완전함과 아름다움을 향해 지속적으로 이끌려 나아가고 있다.

하나님의 현존이 사랑으로 아름답게 온 세상에 임재하심을 우리가 인식함으로써 우리는 이 아름다움과 완전함을 유지하고 보존하기 위한 지속 가능한 세상을 만들어갈 수 있다. 거룩하고 아름다운 공공적 교회 건축은 이렇게 하나님의 아름다움과 완전함, 그리고 하나님이 창조하신 아름다운 자연을 유지하기 위한 지속가능성을 반영해야 한다.

일반적으로 건축에 아름다움을 반영하기 위해서는 그만큼 많은 자본이 필요하다. 교회 건축 역시 아름다움과 편리함과 안락함을 반영할 때는 자본주의적 가치관과 자본이 필요하게 된다. 즉, 아름답고 편리하고 안락한 교회 건축은 기존 교인들의 물질적 헌신과 다양한 희생을 통해서 가능하게 된다. 동시에 교인들은 이러한 건축을 통하여 자신들의 공간 사용 경험이 보다 만족스럽게 충족되거나 교회 성장의 계기가 될 수 있기를 바라기도 한다.

그러나 보다 많은 자본이 더 아름답고 안락한 건축을 가능하게 할 수 있어도, 교회 건축에서 자본만이 아름다운 건축을 위한 전제 조건이나 기준이 될 수는 없다. 자본만이 중심이자 기준이 되는 교회 건축은 아무리 호사스럽고 화려하게 지어진다 해도, 우리를 끌어당기시는 하나님의 아름다움을 반영할 수 없다. 또한, 자본만이 중심이 된 교회 건축은 더 많은 자본이 투입된 세속 건축과 비교될 때도 세속 건축에 쉽게 압도당할 가능성이 높다. 결국, 아름다운 교회 건축을 위해서는 자본이 필요하지만, 거룩함과 아름다움에 대한 신학적 의미가 반영되지 못한 교회 건축은 겉만 화려한 모조품처럼 세상에 존재할 수밖에 없다.

따라서, 세상에 대한 교회의 사명과 성육신 신학이 드러나는 거룩함과 아름다움이 교회 건축을 아름답게 만든다. 자기를 비운 아기 예수의 거룩함이 교회 건축의 아름다움으로 표현될 때, 그 교회 건축은 지역사회의 이웃들을 그 아름다움으로 끌어당길 수 있을 것이다. 교회 건축이 자본주의의 영향력에서 완전히 벗어날 수는 없겠지만, 성육신 신학에 바탕을 둔 아름다운 교회는 건축이 디자인되고 공간이 활용되는 방식에서 교회 내부 교인만을 위한 목적을 초월할 수 있어야 한다. 오히려 자기 비움의 성육신의 아름다움을 추구하는 교회 건축은 디자인과 공간 활용에서 개인(즉, 교회 내부 교인)의 이익 극대화라는 자본주의적 가치에 역행하는 경우를 더 많이 초래하게 될 것이다. 아름답고 거룩한 교회 건축은 자기과시와 호사스러움과 편리함과 안락함이라는 세속가치를 초월하여, 세상을 사랑하사 자기를 비워 인간의 몸으로 오신 예수 그리스도의 겸손함과 자기 비움을 건축에 반영함으로써, 지역사회와의 소통 및 관계 회복을 추구해야 할 것이다.[2]

두 번째로, 2017년에 출판된 『한국 교회 건축에는 공공성이 있는가』에서 필자는 "지역 소외계층을 위한 공공적 교회 건축: 노숙인과 가출 청소년 쉼터"라는 논문을 저술하였다.[3] 해당 논문은 도심지역의 교회가 건축과 공간 사용에 있어 지역사회 소외계층의 안전한 거주공간 필요성을 적극 반영하여, 노숙인이나 가출 청소년을 환대하는 임시 보호처를 제공할 것을 주장하였다.

현대 사회의 건축은 공공성을 지향하고 있으며, 성육신의 신학에 기반한 거룩하고 아름다운 교회 건축 역시 소외된 이웃과의 관계 회복을 추구하는 공공성을 지향해야 한다. 2천 년 전에 아기 예수가 태어난 베들레헴의 말구유는 예루살렘의 왕궁보다 화려하지 못하고 세상에서 소외된 장소였지만, 아기 예수의 현존으로 인하여 그를 경배하러 온 이들에게는 이 세상 어떤 곳보다 거룩하고 아름다운 예배처가 되었다. 한국 교회 건축은 자기를 비워 성육신하신 예수의 삶과 그가 태어난 말구유를 매순간 잊지 않고 기억해야 하

---

2) 해당 가치들을 교회 건축에 반영하기 위하여는 앞의 책 320-332쪽에 포함된 '지속가능성이 고려된 교회 건축 상세 지표'를 참조할 것.
3) 본 내용은 다음의 논문을 요약 발췌하였다. 송용섭, "지역 소외계층을 위한 공공적 교회 건축: 노숙인과 가출 청소년 쉼터," 곽호철 외, 『한국 교회 건축에는 공공성이 있는가』(서울: 동연, 2017), 237-261.

며, 자기 비움의 성육신의 신학을 건축에 반영해야 한다. 이러한 한국 교회 건축은 세속 건축들처럼 용적률을 최대치로 사용하여 부피(mass)를 크게 하고 자기과시적으로 높이 솟아올라 이웃에게 각종 불편함을 초래하는 건축이 될 수 없다. 오히려 스스로 부피를 축소하고 높이를 낮추며, 외부에 닫힌 공간들을 스스로 비워 열린 공간 속으로 지역사회의 소외된 이웃을 초대하는 건축이 될 때, 성육신의 신학이 교회 건축을 통하여 가시적으로 구현될 수 있을 것이다.

특히, 예수의 탄생은 가이사 아구스도의 명에 따라 요셉과 임산부 마리아가 호적하기 위하여 유대 땅 베들레헴에 도달하는 과정에서(눅 2:1~3) 일어난 사건이다. 그들은 갈릴리를 떠나 혼잡했던 도시 예루살렘을 거쳐 근교의 베들레헴 고향에 도달했다. 그러나 수많은 여행객들로 인해 여관방을 구하지 못하고 냄새나는 마구간에 머물러야만 했고, 그곳이 바로 아기 예수의 탄생처가 되었다.

본 논문은 이러한 성탄 이야기의 정황을 재해석하여 한국 교회 건축이 도심 속에서 거리로 내몰리는 노숙인과 거리를 방황하는 가출 청소년과 미혼모를 위하여 건축 공간을 개방하고 가용 자원을 내어줄 것을 제안한 것이다. 쉴 만한 처소를 구하지 못하고 거리에 내몰리고 방황하는 노숙인과 가출 청소년이나 미혼모들에게서 만삭의 몸에도 방을 구하지 못했던 요셉과 마리아를 발견할 수 있다면, 교회 건축의 빈 공간을 닫지 않고 그들이 머물 수 있는 임시 쉼터로 개방하는 것이 당연한 일로 인식될 것이다. 그들이 교회의 빈 공간에서 쉴 수 있게 될 때, 비록 그들이 머무는 쉼터가 고약한 냄새나 시끄러운 아이의 울음소리로 가득 찬다 해도, 그러한 쉼터를 품은 교회 건축은 베들레헴의 마구간처럼 거룩함과 아름다움이 가득한 그리스도 현존의 상징적 공간으로 인식될 수 있을 것이다.

본 논문은 교회 건축이 노숙인과 가출 청소년을 위한 공간을 비워둘 방법을 모색하기 위하여 연구차 방문했던 대다수의 교회 건축이 구비하고 있던 게스트룸에 주목하였다. 이에, 기존의 게스트룸을 탄력적으로 운용하여 노숙인이나 가출 청소년과 미혼모에게 개방할 수 있다면, 한국 교회는 예산상의 큰 부담 없이 자기 비움의 공공성을 실현할 수 있으리라 생각한다. 교회 건축에 구성된 게스트룸은 쾌적한 공간과 침대와 조리 공간과 샤워 시설 등을 겸비하여 교회 강사나 선교사들의 임시 숙소로 제공되곤 한다. 하지만 게스트룸의 사용빈도는 낮은 편이어서, 1년에 특정 기간을 제외하고는 활용되지 못한 채 폐쇄된 상태가 많다. 번화한 도심 속의 한국 교회가 요셉과 마리아처럼 그 앞을 방황하는 노숙인이나 가출 청소년이나 미혼모에게 텅 빈 게스트룸을 굳게 닫아 놓지 않고 임시 개방할 수 있을 때, 성육신 신학을 상징하는 거룩하고 아름다운 교회 건축이 될 수 있을 것이다. 특히, 도심 교회들이 연대하여 해당 공간을 지역 소외계층에게 개방하고 다양한 사회복지 프로그램을 제공할 수 있다면, 도심 교회 공간활용의 효율성과 공공성이 가시적으로 증대될 수 있을 것이다.

    교회가 지역사회 소외계층을 위한 공간으로 교회 건축을 개방하지 않는 이유를 미국의 경우를 통해 유추해 볼 때 교인들이 교회를 예배를 위한 공간만으로 이해하기 때문이다.[4] 따라서, 한국 교회가 지역 소외계층을 위해 교회 건물을 사용할 수 있으려면 먼저, 교인 교육을 통하여 자기 비움의 성육신 신학이 반영된 새로운 교회론이나 성서의 재해석을 통하여 교회의 공공성에 대한 인식을 확산시키는 것이 필요할 것이다. 교회 건축의 공공성을 추구하는 성육신 신

---

4) Robert S. Ogilvie, *Voluntarism, Community Life, and the American Ethic* (Bloomington: Indiana University Press, 2004), 15.

학과 지역 소외계층에 대한 교회 공간 개방을 통해, 한국 교회는 교회의 내적 변화와 지역 선교의 실천에 한 걸음 더 가까이 다가갈 수 있을 것이다.

3. 교회 건축의 규모와 상황에 따른 개방과 활용

1) 지역사회의 섬

한국 교회 건축의 공공성에 관한 한국연구재단 과제를 수행하면서 가장 기억에 남는 인터뷰 내용의 하나는, "한국 교회 건축이 지역사회의 섬"이 되어버렸다는 안타까운 목소리였다.[5] 한국 교회 건축이 공공성을 잃어버려 지역사회와 교류 및 소통을 하지 못하고, 주일에는 교인이 교회에 밀물처럼 밀려들어 휴양지처럼 북적이다가 평일에는 썰물처럼 다 빠져나가서, 교회가 지역사회에서 섬처럼 고립된 현상을 날카롭게 비판하는 비유였다. 한국 교회가 아무리 높고 화려하고 편리한 건축을 해도, 그것이 지역사회에 개방되지 못하거나 교류하지 못하고 주일 교인들만을 위한 섬처럼 남아 있게 된다면, 그것은 지역 선교를 위한 영적 전투장소나 사회 변화를 위한 실제적 거점으로 작용하지 못하게 된다. 지역사회의 섬으로만 기능하는 교회는 교인들의 자기만족을 위한 휴양지 또는 고립된 갈라파고스 섬처럼 기능하다가, 지역사회의 비난 속에 서서히 쇠락할 수밖에 없다.

특히, 도심에 위치한 초/대형교회일수록 값비싼 지대와 주일에 집

---

5) 김기호, 서울대학교 환경대학원 명예 교수.

중되는 공간 사용 특성으로 인하여, 건폐율과 용적률에 있어 법정 비율을 최대치로 활용하는 곳이 많았다.⁶⁾ 즉, 도심 속의 초/대형교회는 경제성과 실용성을 고려하여 법이 정한 테두리 내에서 최대한의 부피(mass)를 차지하도록 건축되었다. 이렇게 건폐율과 용적률을 최대한 사용하는 교회 건축은 외부에 드러난 십자가나 일부 기독교적 상징 요소를 제외하면, 세속 사회의 빌딩 숲과 별다른 차이가 없는 현실적 건축에 불과하게 된다.⁷⁾ 다만, 2000년대 이후의 한국 교회 건축은 카페나 청소년 독서실이나 도서관 또는 복지관 및 예술 시설을 갖추어 지역사회에 개방함으로써 공공성을 구현하려고 노력한 건축들이 많다.⁸⁾

그런데 한국 대형교회 건축을 연구하며 알게 된 사실은 초/대형교회가 최대한의 건폐율과 용적률을 사용하며 다양한 용도로 공간을 설계하였음에도 불구하고, 카페나 도서관 등의 공간활용도가 일반 건축 시설보다 떨어지거나 기타 공간들의 활용도 역시 상당히 제한된다는 점이었다. 특히, 단일한 초/대형교회는 주 예배당 및 다수의 부속 건물들로 구성된 교회보다 공간의 개방도와 활용도가 낮았다. 즉, 거대한 하나의 교회 건축은 다양한 용도의 내부 공간을 구비하고 지역사회에 일부를 개방하고 있음에도 불구하고, 주일 하루를 제외하고는 전기세, 청소비, 관리비 등의 현실적 유지비용으로 인하여 수많은 내부 공간을 주중에 제대로 사용하지 못하고 있었다. 이에 따라, 연구차 방문했던 초/대형교회들의 많은 내부 공간이 주

---

6) 송용섭, "지역 소외계층을 위한 공공적 교회 건축: 노숙인과 가출 청소년 쉼터," (2017), 243-244.
7) 송용섭, "지역 소외계층을 위한 공공적 교회 건축: 노숙인과 가출 청소년 쉼터," (2017), 244.
8) 송용섭, "지역 소외계층을 위한 공공적 교회 건축: 노숙인과 가출 청소년 쉼터," (2017), 245-248.

중에는 전기료 절감을 위해 소등하여 전체적으로 어두웠고, 에스컬레이터와 엘리베이터와 냉난방 시설 등을 제한적으로 사용함으로써 접근성이 떨어지고 쾌적하지 못한 환경을 만들어냈다.

이에 반하여, 주 예배당의 규모는 다소 작아도 특정 용도에 배정된 부속 건물들을 가지고 있는 초/대형교회들은 공간 활용과 비용 절감 측면에서 보다 유리한 위치에 있었다. 특히, 부속 건물들이 주 예배당과는 물리적으로 거리를 두면서 지역사회 속에 보다 가깝게 진출했을 경우에, 그 건축의 개방성과 접근성이 더 높았다.9) 이에 따라, 지역사회에 접근하여 개방된 부속 건물들은 지역사회의 일부로 기능하고 소통하는 데에 별다른 문제가 없어 보였다.

그런데 최근 초/대형교회 건축이 사용되는 과정에는 최초 건축 당시에 예측하기 어려웠던 교인 감소, 교인 이동, 전염병, 과학기술 발전 등의 사회문화적 변수들이 영향을 미치게 된다. 예를 들어, 저출산 고령화 및 세속화에 따른 한국 교회 전 연령대의 교인 수 감소와 특히 주일학교 및 청년층 교인 수 감소는 최근 한국 교회의 두드러진 현상이다. 신자유주의적 경제체제에 따른 평생직장 개념의 소멸과 빈번한 직장 이동은 한국 교회의 교인 이동에도 영향을 미칠 수밖에 없다.10) 또한, 코로나바이러스 감염의 확산으로 인하여, 사회적 거리두기 방역지침에 따라 주일 예배 참석자가 제한되곤 한다. 이러한 상황에 대응하기 위하여, 한국 교회는 예배 방송과 인터넷을 활용한 원격 예배를 드리게 되었다. 이러한 현상들은 한국 교회 건축의 공간 사용과 관리에 많은 변화를 초래했다.

한국 교회 건축 활용에 영향을 미치는 이러한 사회문화적 변수

---

9) 송용섭, "지역 소외계층을 위한 공공적 교회 건축: 노숙인과 가출 청소년 쉼터," (2017), 248.
10) 송용섭, "제4차 산업혁명 시대의 융합적 교회 모델,"「대학과 선교」36(2018), 21.

들은 일시적 현상에 그치거나 쉽게 사라질 것 같지 않다. 오히려 '저출산 고령화' 현상과 '위드 코로나'라는 생활방식은 교회 건축과 공간 사용 계획에 지속적이고 중대한 영향을 미치는 상수로 작용할 가능성이 높다. 왜냐하면 위에서 언급한 현상들은 사회구조적인 원인에 기인하며, 우리 삶의 방식에 획기적인 변화와 개선이 발생하지 않는 한 인위적으로 없애기 힘든 문제들이기 때문이다. 이러한 사회문화적 변수들이 지속적인 상수로 작용하게 될 때, 교회 건축의 공간 수요는 현재보다 감소하게 될 것이다.

뿐만 아니라 제4차 산업혁명 시대에 접어들면서 시공간과 관련된 새로운 트렌드도 나타나고 있다. 즉, 과학기술의 발전으로 물리적 한계를 넘어 가상 공간인 메타버스에서 시간을 보내는 사용자가 늘고 있고, 이러한 다음 세대 청소년들에게는 메타버스로의 생활 이동이 더욱 익숙한 사회문화 현상이 될 것이기 때문이다. 이에 따라, 가상의 메타버스 공간에 가상 교회를 세우고 그곳에서 드리는 예배를 지향하려는 움직임이 나타나고 있다.[11] 메타버스로 불리는 가상공간이 새로운 선교지라는 인식이 한국 교회 전반에 확산될 때, 한국 교회 건축의 공간활용에 있어 물리적 예배공간 축소 및 주일학교 교실 공간의 수요 감소가 예상된다. 결국, 현재 진행 중인 인구사회문화 현상들은 한국 교회 건축과 공간 사용의 수요 감소를 유발하고 있다.

2) 지역사회의 다리

다수의 한국 교회 건축이 지역사회와 고립되어 주일에 교인들만

---

[11] 송용섭, "제4차 산업혁명 시대의 융합적 교회 모델," (2018), 22-23; Robert M. Geraci, *Virtually Sacred* (New York: Oxford University Press, 2014), 134-155.

을 위한 섬처럼 사용되고 있는 상황에서, 향후 교인들을 위한 교회 건축 공간의 수요 감소마저 예상된다면, 한국 교회가 이에 대응할 수 있는 방안은 무엇인가? 본 논문이 다양한 환경과 각각 다른 여건에 놓인 한국 교회에 실질적인 대안을 제공할 수 있도록 다음과 같은 경우로 나누어 구체적으로 서술하려고 한다.

첫째로, 도심지역의 초/대형교회의 경우이다. 도심지역의 초/대형교회는 대부분 그 규모와 위상에 걸맞은 다양한 공간과 편의시설을 갖추고 있다. 예를 들어, 교인들을 위한 다양한 규모의 예배실과 교실, 육아실, 찬양대실, 목회실, 식당, 회의실, 주차공간과 교회 행정 및 선교를 위한 기타 공간들을 가지고 있다. 또한, 교회의 필요와 형편에 따라 지역사회에 개방된 카페, 도서관, 박물관 같은 문화공간과 지역아동 유치원 및 방과후교실 같은 교육공간과 각종 사회복지시설 등을 갖추고 있다.

하지만 이러한 도심지역의 초/대형교회 건축의 용도에 따른 건축 계획에도 불구하고 여전히 공간활용의 아쉬움이 존재한다. 먼저, 초/대형교회의 다양한 공간들의 주중 활용도는 여전히 높지 않다. 다수의 교회에서 교회 건축은 주로 주일에만 집중적으로 사용되어, 주중에는 출입이 통제된 채 활용되지 못하고 있다. 또한, 교회 내의 에스컬레이터와 엘리베이터와 같은 편의시설은 교회 건축의 규모가 클수록 활용도가 떨어진다. 이러한 원인에는 교회 건축 설계 시에 교회 공간의 주중 활용 계획과 에너지 절감을 위한 친환경석 건축 방안을 충분히 고려하지 않은 이유도 있을 것이다. 주중 활용계획이 부재하고, 친환경적인 자연채광과 공기순환과 에너지 공급이 이루어지지 못하는 초/대형교회 건축은 필요 공간이나 편의시설 사용 시에 반드시 전기가 공급이 되어야 하기에 사용비용이 증가할 수밖에 없다. 전기세 등의 관리 비용을 줄이기 위해 대부분의 에스컬레이터와 엘리베이터들은 주중에 멈춰 있으며, 대부분의 공간들은 통제되어 있다. 따라서, 그러한 공간들이 많을수록 주중에 초/대형교회는 항시 어둡고 적막하며, 사용가능한 편의시설을 찾아가야 하는 수고로 인해 오히려 더 불편한 상태가 된다.

대부분의 한국 교회 건축의 활용도는 한국사회의 저출산 고령화 현상과 세속화의 영향으로 인한 교인 수 감소와 코로나바이러스로 인한 집합 제한 등의 영향으로 인하여, 주중뿐만 아니라 주일마저도 교회 건축 공간의 활용도가 낮아지고 있는 것이 현실이다. 뿐만 아니라 제4차 산업혁명/인공지능 시대로 넘어가면서, 가상공간을 지칭하는 메타버스를 예배에 활용하는 새로운 트렌드가 확산될 가능성이 높다. 현재 활용 중인 영상 위주의 온라인 예배 수준을 넘어 메타버스 공간 안에서 드리는 사이버 예배가 미래 어느 시점에서 활성화된다면, 이미 현재에도 낮아진 교회 건축 공간의 활용도는 앞으로 더욱 낮아질 것이라 예측할 수 있다. 따라서, 사회적, 인구구조적, 문화적 측면에서 시간이 지남에 따라 기존 교회 건축의 물리적 공간 활용도가 낮아질 것이 예상된다면, 지금부터라도 한국 교회는 선교 전략뿐만 아니라 교회 건축 활용에 관한 중장기 계획을 세워 실행에 옮겨야 할 것이다. 특히, 초/대형교회는 물리적 공간활용도가 낮아질 경우 가장 큰 영향을 받을 수 있으므로, 교회 건축 공간의 활용에 대한 중장기 계획을 선제적으로 세워야 한다.

지역사회와의 관계에 있어서 섬처럼 고립되어 있는 한국 교회 건축에 자발적 변화를 가져오지 않는다면, 현재 휴양지 기능을 하는 섬으로서의 교회는 사회적, 인구구조적, 문화적 영향으로 인해 미래의 어느 시점에 아무도 찾는 이 없는 무인도로 전락할 가능성도 배제할 수 없다. 이제 한국 교회는 빈껍데기처럼 남기 전에, 현재의 다양한 트렌드를 반영하는 공간활용을 통해 지역사회와 연결할 수 있는 다리를 놓아야 할 것이다. 그래서 지역사회의 주민들과 소외계층들이 그 다리를 통해 섬에 들어와 혜택을 누리고 정착하고 싶은 환경과 기회를 제공해야 한다. 결국, 주중에 지역사회의 주민들과 소외계층에 개방되어 활용도를 높일 수 있는 교회 건축 공간들이야말로 교회와 지역사회를 이어주는 다리로 기능할 수 있을 것이다.

그렇다면 현 시점에서 트렌드를 반영하는 교회 건축 공간의 활용방안으로는 어떤 것을 고려할 수 있을 것인가? 그동안 교회 건축의 공공성을 위해 개방된 공간들은 카페 공간, 문화예술 공간, 도서관 등으로 주로 사용되어 왔지만, 빠르게 변화하는 문화적 트렌드를 보다 적극적으로 반영하지 못하였다. 이에 따라, 본 논문은 초/대형교회가 주중에 접근이 차단된 교회 및 부속 건물들을 활용하여 다양한 트렌드를 반영한 공간활용 방법을 선제적으로 고려할 것을 제안한다. 특히, 한국 교회는 건물 관리비나 전기료 등의 비용 절약에만 예산운영의 초점을 맞출 것이 아니라, 지역사회 선교전략의 일환으로서, 지역사회와의 다리 역할을 할 수 있는 교회 건축 공간의 주중 활용 방안을 모색하고 적극적으로 실천해야 할 것이다.

먼저, 초/대형교회처럼 큰 규모의 예산을 활용할 수 있는 경우에는, 교회 건축 일부 공간을 주기적으로 리모델링하거나 부속 건물 신축 등을 통하여 주중 교회 공간을 지역사회의 주민과 소외계층에 개방할 수 있을 것이다. 최근의 트렌드를 활용한 초/대형교회 건축의 주중 활용 방안을 몇 가지 예시하면 다음과 같다.

(1) 교실 및 회의실을 리모델링한 스튜디오 공간
현재 사회적 트렌드로서 소셜 미디어나 유튜브 등의 활동이 확산됨에 따라, 좋은 영상 제작을 위한 스튜디오 공간의 수요가 증가하고 있다. 따라서, 초/대형교회 건축의 채광이 좋은 공간이나 스튜디오 조명 설치가 가능한 교실 등은 사진이나 영상 촬영을 위한 스튜디오로 리모델링하여 지역사회 소상공인이나 온라인 인플루언서들이 활용할 수 있도록 개방할 수 있다. 주일에 이러한 스튜디오 공간들은 성경공부를 위한 교실로 환원될 수 있다.

아기자기하고 색감 있는 소품들이 마련되고 질 좋은 채광이 있는 스튜디오 공간은 페이스북, 인스타그램, 유튜브 등을 통해 물건을 홍보하고 사업을 진행하는 온라인 인플루언서들에게 꼭 필요하다. 온라인에서의 경제사회 활동이 증가할수록 이러한 스튜디오 공간의 수요는 지속적으로 증가할 것이다. 도심지역의 초/대형교회는 인지도가 높고 대중교통 접근도 역시 높을 뿐만 아니라, 영상 장비를 실은 차량이 주차할 공간도 주중에는 다른 건물들에 비해 여유로운 경우가 많다. 주중에 활용되지 않는 교실들을 리모델링하고 조명장치를 설치한다면 활용도 높은 스튜디오 공간으로 변할 수 있다. 도심지역의 초/대형교회의 교실이 주중에 스튜디오로 개방된다면, 경제적 여유가 부족한 지역 소상공인들과 초보 온라인 사업가들을 교회 건축으로 인도하는 다리의 역할을 할 수 있을 것이다.

(2) 스마트 독서실 또는 회의/세미나실

기존에도 초/대형교회는 도서관이나 독서실을 갖추고 지역사회 청소년들에게 개방하곤 했다. 하지만 최근의 오피스 트렌드는 스마트 독서실 또는 시간제 세미나실에 집중되고 있다. 예를 들어, 무인출입장치와 CCTV를 통해 안전관리를 하며, 카페형, 일반형, 독립형 등의 다양한 학업 공간과 간단한 주방 시설을 갖춘 스마트 독서실은 시간당 2~3천 원의 비용에도 불구하고 청소년과 청년 등으로부터 수요가 높다. 또한, 지역 교회 주변의 대학생들이나 회사원들에게는 학업준비나 프레젠테이션 등을 위하여 세미나 공간이 필요하다. 따라서, 교회의 기존 독서실을 최신 트렌드에 맞추어 스마트 독서실로 리모델링하여 지역사회에 개방하고, 또한, 교회의 교실이나 회의실 등을 프레젠테이션이 가능한 시간제 회의/세미나실로 리모델링하여 주중에 지역사회에 개방한다면, 지역 주민들과 청소년들과 청년들을 더욱 효과적으로 교회 건축으로 인도할 수 있을 것이다.

(3) 지역사회 청년 창업자들을 위한 창업 및 협업 공간

위에서 전술한 대로, 도시의 초/대형교회 건축은 인지도, 접근도, 주차편의 시설 등에서 상당한 이점을 가지고 있다. 청년 창업자들은 24시간 활용가능한 창업공간, 사무기기, 인터넷 및 샤워 공간 등이 필요하며, 초/대형교회 건축은 주중 교실 활용과 화장실의 샤워실 설치 등의 리모델링을 통하여 이들에게 필요한 창업공간을 제공할 수 있을 것이다. 또한, 초/대형교회가 청년 창업공간과 리모델링한 스튜디오 공간을 동시에 제공할 수 있다면, 청년 창업자들의 작업 과정과 제품에 대한 홍보가 배가될 수 있을 것이다.

둘째로, 도심지역의 중형교회의 경우이다. 물론, 중형교회의 주중 교회 건축 활용 방안은 초/대형교회에도 그대로 적용이 가능하다. 중형교회는 초/대형교회에 비하여 재정적 규모가 작고 여유가 부족한 경우가 많다. 따라서, 중형교회 건축 공간을 지역 소외계층을 위해 개방할 때에 많은 예산을 사용하기 어려우므로, 기존 교회 건축을 적극 활용하거나 적은 예산으로 리모델링하여 지역 소외계층을 교회로 이끌기 위한 방안을 모색해야 할 것이다.

(1) 노숙인이나 가출 청소년을 위한 임시 쉼터

중형교회 건축 공간에 선교사나 강사를 위한 게스트룸이 구비되어 있다면, 이를 그대로 활용하여 노숙인이나 가출 청소년을 위한 임시 쉼터로 개방할 수 있을 것이다. 필자는 위에서 이전 논문을 소개하며 교회 게스트룸을 임시 쉼터로 활용하는 방안과 신학적 의미를 전술한 바 있다. 특히, 청소년들의 경우 가출 초기에 적절한 임시 쉼터가 절실하다. 이들이 초기에 제대로 된 거처를 구하지 못하는 경우에는, 소위 '가출팸'에 들어가 비슷한 또래와 어울리며 잘못된 범죄의 길에 빠지게 될 가능성이 높다. 도심지역에 위치한 중형교회가 연중 대부분 비어 있는 게스트룸을 이들을 위해 개방할 수 있다면, 중형교회는 많은 예산을 지출하지 않고서도 방황하는 청소년들을 따뜻하고 안전하게 보호하고 탈선을 예방할 수 있을 것이다. 이때 중형교회가 사회복지기관 등과의 협력을 통해 청소년 및 가정 상담을 제공한다면 더욱 효과적인 청소년 보호 기능을 감당할 수 있을 것이다.

(2) 신진 연구자들을 위한 연구 공간

특히, 대학 주변에 위치한 중형교회들은 교회 교실이나 회의실 일부를 정리하여 연구 공간이 필요한 대학 강사 등의 신진 연구자들에게 개방할 수 있을 것이다. 저자의 경우 외국에서 유학을 마치고 직장을 얻기 전까지 강사 생활을 하는 기간 동안 마땅한 연구 공간이 없어서 어려움을 겪었던 경험을 가지고 있다. 출강하는 대학에서는 강사들이 가르치는 대학생이나 대학원생들이 공부하고 있는 도서관의 한 자리를 차지해야 연구할 수 있는데, 실상은 심적 부담을 느끼게 된다. 대학 건물 내의 강사 연구실은 자리가 항상 부족하거나, 연구 환경이 좋지 못한 대학에서는 강사연구실이 제대로 준비되지 못한 경우도 있다. 만약, 대학가 주변의 중형교회들이 교실이나 회의실 공간을 개방하여 주중 연구 공간으로 리모델링하고 이를 주변 대학들에 홍보하여 신진 연구자들이 주중에 활용할 수 있게 한다면, 이들의 연구를 위한 학술 공간이 될 수 있을 것이다. 만약에, 중형교회가 연구비를 지원할 정도의 예산을 마련할 수 있다면, 중형교회는 해당 연구 공간의 신진 학자들의 연구를 지원할 수 있다. 또는, 교회가 관심을 가지는 특정한 연구 주제를 제시하여 해당 연구를 발전시키거나, 다양한 분야의 신진 학자들의 공동연구와 협업을 활성화시킬 수 있을 것이다.

(3) 담장을 허문 녹색 교회 건축

회색 도시 한가운데에서 담장으로 지역사회와 경계선을 긋고, 회색 콘크리트와 아스팔트로 뒤덮인 주차장과 마당을 가진 중형교회들은 지역사회 주민들이 찾아가고 싶은 건축이 되기 어렵다. 회색의 도심 속에서 중형교회들이 생명력을 상징하는 녹색 식물과 담쟁이와 이끼로 뒤덮인 녹색 옷을 입고, 교회의 벽을 허물어 접근성을 높이며, 주차장으로 사용되는 마당의 일부에서 숨 막히는 콘크리트나 아스팔트를 제거해 녹색의 잔디와 꽃과 디딤돌들로 변경할 수 있다면, 녹색 교회 건축과 대지는 지역 주민들의 도심 공원으로서 그들을 초청하고 환영할 수 있을 것이다.

물론, 교회 건축의 일부를 녹색 식물로 덮고, 교회의 담장을 허물고, 아스팔트 주차장의 일부를 자연으로 환원시키는 방안은, 안전 문제와 주일 주차공간의 부족을 초래할 수도 있다. 하지만 안전에 관련된 이슈들은 최신 방범 기술 등을 동원하여 예방이 가능하다. 또한, 많은 도심지역 교회들은 이미 주일 주차공간 부족을 경험 중이며, 특히, 주일 예배 시간 전후로는 교인들이 교회 주변의 도로와 상가 및 학교 주차장 등에 임시 주차를 함으로써 지역 민원을 초래하기도 한다. 이렇게 교회들이 지역사회에 불편을 끼치게 되면 교회가 혐오시설처럼 여겨지고, 교회 건축이나 행사 시에 지역사회와의 갈등을 초래하는 경우가 생겨난다. 따라서, 교회가 건축과 뜰의 일부를 도심 공원화하여 지역 주민에게 주중 개방할 수 있다면, 교회와 지역사회의 소통을 촉진함으로써 상호이해에 도움을 줄 수 있을 것이다.

한편, 소형교회의 경우에는 재정적, 공간적 여유가 중대형교회들에 비하여 상대적으로 부족하다. 따라서, 소형교회의 경우에는 교회 건축의 리모델링 등을 통한 접근보다는 기존 건축을 그대로 활용하는 방안을 모색해야 할 것이다. 이때 소형교회의 예배공간이나 소회의실 등은 지역사회의 만남의 공간이나 쉼터가 될 수 있다. 소형교회는 비록 중대형교회에 비하여 부족한 점들이 있다 해도, 지역의 소외계층과 담임 목회자가 적극적으로 접촉 가능하다는 장점이 있다. 예를 들어, 혹서기의 경우 지역사회의 소외계층이 집 안에서 무더위에 힘든 시간을 보내고 있을 때, 간단한 다과와 함께 에어컨이 구비된 교회 공간을 개방한다면 지역사회 소외계층의 혹서기 대피 쉼터가 될 수 있다.

물론, 현재처럼 코로나바이러스가 심각한 위협으로 잔존하고 있고 주중 집합 시에는 위기 상황에 따르는 인원 제한이 있기 때문에, 교회 공간을 지역 소외계층의 쉼터로 활용하기 위하여는 관계 당국과의 협의 및 절차에 따라야 한다. 그럼에도 불구하고 지구 온난화의 영향으로 혹서기, 혹한기의 영향력과 피해가 점점 더 심각해지는 시점에서, 지역사회 소외계층의 안전과 복리를 위한 쉼터 공간은 더욱 필요해질 것이다.

뿐만 아니라 본 논문이 지금까지 제안한 다양한 사례들을 활용하여 교회 건축을 지역사회의 소외계층을 위해 개방하려는 준비를 하고 있다면, 주중에 교회 건축 공간에 다수의 인원이 모이게 될 가능성은 항상 존재하고 있다. 따라서, 법의 제한을 벗어나지 않는 범위 내 모임을 위한 다각도의 안전대책을 통해 코로나 감염의 가능성을 최대한 차단하면서, 소외계층이 견디기 힘든 혹서기와 혹한기에 이들을 위한 대피 쉼터를 제공할 수 있는 지혜로운 방안들을 모색할 수 있어야 한다. 인구의 이동이 많지 않은 농어촌 소형교회의 경우에는, 도심지역보다 안전하게 지역 소외계층을 위한 대피 쉼터를 제공할 수 있을 것이다.

마지막으로, 도심 교회와 달리 농어촌 교회의 경우에는 교인들의 규모도 적고 연령대도 높기 때문에, 교회 건축을 활용하여 지역사회의 소외계층에 접근하기 위한 방안들을 고안하기가 쉽지 않다. 하지만 인구 구성에 큰 변화 없이 주민들이 마을공동체를 이루며 오랫동안 함께 살아온 농어촌 교회의 특성상, 건강한 농어촌 교회의 경우 교회 건축은 마을에서 주일뿐만 아니라 주중 모임의 공간으로 이미 기능하고 있으리라 추정한다.

다만, 최근 한국사회는 외국인 및 이민자들의 수가 200만 명을 넘어 다문화사회로 진입한 상태이다. 농어촌 소형교회는 지역사회에서 소외된 외국인 노동자와 결혼 이주자 가정을 보다 적극적으로 교회 건축에 초청할 수 있다. 예를 들어, 농어촌 지역의 경우 농번기 일손을 돕기 위하여 외국인 노동자들이 임시거주하는 경우가 발생하곤 한다. 대부분의 경우 이들은 한국인들과 교류하지 못하고 지역사회에서 소외되고 고립되어 있는 경우가 많다. 따라서, 다문화사회로 진입한 오늘날 한국사회에서, 농어촌 교회는 지역사회와의 소통 차원을 넘어 다문화 선교적 차원에서 교회 주변의 외국인 노동자들을 교회 건축으로 초대할 수 있는 다양한 방안을 모색해야 할 것이다.

　농어촌 교회에 물적 인적 자원이 있는 경우에는 단독으로 이들을 교회 건축 공간으로 초청하여 소통하고 이들의 필요를 채워줄 수 있다. 하지만 농어촌 교회의 자원이 부족한 경우에는, 도심의 대형교회와 연합사역을 진행할 수 있다. 특히, 코로나바이러스로 인하여 한국에 일시 귀국한 선교사들과 농어촌에 거주 중인 해당 지역 외국인 노동자 및 결혼 이민자들이 연결될 수 있다면, 보다 효과적인 의사소통을 통해 주중 선교사역으로까지 발전할 가능성이 높다.

4. 교회 건축과 달란트

　교회 건축이 온전히 예배를 위한 거룩한 공간만으로 기능해야 한다는 생각은 교회를 하나님의 거룩함이 임재하시는 성전으로 이해하는 전통과 관련이 있다. 이러한 전통을 따르는 교인들은 교회가 거룩한 성전이기 때문에 세상과 구별되어야 하고, 교회 건축 공간이 예배와 교인 간의 친교를 위해서만 제한적으로 사용되어야 한다고 생각할 수 있다. 특히, 거룩해야 할 성전인 교회 건축 공간이 예배와 친교 이외의 목적으로 사용된다고 느낄 때, 특히 교회 공간에서 금전거래가 이루어지는 경우에, 부정적 의사를 공개적으로 표현하는 경우도 발생할 수 있다. 위에서도 언급했듯이, 교회 건축을 주일 예배만을 위한 예배처로만 인식하거나, 거룩함의 의미를 세상과의 분리에만 두고 '올바른 관계회복'으로 인식하지 못하는 경우에, 교회는 교인들을 위한 새로운 교회론을 교육하거나 성서의 재해석을 통하여 교회 건축의 공공성에 대한 인식을 재고시켜야 할 것이다.

예를 들어, 어느 교회의 게시판에 다음과 같은 질문이 올라온 적이 있었다. 예수님이 성전에서 예배를 위한 희생제물과 헌금용 동전을 판매하던 사람들을 내어쫓으시며 "내 아버지의 집으로 장사하는 집을 만들지 말라"(요 2:13~16)고 하신 말씀을 근거로, 교회에서 선교를 위해 바자회를 하는 것이 옳은지를 묻는 내용이었다. 해당 교회에서는 이 질문에 대하여 다음과 같은 요지로 답변하였다: 성서 본문에서 장사하는 사람들은 비록 희생제물 및 헌금 준비를 통하여 성전 예배에 참석하는 사람들에게 편리한 도움을 주기는 해도 그 목적이 사적 이익을 추구하는 것이었기 때문에 예수님께서 금지하신 것이지만, 오늘날 교회의 바자회는 그 목적을 영혼 구원을 위한 선교 조력에 두고 있어서 교회의 본질적 사명에 부합하고 공공적이기 때문에 허용될 수 있다. 해당 질문에 대한 교회 답변의 요지는 선교라는 교회의 존재 목적과 사명을 위하여 교회 건축의 공간이 예배 이외의 용도로 사용되는 것이 허용될 수 있다는 것이었다.

이 같은 신학적 관점은 주중 교회 건축 공간의 활용에 관한 문제에도 적용될 수 있다. 즉, 교회 건축을 지역 주민들을 위하여 개방하는 것은 교회의 공공적 기능을 활성화시키며, 궁극적으로 교회의 선교 사명에 충실할 수 있게 한다. 자기 비움의 성육신 신학이 반영된 새로운 교회론을 교육하여 교회 내부 교인들의 부정적 인식에 변화를 가져올 때, 지역사회 주민들과 소외계층을 위한 주중 교회 건축 공간의 개방과 활용이 더욱 활성화될 수 있을 것이다.

교회 건축의 공공적 사용에 관한 교인들의 부정적인 의견을 변화시키기 위하여, 다음과 같은 성서의 본문을 성찰하고 재해석하는 것도 도움이 될 수 있을 것이다. 예를 들어, 예수 그리스도가 십자가에서 돌아가심으로써 성소의 장막이 찢긴 사건(막 15:37~38)은 지역사회 주민과 소외계층을 위한 교회 건축의 주중 활용을 위해 재해석

될 수 있다. 그동안 성소의 찢긴 휘장은 예수의 십자가 사건을 통하여 거룩한 하나님이 계신 예배처(지성소)로 나아가는 길이 모든 이들에게 열리게 되었음을 상징하는 것으로 해석되어 왔다. 성소의 휘장이 찢긴 것처럼 성육신을 상징하는 교회 건축 공간이 지역사회의 주민들을 위해 온전히 개방될 때, 섬처럼 존재했던 교회 건축과 지역 주민들을 이어줄 수 있는 다리가 놓일 수 있을 것이다.

또한, 달란트의 비유(마 25:14~30)를 교회 건축의 공공적 활용의 관점에서 재해석해 보면, 지역사회 주민들과 소외계층을 위한 교회 건축 개방의 필요성을 쉽게 인식할 수 있다. 달란트의 비유는 주로 '하나님 나라를 위하여 개인에게 주어진 재능의 충성스런 활용'의 필요성을 강조하는 것으로 해석되어 왔다. 그리스 로마시대의 금 한 달란트는 무게가 20~30kg 정도로서, 현재 화폐로 환산할 경우 수억 원 이상의 가치를 지니는 것으로 알려져 있다. 따라서, 본문을 해석하는 개인은 한 달란트를 땅에 묻어둔 게으른 종처럼 행동하지 말고, 두 달란트와 다섯 달란트를 받은 종처럼 즉시 나아가 열심히 수고하여 배가되는 이익을 남기는 충성스런 종으로 살아가야 하는 것이다.

그런데 이 달란트의 비유를 교회 건축에 적용하여 재해석해 본다면, 종들에게 주어진 금 달란트는 오늘날 우리에게 주어진 교회 건축으로 이해할 수 있다. 이러한 관점에서 교회 건축을 바라본다면, 우리가 교회 건축을 주일 하루만 활용하고 주중 시간에는 비워두는 것은 금 한 달란트를 제대로 활용하지 못한 채 땅에 묻어둔 게으른 종의 행위와 크게 다를 바 없게 된다. 특히, 도심지역의 번화가에 위치한 초/대형교회와 근처 회사 건물의 오피스 임대비용 등을 비교해 볼 수 있다면, 교회 건축의 대부분의 공간을 주중에 활용하지 않고 그대로 놔두는 것은 예산을 절감하는 것이 아니라 오히려 하나님 나라 확장을 위한 가치를 창출하지 못하는 낭비로 간주될 수 있는 것임을 깨닫게 된다. 따라서, 달란트의 비유를 교회 건축의 공공적 활용의 관점에서 재해석해 본다면, 주어진 달란트를 활용하여 열심히 수고하는 충성된 종처럼 '하나님 나라 확장을 위하여 교회 건축을 지역사회 주민들과 소외계층을 위해 적극적으로 활용할 필요성'이 더욱 크게 부각될 것이다.

5. 나가는 말

오늘날의 사회적, 인구구조적, 문화적 현상들은 한국 교회 건축이 더 이상 주일 예배와 친교를 위한 공간으로만 머무르지 말고, 주중에 지역사회의 주민들과 소외계층을 위한 공간으로 적극 활용되어야 함을 알려주고 있다. 본 논문은 이를 위하여 자기 비움의 성육신 신학이 함의하는 거룩함과 아름다움을 신학적 근거로 제시하였다. 이러한 신학적 근거들은 한국 교회 건축이 '세상과의 분리만을 강조'하는 거룩함을 추구하거나 화려함과 편리함만 추구할 것이 아니라, '이웃과의 올바른 관계 혹은 정의와 돌봄의 실천을 강조'하는 거룩함으로 시선을 돌려 지역사회와 소통하고 교회 건축을 개방하여 주민들과 소외계층을 교회 건축 안으로 초청할 것을 촉구한다.

본 논문은 교회 건축을 지역 주민과 소외계층을 위해 활용하기 위한 방안으로, 사회문화적 변화를 분석하여 이를 반영하는 교회 건축 사용의 중장기 계획을 선제적으로 마련할 것을 촉구하였다. 특히, 오늘날 한국 교회가 지역사회와의 관계에서 휴양지 섬처럼 기능하고 있는 현실을 비판적으로 평가하면서, 한국사회의 구조적 변화로 인해 교회 건축이 아무도 찾지 않는 무인도처럼 전락하기 전에, 한국 교회가 최근의 트렌드를 반영하여 지역 주민과 소외계층을 위한 교회 건축 공간의 주중 활용 방안을 마련하고 실천함으로써, 지역사회와 연결되는 다리처럼 기능하게 할 것을 제안하였다. 마지막으로, 교회 건축이 지역사회의 주민들과 소외계층을 위해 사용되기 위해서는, 전통적 관점에서 교회 건축을 이해하는 교인들을 새로운 교회론과 성서 본문의 재해석을 통해 교육하고 변화시켜야 할 것을 주장하였다.

다수의 한국 교회 건축은 일주일에 하루인 주일만을 위하여 온전히 사용되고 있을 뿐, 주중에는 땅속에 묻힌 달란트처럼 교회 건축의 잠재적 가치를 충분히 발휘하지 못하고 있다. 더군다나 한국사회의 구조적 변화로 인하여 땅속에 묻힌 그 달란트가 땅 밖으로 나와 활용될 기회가 점점 더 줄어들 가능성이 높아지고 있다. 한국 교회는 아직 기회가 남아 있을 때, 그 달란트를 땅에서 꺼내 적극적으로 활용해야 한다. 한국 교회가 달란트를 충성되게 사용할 수 있는 방법은, 교회와 지역사회에 다리를 건설하는 것이다. 교회 건축의 공간을 적극적으로 활용하여 지역사회에 개방하고 소통하며 지역 주민과 소외계층을 위해 사용할 수 있을 때, 지역사회와 섬을 잇는 다리가 건설될 것이다. 그리고 이 다리를 통하여 지역 주민과 소외계층이 섬으로 건너와 교류하게 될 때, 자기를 비우는 겸손한 지역 선교가 이루어지고, 하나님 나라가 지역사회에 확장될 것이다.

4장

교회의 선교와 주거문제: 영국 교회와 숨과 쉼 사례를 중심으로

김홍일 신부
(성공회 희년교회)

1. 들어가는 말

한국사회 대다수 사람이 경험하고 있는 주택문제의 심각성은 이제 새삼 언급할 필요가 없을 정도로 전체 국민의 주요 관심사가 되었다. 자산이 있는 사람들에게는 땅과 집이 재산증식을 위한 가장 손쉬운 수단이 되었고, 자산이 없는 서민들에게는 주택 구매는 꿈조차 꿀 수 없는 절망과 상대적 박탈감을 주는 대상이 되어버렸다. 대다수 그리스도인도 예외가 아니다. 땅과 집값이 오르는 축복에 감사하며, 할 수만 있다면 그 대열에 함께하고 싶어 한다.

혹자는 교회가 왜 국가나 시장에서 해결되어야 할 주택문제에까지 관심을 두느냐고 의문을 제기할 수도 있다. 예수님은 배고픈 사람과는 식탁을 나누며 복음을 전하셨고, 아픈 사람들은 치유하시며

하느님 나라를 선포하셨다. 배고픈 사람들에게 빵의 문제가 복음과 분리될 수 없는 것처럼, 지금 한국사회에서 주거문제는 그리스도인들의 복음적 삶은 물론이고, 대다수 국민의 행복과 분리할 수 없는 심각한 문제가 되었다.

교회가 집과 땅에 관한 관심을 보였던 사례는 오랜 역사를 가지고 있다. 중세시대 유럽에서는 주거가 불안정하거나 노숙상황에 처한 사람들을 위해 영국, 네덜란드, 노르웨이 등 여러 나라의 교회에서 Alms House(bede-house)를 운영하였고, 이는 공공복지가 발전하면서 주거 빈곤층을 위한 쉼터로 발전하였다. 지금 정부와 지자체들이 운영하는 노숙인 쉼터나 주거 복지시설들의 뿌리에는 이 같은 교회의 실천이 자리하고 있다. 그런가 하면 19세기 후반 산업혁명으로 인해 빈곤문제가 심각한 상황에서 옥타비아 힐(Octavia Hill)은 그리스도인으로 심각한 주거 빈곤의 어려움을 겪고 있는 노동자들을 위한 주거문제에 깊은 관심을 가지고 사회주택건설에 참여하였으며, 무분별한 산림지역 개발에 반대하여 내셔널 트러스트(National Trust) 설립에 주요한 역할을 감당하였다. 동시대 기독교 사업가였던 조지 캐드버리(George Cadbury)는 주거의 어려움을 겪고 있는 노동자들을 위해 자신의 토지소유권을 포기하고, 자신의 토지에 노동자 주택을 지으며, 노동자 주택문제에 깊은 관심을 가지고 다양한 실천을 하였다.

이처럼 교회는 물론이고, 여러 신앙의 선배들이 가난한 사람들의 주거 빈곤에 대한 사회적 책임의식을 느끼며 실천에 옮긴 사례들이 적지 않다. 이 같은 사례는 멀리 외국이 아니어도 우리 교회 역사에서도 어렵지 않게 발견할 수 있다. 특정한 인물을 이 글에서 언급하지 않아도 한국 교회의 역사 속에서도 가난한 이웃들에 관한 관심을 가지고, 그들이 머물 수 있는 쉼터와 주거를 제공하며 사랑을 실천해 온 신앙의 선배들은 다 열거할 수 없을 정도로 많다.

  필자는 이 글에서 주거문제에 대응하기 위해 최근 영국 교회가 발표한 Coming Home 보고서를 중심으로 영국의 사례를 살펴보고, 지난 몇 년 동안 필자가 목회하는 희년교회를 중심으로 시도하였던 청년주거공동체 사례 '숨과 쉼', 그리고 교회 공동체 가족들과 함께 진행하고 있는 공동체 주택협동조합 '숨과 쉼'의 추진사례를 나눌 것이다. 그리고 이를 바탕으로 한국 교회가 시도해 볼 수 있다고 생각하는 몇 가지 제안을 하고자 한다.

2. 영국 교회 사례 – Coming Home 보고서를 중심으로

  영국의 시간으로 2017년 6월 14일 밤 12시 54분 런던 켄싱턴(Kensington) 북부에 있는 24층 높이의 임대아파트 그렌펠 타워(Grenfell Tower)에서 대형 참사(慘事)가 발생하였다. 소방관 200명과 소방차 40대가 투입되어 화재를 진압하였지만 좀처럼 불길을 잡지 못하였고, 72명 사망자와 대규모의 부상자들이 발생한 이 사건은 영국사회 전체에 가난한 사람들의 열악한 주거 현실과 상황에 대한 국민적 관심을 일깨우게 하였다. 이 참사 이후 영국 교회는 주거문제에 대한 국민적 관심사를 외면하지 않고, 교회가 어떻게 이 문제를 신앙적 차원에서 이해하고 대응할 수 있을지를 고민하기 위해 2019년 4월 '주거와 교회, 지역사회에 대한 요크, 켄터베리 대주교 위원회(The Commission of the Arch bishops of Canterbury and York on Housing, Church and Community)'를 출범시키고, 2020년 2월에 위원회는 'Coming Home'이라는 제목의 보고서를 발표하기에 이르렀다.

  2008년 필자가 런던을 방문하였을 당시, 공립학교 교사들에게 정부가 주거보조금을 지급하는 문제를 두고 발생된 논란을 방송에서 매일 주요 뉴스로 보도하였던 것을 기억한다. 공립학교 교사들의 임금으로 런던에서 주거문제를 해결하는 것이 어려울 정도였으니, 청년세대나 저소득 계층들의 주거 부담은 말할 필요조차 없을 정도였을 것이다. Coming Home 보고서에 따르면, 영국 주택연합(the National Housing Federation)은 영국에서 약 8백만 명의 사람들이 과밀하거나 주거비용을 감당할 수 없는 주거 조건에서 살고 있다고 밝히고 있으며, 이 같은 상황은 코로나 팬데믹 이후 더욱 심각해지고 있다고 한다. 보고서에 따르면, 영국 전체 민간 임대 세입자의 절반을 차지하는 저소득 근로 세대인 160만 가구는 순소득의 1/3을 주거비용에 지불하고 있고, 지난 20년 동안 주거 빈곤 계층은 26% 증가하였다고 한다.

보고서는 이 같은 영국의 주거 현실은 대다수 국민의 문제인 동시에 그리스도인들이 매일 직면하고 있는 삶의 문제이기도 하며, 이 문제에서 성직자들도 예외일 수 없다고 밝히고 있다. 이제 영국 교회는 주택문제가 전체 사회문제인 동시에 그리스도인들의 복음적인 삶과 분리할 수 없는 문제라는 인식에 이르게 되었고, 보고서는 이 같은 인식의 결과이다.

1) Coming Home 보고서의 내용

보고서는 무엇보다 집에 대한 기독교적 비전을 정리하여, 교회와 그리스도인들이 집을 어떻게 바라보아야 하는지를 제시하고 있다. 집이란 첫째로 지구를 훼손하지 않고 주변 환경과 조화를 이루며 살 지속가능성이 있어야 하고, 둘째는 안전하다고 느낄 수 있는 곳이어야 하며, 셋째는 적정한 비용으로 정착하여 지역 공동체의 일부로 느끼며 살 수 있는 안정성이 있는 곳이어야 하고, 넷째는 이웃과 교제하며 서로를 환대할 수 있는 곳이어야 하고, 마지막으로 삶을 즐기며 기쁘게 귀가할 수 있는 곳이어야 한다고 정의하고 있다. 보고서의 집에 대한 이 같은 접근은 교회가 주거문제를 단순한 집의 문제를 넘어, 주택문제를 매개로 현재 지구촌이 직면하고 있는 환경과 불평등, 차별, 공동체의 와해 등에 대한 총체적 대응을 해나가고 있다는 점에서 많은 생각을 하게 한다. 그리고 이 같은 영국의 접근은 한국 교회가 주거 문제에 대해 어떻게 대응해야 하는가에 시사하는 바가 많다.

　보고서에서 필자가 가장 인상적으로 느낀 점은 주택 위기를 해결하기 위해 고려해야 할 필수 요소의 하나로 보고서가 기독교 정신의 핵심인 희생을 강조하고 있다는 점이었다. 주택 위기는 주택시장의 모든 주체(주택 소유자, 지주, 개발자, 지주 또는 정부)가 주거 빈곤으로 어려움을 겪고 있는 사람들을 대신하고, 그들의 어려움을 분담하려는 의지 없이는 해결되지 않을 것이라는 점을 보고서는 일관되게 주장하고 있다. 또한 이 과정에 교회와 그리스도인들의 모범과 참여가 중요하다는 점을 강조하고 있다. 예를 들면, 그리스도인들 가운데 주택 소유자는 그들이 가진 주택 자산의 가치가 매년 상승할 것이란 기대를 내려놓아야 하며, 건물을 소유한 사람들은 임차인들에게 적정한 임대료를 받는 선한 임대인 운동을 전개하고, 토지 개발자는 개발의 경제적 이익뿐만 아니라 환경적, 사회적 이익의 균형을 추구하여야 하며, 토지 소유자는 과다한 불로소득에 대한 기대를 내려놓아야 한다는 것이다. 무엇보다 필자의 눈길을 끌었던 것은 이 운동이 성서가 가르치는 토지와 자연에 대한 신자들의 청지기의식을 강화하기 위한 성서 공부, 그리고 기도운동과 함께 진행되고 있다는 점이었다.

보고서는 무엇보다 '재물이 있는 곳에 네 마음도 있다'(마 6:21)고 말씀하신 예수님의 가르침을 기초로 땅과 집, 그리고 재산을 대하는 그리스도인의 올바른 태도를 확립하고, 주거문제에 대하여 선교적으로 대응할 것을 제안하고 있다. 그린 점에서 Coming Home 운동은 교회와 그리스도인들의 마음(heart)을 새롭게 하는 운동인 동시에, 교회와 그리스도인들이 복음적 가치에 뿌리를 두고 국가와 사회, 시민들의 마음을 새롭게 하는 운동이라는 생각이 들었다.

보고서는 첫째로, 주택문제 해결을 위해 정부와 시장을 통해 집을 더 많이 짓는 것만으로는 장기적인 주택문제를 해결하기에 충분치 않다는 점을 분명히 하고 있다. 위기에 대처하기 위해서는 정권에 따른 당파적 이해를 넘어서 주거문제로 고통받는 사람들의 문제해결을 중심에 두는 장기적이고 일관적인 전략이 요청되며, 이를 위해서 교회와 시민사회가 지니는 역할의 중요성을 강조하고 있다.

2) 보고서가 제안하는 권장과 실천

보고서는 무엇보다 주택과 지역사회를 위한 교회의 사명을 인정하는 관구의회(교단 총회)에 동의안을 제출하고 결의할 것을 요청하는 한편, 이 비전을 위하여 교구(노회)와 지역 교회들이 자신이 소유/점유한 토지와 건물을 하나님 나라 건설을 위해 사용할 것을 권고하고 있다. 둘째로 교구 차원에서는 교회 공간과 토지, 인적자원을 기반으로 주거와 관련한 지역의 필요를 파악하고, 지역사회 공동체를 강화할 수 있도록 교회를 준비시킬 것을 제안하고 있다. 다른 한편 성직자와 평신도 활동가를 위해 주택문제에 참여할 수 있는 준비를 할 수 있도록 다양한 방법에 대하여 교육하고, 교회가 주거문제에 접근하는 방법을 개입에서 예방으로 전환하도록 권고하고 있다. 셋째는 개별 지역 교회들이 가진 물적, 인적자원을 통해 지역 교회가 실천할 수 있는 다양한 실천을 진행할 것을 권고하고 있다. 권고에 따라 지역의 교회들은 자신이 지닌 토지와 건물을 사용하여, 주거로 어려움을 겪고 있는 사람들을 위해 교회 자체적으로 혹은 공공이나 관련 단체들과 협력하여 사회주택을 건설하기도 하고, 지역사회의 복지, 공공의 필요를 위하여 사용하는 운동을 전개할 것을 제안하고 있다.

다른 한편, 보고서는 교회 스스로는 물론이고 정부, 주택협회, 관련 민간재단 등 이해당사자들의 참여를 호소하고 있는데, 주택 위기는 정부의 적극적인 조치 없이는 해결되기 어렵다는 점과 정권에 따른 단기적이고 근시안적인 정책 대신, 가장 어려운 사람들에 초점을 맞춘 대담하고 일관된 장기 정책과 전략 수립을 권고하고 있다. 이를 위하여 저소득층을 위한 주택 건설, 적정 임대료 유지를 위한 제도, 세입자들을 위한 보호제도 등 정책과 제도의 보완을 요청하고 있다.

3) 영국 교회의 실천 사례들

다음에 소개하는 영국 교회의 다양한 실천 사례들 가운데 많은 부분은 한국 교회에서도 이미 진행되고 있는 것들이다. 하지만 어떤 사례들은 한국 교회가 주거문제에 선교적으로 접근할 수 있는 방안을 모색할 때, 다른 상상력과 가능성을 생각할 수 있도록 도움을 줄 수 있는 것들도 있다.

잉글랜드 켄트(Kent) 지역 턴브리지 웰스(Tunbridge Wells)의 퀘이커 교도들 모임 장소인 Friend's Meeting House는 교인들 규모에 비하여 많이 넓었다. 신자들은 논의를 통하여 모임에 필요한 공간 외에 절반을 지역 YMCA 보호 생활시설에서 독립해야 하는 청년들을 위한 '디딤돌' 주거시설로 전환하였다. 이 과정에서 Friend's Meeting House는 공사에 필요한 재원을 조달하기 위하여 지역의 Habitat for Humanity GB Home과 협력하였다.

Pye Green Christian Center는 1990년대에 가정교회로 시작한 공동체이다. 그들이 모이던 집은 평소에 비어 있어서 불편하였다. 다른 한편으로 공간을 효율성 있게 잘 활용하고 있지 못하다고 생각하였던 구성원들은 주변에서 집이 필요한 사람을 찾았고, 그들을 그곳에서 살게 하였다. 처음 시작한 사역은 오래 지속되지 못하였지만 이후 공동체는 교회의 새로운 사명으로 도움이 필요한 사람들에게 센터 공간을 개방하고, 생활할 수 있도록 제공하는 사역을 이어나갔다.

Churches, housing and building back better 프로젝트는 엠블사이드(Ambleside) 감리교회와 성공회 교회가 함께 새로운 여정을 떠나기 위해, 감리교회가 자신의 건물을 포기하고 이웃 성공회 교회와 예배공간을 공유한 사례이다. 감리교회는 오래된 자신의 건물을 사회주택으로 바꾸는 동시에, 일부 공간을 지역사회를 위한 새로운 커뮤니티 센터로 전환하였다. 성공회와 감리교회는 두 교회를 계속 유지하면서 예배공간은 성공회 교회 공간을 사용하고, 사회주택과 커뮤니티 센터로 전환된 감리교 공간에서는 두 교회가 협력하며 사회선교를 진행하고 있다.

스코틀랜드 애니슬랜드(Anniesland)에 감리교 공동체 Methodist worship Centre는 적은 인원의 고령화된 회중들이 큰 건물을 유지하는 것이 너무 힘든 상황이었다. 그들은 자신들의 교회가 철거될 것이라는 사실을 받아들일 수밖에 없었다. 교인들은 지역의 주택협회인 Sanctuary와 대화를 나누면서 협회와 함께 교회 공간과 교회의 용지를 개발하여, 새로운 교회와 지역의 노인들을 위한 사회주택을 건설하였다. 이 과정에서 노인공동체 주택을 통해 교회는 새로운 회중 공동체를 형성하는 기회를 맞이하게 되었고, 선교적 활력도 회복하였다.

잉글랜드 셰필드에 있는 Shieldfield Art Works는 문화적으로 소외된 지역사회에서 유일한 공공 공간이었던 한 감리교회가 교회 공간을 지역 주민을 위한 예술, 문화, 카페 공간으로 운영한 사례이다.

이외에도 여러 기독교 시민단체들과 개인들을 통한 실천 사례들은 한국의 그리스도인들 개인이나 단체들이 실천해 볼 수 있는 영감을 주고 있다. 잉글랜드 선덜랜드에 있는 Hope4All은 주거 빈곤층을 위한 다양한 주택분쟁에 대한 지원과 필요한 법률 상담, 주거 권리에 대해 교육을 하고 있다. 또한 레스터 한 지붕(One Roof Leicester)이라는 단체는 주거 빈곤 계층의 문제에 관심이 있는 투자자들로부터 교회가 사용하지 않는 건물이나 공간을 임대하여 노숙인, 빈민, 난민, 망명 신청자들을 위한 임시 주거(최대 2년) 공간으로 운영하고 있다. 이 프로젝트에서는 지역의 각 교회가 교회 공간 안에 노숙의 위기에 처한 사람들을 위해 한 개의 침대를 운영하는 운동도 전개하고 있다.

앞서 살펴본 것처럼 단체나 교회 차원의 활동도 있지만 신자 개인 차원에서 이루어지고 있는 활동 사례들도 있는데 Paul Whitnall은 '교회 비공식 감사(Church Informal Audit)'라는 도구를 만들어서 수백 개의 교회를 만나 교회가 건물과 공간을 지역과 사회를 위한 선교적 공간으로 운영하는 방법을 컨설팅하면서 도움을 주는 활동을 전개하고 있다.

'주께서 집을 짓지 않으시면(Unless the Lord Builds the House)'이라는 단체는 그리스도교 신앙과 주거에 관한 5주간의 기도, 성찰 및 행동을 위한 교재를 제작하여 교회가 신자들과 함께 사용할 수 있도록 돕는 활동을 하고 있다. 이 같은 공부는 교회와 그리스도인들이 주거 문제로 어려움을 겪고 있는 이웃들을 향한 관심과 동기가 신앙에 기반하여 이루어질 수 있도록 돕는 동시에 토지와 주택문제를 하나님 나라 비전에 근거한 신앙운동으로 전개하여 나갈 수 있도록 돕고 있다.

3. 청년 주거공동체 '숨과 쉼' / '터무니 있는 집'

청년 주거공동체 '숨과 쉼'은 필자가 사역하는 성공회 서울교구 희년교회가 모태가 되어 시작되었다.

희년교회는 2007년 12월, 건물 없이 주일에만 공간을 빌려 예배를 드리며 시작한 성공회 개척교회이다. 예배공간 없이 교회를 개척하는 사례들이 낯설지 않은 타 교파와 달리 희년교회 개척이 성공회에서는 좀 이례적인 일이었다. 성공회 서울교구에서 교회 개척은 통상적으로 개척을 하는 기존 교회나 교무구(노회)가 예배를 위한 공간이나 건물을 임대 혹은 매입하여 마련해 주고, 기존 교회에서 20~30명의 신자를 분가시켜 주는 방식으로 개척을 하는 것이 관례였다. 이 같은 이유로 건물 없이 교회를 개척한 희년교회는 매우 이례적인 개척 사례로 성직자들과 다른 교회로부터 선교교회로 인정을 받기까지는 일정한 시간이 필요하였다.

서울 광화문, 신촌, 서교동, 구기동 등 여러 공간을 옮겨 다니며 주일 예배를 드리던 중에 피로감을 느낀 구성원들은 안정적인 예배공간에 대한 필요를 느끼기 시작하였다. 2012년 구성원들의 접근성이 비교적 쉬운 성공회 대학로 교회 공간을 빌려서 오후 4시에 주일 예배를 드리기 시작하면서 공동체 안에 새로운 선교적인 역동이 생겨나기 시작하였다. 그즈음에 주중 기도 모임이나 프로그램을 할 수 있는 안정적 공간에 대한 필요성이 제기되었다.

예배공간을 일고여덟 번을 옮겨 다닌 공동체 구성원들의 피로감과 교회의 장기적 선교적 비전과 지속가능성을 위해 지역에 자리를 잡을 필요성에 대한 논의를 하던 중에 서울 광진구에 공간을 마련하기로 마음을 모았다. 2014년 여름, 필자의 전세금과 신자들의 출자금, 그리고 교구의 보증을 통한 은행대출을 받아 광진구 자양동에 선교센터 '숨과 쉼'을 마련하였다. 방 3개, 화장실 2개, 그리고 비교적 큰 거실이 있던 집의 거실은 모임공간으로, 세 개의 방은 생활공간으로 사용하였다. 생활공간에서는 필자와 공동체 생활에 관심이 있던 교회 청년 2명, 그리고 기독교 시민단체에서 일하고 있던 청년 한 명이 함께 살게 되었다. 아침 기도와 밤 기도, 그리고 주중 성찰과 나눔 모임을 기본생활 규칙으로 하고 공동생활을 시작하였다.

공동생활이 시작된 후 함께 사는 청년들 친구나 지인들이 종종 공동체를 방문하는 일이 잦아지면서 필자는 자연스럽게 청년들을 만날 수 있는 기회가 많아졌고, 그들과 대화하는 자리에서 청년들의 고민도 듣게 되었다. 그 당시는 청년세대를 일컫는 말로 3포 세대, N포 세대, 지옥고(지하방, 옥탑방, 고시원의 준말) 등과 같이 청년들의 어려움을 상징하는 유행어들이 새롭게 만들어지던 시기였고, 청년문제는 거의 매일 뉴스의 주요 이슈가 되었다.

공동체 생활을 시작한 이후 찾아온 청년들 가운데 일부는 다양한 이유로 갈 곳이 마땅치 않아 숨과 쉼 공간에 함께 머물러 살게 되었다. 한때는 거실에서까지 잠을 자야 했던 기간도 있었고, 7명이 공간에서 함께 생활하기도 하였다. 부모와 갈등으로 집을 나왔지만 거처가 없던 청년들, 부모로부터 독립을 요구받았지만 집을 나와 마땅히 머물 곳이 없던 청년들, 지방에서 서울로 직장을 구했지만 보증금이나 월세 부담 때문에 서울에 방을 구하지 못하던 청년들, 피난처나 쉼터처럼 임시로 머물 곳이 필요했던 청년들… 다양한 이유들 때문에 생활자들이 자연스럽게 늘어갔다.

그즈음에 함께 생활하던 한 청년이 청년 주거와 관련한 모임에 필자를 데리고 다니면서 청년주거문제에 눈을 뜰 수 있도록 도와주었다. 대학을 졸업한 이후에도 불안정한 취업상태에서 살아가야 하는 대다수 청년들이 대학 시절 받은 학자금 대출상환과 임대료에 대한 부담 때문에 얼마나 큰 짐을 지고 살아가고 있는지 가까이에서 볼 수 있었다. 함께 살던 청년 한 명이 이 시대 청년들에게는 저렴하게 이웃하며 살 수 있는 주거공간이 자신들이 미래를 생각하고 계획하며 잠시라도 머물 수 있는 숨구멍 같은 곳이라고 했던 말이 마음에 울림처럼 새겨져 있다. 그 청년들의 제안으로 교회공동체는 선교센터 숨과 쉼을 청년 주거공동체로 전환할 것을 결의하였다.

1) 청년 주거공동체 숨과 쉼의 탄생

자양동 시절을 마무리하고 본격적인 청년 주거공동체로의 전환을 위해 새집을 구하면서 여성청년 공간도 함께 준비하기로 하였다. 이를 위해 추가적으로 필요한 비용은 서울시 사회투자기금 대출을 신청하였고, 기존 전세자금 1억 5천만 원과 사회투자기금 대출 3억 5천만 원을 합하여 5억 원으로 신축건물 두 개 층(한 층은 복층)에 두 채의 주거공간을 마련하였다. 한 층은 여성 청년 공간으로, 다른 한 층은 남성 청년 공간으로 운영하기 시작하면서, 공동체 생활규약을 청년들 스스로 만들었다. 청년들이 주거를 위해 지불하는 비용은 월 10만 원 내외였고, 소득수준에 따라 다소의 차이를 두었다. 공과

금과 음식, 생활을 위한 공동경비 역시 비슷하여 각 사람이 내는 월 20만 원 정도로 대출이자 납부와 생활비를 해결할 수 있었다.

교회와의 관계는 숨과 쉼의 비전과 목적 그리고 대출이자 상환을 위한 회비를 정하는 문제는 공동으로 협의하고, 나머지 문제는 생활자들이 자체적으로 규정을 정하는 방식으로 운영하는 것에 합의하였다. 공동생활을 위한 규칙은 자양동 시절과 크게 달라지지 않았다. 아침과 밤 성무일과, 그리고 주중 성찰모임을 통해 내면의 이야기를 나누는 시간을 가졌다. 밤에 늦게 자는 생활 리듬을 가진 청년들에게 아침 기도는 쉽지 않았지만, 밤 기도 시간은 집에 있는 생활자들이 다 함께 모일 수 있는 시간이었다. 숨과 쉼의 성무일과는 성공회 프란시스 수도회에서 사용하는 기도서로 드려졌는데 생활자들이 돌아가면서 인도를 하였다. 15분 정도의 기도 시간이지만 짧게라도 하루를 침묵 가운데 하나님 안에서 돌아보는 시간을 청년들도 좋아하였다. 주중 성찰모임은 생활자들이 자신의 내면을 나누고 서로를 경청하며 환대하는 자리가 되었고, 생활자들 사이에서 소통 부족으로 생길 수 있는 오해나 갈등의 소지를 서로의 내면을 들으면서 이해할 수 있었다.

함께 생활하는 청년들은 다양한 신앙배경을 가지고 있었다. 대학 시절 선교단체 활동 경험이 있거나 간사활동 경험을 가진 청년들도 있었다. 함께 생활하면서 필자가 받은 가장 큰 선물 가운데 한 가지는 제한된 경험이지만, 함께 사는 청년들을 통해 이 시대 청년들이 교회에 대하여 어떤 시선과 태도를 가지고 있는가를 조금이라도 알 수 있게 되었다는 점이다. 자신이 선택한 교회에서 비교적 성실하게 신앙생활을 하는 청년들도 있었지만 절반 정도의 청년들은 교회를 떠나기 직전 경계선에 있어 보였다. 어떤 청년은 그동안의 교회생활에 대한 후회와 실망, 그리고 분노를 표현하기도 하였다. 하루는 한 선배 청년과 함께 청년들의 주일성수에 대한 이야기를 하는 중에 그 청년이 내게 "주일에 한 번 가는 교회보다 매일 기도드리는 이곳이 청년들에게는 더 진정한 교회가 아닐까요?"라고 말했다. 그 순간 필자는 예수님께서 굶주린 사람들에게는 찾아가 먹을 것을, 병든 사람에게는 찾아가 치유를, 무지한 사람들에게는 찾아가 깨우침과 함께 복음을 전하셨듯이, 오늘 청년들에게는 숨 쉴 공간과 집을 나누며 복음을 이야기할 수 있지 않을까 하는 생각이 들었다.

지금은 교회가 청년들이 교회에 오지 않는다며 걱정할 것이 아니라, 청년들이 있는 자리로 찾아가, 그들의 필요를 경청하고, 그 필요에 응답하는 일을 시작할 때라는 생각을 하게 되었다. 이 시대 많은 청년들에게 복음은 주거나 일자리와 분리될 수 없다는 생각도 새삼하게 되었다.

2) 숨과 쉼에서 터무니 있는 집으로

숨과 쉼은 작은 공동체이지만 기존의 대형교회들이 운영하던 기숙시설과 다른 차이를 취재하고 싶다며 몇 언론사에서 방문을 한 적이 있다. 생활하는 청년들의 주일 성수나 봉사를 의무화하는 기존 교회들의 기숙사와 달리 청년들이 자율적으로 생활규정을 만들어 자치적으로 운영하며, 지역사회와 소통하려고 노력하는 모습이 언론사에게는 새롭게 보였던 것 같다. 취재를 마무리하면서 한 기자가 마지막 질문으로 전세금의 대부분이 상환이 필요한 대출금인데, 상환 시점이 오면 숨과 쉼을 어떻게 지속할 계획이냐고 물었다. 5년이라는 대출금 상환기간은 숨과 쉼을 시작하면서 풀어야 할 장기적 차원의 큰 숙제였다.

필자는 그 해답의 실마리를 예수님의 오병이어 기적 이야기에서 찾고 싶다고 말했다. 오병이어 기적 이야기에 대한 여러 해석이 가능하겠지만 필자는 오병이어의 기적이 예수님 한 분의 초능력이 아니라 한 어린아이가 가져온 보잘것없는 음식으로 그곳에 모인 모든 사람들의 선한 마음을 열게 하신 예수님의 연민과 신뢰, 그리고 초대에 있었다고 생각한다.

추측건대 광야에 모인 많은 군중들이 굶어 죽을 각오를 하고 그곳에 모이지는 않았을 것이다. 어떤 사람은 먹을 음식이 없었겠지만 대부분의 사람들은 누군가와 나누기에는 너무나 초라하고, 겨우 자신의 끼니를 채울 수 있는 정도의 음식을 가지고 있었을 것이다. 어린아이가 가지고 있던 물고기 두 마리와 보리 떡 다섯 개처럼. 그러나 누구도 자신이 끼니를 겨우 해결할 정도의 초라한 음식으로 많은 군중들의 허기를 채울 수 있다는 상상을 할 수 있는 사람은 없었을 것이다. 자신에게도 부족한 그 작고 보잘것없는 음식이 수많은 군중들의 허기에 아무 도움도 될 수 없기에 감히 내어놓기를 주저하고 있었을 것이다. 그 상황을 파악한 제자들은 예수님에게 군중들을 흩어서 마을로 찾아가 각자 먹을 것을 얻게 하는 것이 좋겠다고 제안한다. 하지만 예수님은 제자들에게 "너희가 먹을 주라"고 말씀하신다. 그 요청 앞에서 제자들은 또 얼마나 당황스러웠을까. 그런데 그때 한 어린아이가 자신이 가지고 있던 물고기 두 마리와 보리 떡 다섯 개, 자신이 가지고 있는 음식 전부를 예수님께 내어놓는다. 그런데 예수님이 그것을 받아 들고 하늘을 향해 감사의 기도를 드리는 그 순간, 초라한 음식을 가지고 고민하던 그곳에 모인 모든 사람들의 선한 마음이 열리고, 저마다 자신이 가진 음식을 내어놓고 이웃과 나누기 시작한다. 그 순간, 그 굶주림과 결핍의 광야는 나눔과 풍요의 하늘나라로 변하였다.

필자는 기자에게 이 시대 청년들의 어려움을 함께 나누기 위해 시민들이 선한 마음을 열 수 있는 공간을 만들 수 있다면, 그 공간에서 성령께서 일하실 수 있기를 위해 우리가 기도할 수 있다면 결핍과 가난의 광야에서 새로운 기적이 일어날 수 있지 않겠느냐고 대답하였다. 필자는 자원을 가진 기성세대와 부모세대가 절망적인 세상을 물려받게 된 청년세대의 어려움을 함께 나누는 마음으로 자신들이 소유한 작은 것을, 1년 혹은 2년 동안 청년주택을 위한 전세 보증금으로 출자해 줄 수 있다면, 그리고 청년들이 그렇게 만들어진 주택에서 잠시 숨을 쉬면서 쉼을 갖고 미래를 계획하고 준비할 수 있다면 또 다른 오병이어의 기적을 만들어갈 수 있다는 희망을 갖고 있었다. 필자는 기자에게 청년주택 전세보증금 마련을 위해 이런 시민출자운동을 생각하고 있다고 말하였다.

필자가 생각한 아이디어는 유럽이나 해외에서는 이미 시작된 사례들이 있었고, 필자는 2003년 영국 버밍햄에 머물던 시절 ART라는 시민은행을 방문한 적이 있었다. 이 단체는 시민들이 선한 뜻으로 1년 혹은 2년 동안 돈을 예치해 주면, 실업자나 가난한 사람들이 협동조합이나 사회적 기업을 창업할 수 있도록 저금리로 융자를 해준다. 시민은행은 저리의 이자를 기반으로 기관을 운영하면서 창업한 공동체들이 지속 가능할 수 있도록 컨설팅으로 지원하고 있었다. 이같은 기관들은 국가나 시장이 해결해 주지 못하는 다양한 사회적 필요를 시민들의 자발적 참여를 통해 해결해 나가고 있었고, 그 길이 필자에게는 오병이어의 기적처럼 보였다.

필자의 생각은 기사로 나갔고, 기사를 읽은 한 독자에게서 전화가 왔다. 청년 주택마련을 위해 천만 원을 출자하고 싶다고. 그 한 출자자의 등장은 필자에게 오랫동안 생각만 해오던 구상을 실천하라는 하나님의 초대처럼 느껴졌다. 그런데 필자의 생각을 들은 한 지인이 교인들이나 시민들의 출자를 받으려면 한 교회나 개인이 아니라 재단법인과 같은 신뢰할 수 있는 단체와 함께하는 것이 좋겠다는 조언을 해주었다. 마침 당시 필자가 이사장으로 관계하고 있는 재단의 상임이사와 그 구상을 나눌 수 있었다. 재단도 그 당시 청년세대가 직면하고 있는 문제들의 심각성과 청년들을 위해 할 수 있는 일을 모색하던 중이어서 필자가 제안한 '청년주택 보증금 마련을 위한 시민출자운동'을 재단 차원에서 해나가기로 마음을 모았다. 그리고 이를 위한 추진위원회를 조직하였다.

시민출자운동이 활성화되려면 신뢰에 기반한 지인들의 소개와 추천이 중요하다는 점에 착안하여, 추진위원들은 회원조직으로 구성된 단체의 리더들과 청년주거에 관심을 갖고 있는 전문가들을 중심으로 구성하였다. 추진위를 구성하던 당시 청년주택문제가 큰 사회적 이슈였던 이유로 제안을 받은 사람들이 대부분 흔쾌히 함께해 주었다. 추진위원회는 출자운동을 통하여 청년들의 어려움을 함께 나누려는 시민들의 선한 마음을 조직하는 동시에, 청년세대와 기성세대 사이에 깊어지고 있는 세대 간 갈등을 넘어서기 위한 신뢰 회복의 작은 계기를 만들고자 하였다. 또한 공동체 주거생활을 통해 고시원이나 옥탑방처럼 고립된 생활을 하고 있는 청년들의 주거문화를 개선하는 한편, 청년들이 지역사회와 소통하며 지역에서 뿌리내릴 수 있는 근거를 만들 수 있기를 기대하였다. 다른 한편으로 필자는 출자운동에 교회의 참여를 독려하여, 이 같은 모델을 기초로 다양하고 새로운 형태의 청년 신앙공동체들이 생겨날 수 있기를 기대하였다.

3) 터무니 있는 집

추진위원들 중 한 사람이 출자운동을 위한 조직의 이름을 짓자는 제안을 하였고, 또 다른 한 사람이 지금 이 시대가 청년들에게는 '터무니없는 세상'이니, 우리들이 만드는 집이 청년들에게 '터무니 있는 집'이 되었으면 좋겠다며 집 이름을 '터무니 있는 집'으로 하자고 제안하였다. 모든 추진위원들의 동의로 시민출자를 통해 만드는 집을 '터무니 있는 집'이라고 명하고, 조직의 명칭은 '터무니 제작소'라고 지었다. 터무니 있는 집은 2020년 말 현재 180여 명의 출자자들이 8억 원 정도의 시민출자금을 조성하여, 서울과 경기지역에 4채의 청년주택을 운영하고 있다.

입주자들이 개별적으로 입주를 하여 생활하는 다른 청년 주거공동체들과 달리 터무니 있는 집은 이미 관계가 형성된 청년 공동체들이 자신의 주거공간을 스스로 찾아 선택하면, 재단에서 전세 계약을 하고, 입주한 청년 공동체들이 자율적으로 운영하는 모델이다.

이 같은 '터무니 있는 집' 모델은 서울시 청년주거 프로그램에도 새로운 영향을 주게 되었다. 개별 청년들의 입주를 통해 함께 생활하는 서울시 청년주택은 종종 발생하는 생활자들 사이의 갈등과 퇴실로 인하여 발생되는 공실문제와 관리비용에 대한 고민을 갖고 있었다. 그런 점에서 서울시 청년주택 담당자가 '터무니 있는 집'에 관심을 보이기 시작하였다. 서울시에서 별도의 관리가 필요하지 않고, 청년들 스스로 다양한 방식의 청년기업을 만들거나, 지역 공동체문화 형성에도 기여하고 있는 '터무니 있는 집' 운영모델이 새롭고 신선해 보였던 것이다. 이 같은 이유로 서울시는 '터무니 있는 집 모델'을 기존 서울시 빈집 프로젝트와 연계하여 사회투자지원재단과 공동으로 청년들을 위한 '희망 아지트' 프로그램을 시작하였다.

'터무니 있는 집'에서는 현재 이렇게 만들어진 '희망 아지트' 주택들 가운데 7채의 보증금을 시민출자금으로 내고, 서울시 주택공사 SH로부터 위탁받아 다양한 청년 그룹들이 자율적으로 운영하도록 지원하고 있다.

출자운동 과정에서 시작된 또 다른 성과는 이 같은 출자운동에 보다 많은 사람들이 안심하고 접근할 수 있도록 돕기 위하여 서울 북부신용협동조합과 함께 새로운 '금융상품'을 개발한 것이다. 신협은 시민들이 출자를 조합에 예치방식으로 할 수 있게 하고, 그 예금을 청년주택의 보증금으로 재단이 다시 대출을 받는 방식의 금융상품을 개발하였다. 이로 인해 재단은 출자금의 관리와 운영에 대한 부담을 덜게 되었고, 출자자들 입장에서는 안심할 수 있는 금융기관에 정해진 기간 동안 예치하는 형태의 출자를 할 수 있게 됨으로 출자의 용이함과 신뢰도를 높일 수 있게 되었다.

4) 돌아보며

돌아보면 작은 개척교회 공동체가 시작한 청년 주거공동체 '숨과 쉼'이 '터무니 있는 집' 운동으로 확장되면서 청년들의 어려운 짐을 함께 나누어 지는 시민출자자들의 참여를 가능하게 하였다. 그리고 시민들과 청년들의 새로운 시도에 자극을 받은 서울시의 참여를 통해 청년주택문제에 접근하는 새로운 길도 열게 되었고, 이를 통해 금융권의 관심과 참여도 이끌어낼 수 있었다. 지금은 청년주서문제의 심각성을 인식한 정부가 청년들을 위한 전세자금 대출을 확대하는 등 새로운 제도를 시행하면서 주거문제의 양상이 변하고 있지만, 터무니 있는 집은 현재 운영되고 있는 청년 공동체들의 내실화를 지원하고, 청년 전세자금 대출제도의 사각지대에 있는 청년들에게 보다 집중하면서, 새로운 주거 빈곤층을 위한 프로그램으로 터무니 있는 집 운동을 확장해 나가는 것에 대해 구상 중이다.

한 사람의 그리스도인인 동시에 목회자로서 이 사역을 시작한 필자의 입장에서 한 가지 아쉬운 점은, 이 운동을 교회를 통해 좀 더 확장시키지 못한 점이다. 가까운 동료 성직자들이나 후배들과 이야기를 나누었지만, 각자가 하고 있는 기존의 통상적인 목회나 선교에 비추어 낯선 초대에 선뜻 용기를 내지 못하거나, 이 같은 사역을 위해서는 특별한 전문성이 요청된다고 생각하는 사람도 있었다. 어떤 사람들은 현재 목회를 하고 있는 교회 구성원들 가운데 필요를 느끼는 청년들이 없거나, 전통적인 교회문화에 익숙한 신자들의 동의를 얻는 일이 어렵다고 느끼는 사람도 있었다.

모두 나름의 합당한 이유가 있었음에도 아쉬움이 남는 것은 교회를 떠나거나 찾지 않는 미래 세대 청년들에게 교회가 어떻게 다가가야 하는지, 어떻게 청년들을 경청하고 청년들의 필요를 듣고 응답해야 하는지에 대한 길을 모색하지 않으면, 교회에서 비어가는 청년들의 자리를 어떻게 회복할 수 있을까 하는 의문이 여전히 남기 때문이다. 아직 교회 안에 남아 있는 청년들을 돌보는 사역도 중요한 일이지만 지금 교회는 교회를 떠나고 있는 청년들, 복음을 모르는 청년들과 어떻게 소통하고 만나야 할 것인가에 대한 진지한 성찰을 요구받고 있다고 생각한다.

4. 공동체 주택협동조합 숨과 쉼

희년교회가 대학로 교회를 빌려 주일 예배를 드리며, 광진구 자양동에 '숨과 쉼' 선교센터를 시작하던 시점이 교회 안에 선교적 역동이 강했던 시기로 기억된다. 그런데 대학로 교회의 사정 때문에 예배처소를 다시 강남으로 옮기게 되면서 교회는 다시 침체와 정체국면을 맞이하게 되었다. 광진구로 교회를 옮기게 된 배경에는 당시 가장 의욕을 보이던 신자가 그곳에 살고 있었기 때문이었다. 선교센터는 자양동에 두고 강남에 있는 교회로 예배처소를 옮기면서 거리가 멀어지는 신자들이 생기고, 강한 선교의지를 보였던 광진구에 거주하던 신자 가정이 교회를 떠나면서 교회는 다시 침체국면을 맞이하였다. 청년 공동체도 임대료가 상대적으로 비싼 광진구에서 이사할 곳을 찾기 어려워하던 차에 임대료가 저렴한 지역을 새롭게 물색하기 시작하였다. 그리고 2018년 겨울 성탄수련회를 통하여 서대문 지역에 예배와 선교를 위한 공간을 마련하고, 공동체주택을 모색해 보자는 결의를 하였다.

1) 공동체 협동조합주택 '숨과 쉼'의 탄생 배경

2018년 여름, 희년교회는 홍제역 근처에 작은 교회 공간을 임대하고, 숨과 쉼 청년 공동체도 인근에 마련하면서 공동체가 서대문 홍제동으로 이전하였다. 이후 몇 가정이 교회 가까이로 이사 오면서 인근에 모여 살게 되었고, 서로 멀리 떨어져 살며 주일에만 얼굴을 보던 관계에 비해 보다 잦은 교류가 가능해졌다. 1년이 지난 후 교회의 공동체 비전 수립을 위한 분별 워크숍을 진행하면서 교회의 비전을 '영성수련과 사회적 실천을 통합하는 공동체 형성'에 두기로 마음을 모았다. 다른 한편, 20명 안팎의 작은 규모의 신자들이지만 자기 집 없이 서울을 떠돌며 살고 있는 가정들은 매년 오르는 전세금 걱정과 주거의 어려움을 공유하고 있었다.

어느 날 교회가 지향하는 비전을 공동체적으로 구현하고, 주거의 어려움을 겪고 있는 가정들의 문제도 해결할 수 있는 방안으로 협동조합주택 건설에 대한 논의가 시작되었다. 구성원들이 함께 모여 살면서 공동의 기도생활도 하고, 각자의 은사를 살려서 지역을 위한 섬김의 활동도 하면 좋지 않겠느냐는 이야기들이 논의되었다. 짓게 될 공동체 주택의 커뮤니티 공간에서 주일 예배를 드리면, 매달 100만 원씩 공간유지를 위해 지출하는 임대비용도 줄일 수 있고, 공동체 생활을 통해 생겨날 새로운 선교적 역동이 교회 공동체에도 새로운 활력을 불어넣을 수 있을 것이라는 기대도 한몫을 하면서 구성원들의 마음이 모아져 갔다.

2) 숨과 쉼 '공동체주택협동조합'의 경과

공동체 주택에 관심을 가진 독신 가정들을 포함하여 8가정이 2020년 추진을 위한 모임을 구성하고, 주택건설을 위한 준비를 시작하였다. 서울에서 살 수 있는 전세자금이 있는 정도의 가정이라면 서울시의 협동조합주택 지원제도의 도움을 받아서 시작해 볼 수 있는 일이라고 판단이 되었다.

2020년 여름, 숨과 쉼 공동체주택협동조합을 설립하고, 알고 지내던 설계사의 도움을 받아 땅을 매입하고, 서울시 대출을 위한 인증과 시공을 위해 전문가들의 도움을 받아 건축을 시작하였다. 건축을 하는 과정에서 불가피한 상황으로 한두 가정이 탈퇴를 하였고, 그 자리에 다른 입주자들이 참여하면서 전체 10세대가 함께하게 되었다.

공동체 주택을 짓는 과정에 대한 이야기를 이 글에서 자세하게 하는 것은 적합지 않다고 생각한다. 혹시 글을 읽는 중에 공동체주택 추진에 관심을 갖게 된 분이 있다면, 오랫동안 토지와 주거문제에 대한 성서적 대안에 대해 연구하고 실천해 온 기독교 시민단체 '희년 함께'에서 자세한 안내와 지원을 받을 수 있다. 현재 '희년 함께'에서는 영국의 Coming Home 사례를 한국 교회와 함께 실천하기 위한 방안들을 모색하며 부분적인 실천도 해가고 있다.

집을 처음 지어보는 사람들이 건축주의 역할도 해야 하고, 시공 과정에서 요청되는 구체적인 대응과 결정을 해가는 일은 쉽지 않은 여정이었다. 글을 쓰고 있는 2021년 8월 말, 숨과 쉼 공동체협동조합 구성원들은 1년의 긴 준비과정을 마치고 이제 지어진 집으로 이사를 준비하고 있다.

3) 교회와 공동체 협동조합주택

성공회 희년교회 구성원들이 중심이 되어 공동체 생활을 시작하는 '숨과 쉼 주택협동조합 공동체'가 앞으로 어떻게 발전해 갈지는 정확히 알 수 없다. 구성원들이 갖는 비슷한 공동의 지향을 서로 확인하며 첫걸음을 내딛지만, 앞으로 살아가면서 많은 내용들이 구체화되고 방향도 더 명료화될 것이라고 믿는다. 앞으로 살아갈 내용을 생각으로 너무 구체화하고 그리기보다는 살아가면서, 성령의 안내를 받아 필요한 내용들을 공동체가 함께 분별하며 한 걸음 한 걸음씩 그 여정을 걸을 수 있기를 희망하고 있다.

필자는 코로나 상황을 겪으며 급속하게 앞당겨 맞이하고 있는 교회의 위기를 이전에 잘 작동되었던 모델이나 방식만으로 극복하기 어려울 것이라고 생각한다. 이제 한국 교회는 스스로 교회의 존재이유에 대하여, 그리고 그리스도인이 되고 그리스도인으로 살아간다는 것에 대하여 보다 근원적인 질문을 하여야 할 지점에 서 있다고 생각한다. 교회의 역사를 돌이켜보아도 전통은 기존 질서나 관행을 유지하고 지키는 것만으로 지켜지지 않았다. 전통은 늘 보다 근원적인 질문과 성찰, 그리고 쇄신을 통하여 전통의 본질을 보존하고 유지하여 왔다. 지금은 교회가 스스로 근본적인 질문을 품고 하나님 앞에 서야 할 때라고 생각한다. 그리고 각 사람이 그 중대한 변화의 자리에서 자신의 소명을 분별하고, 세상의 필요에 응답하며 다양한 방식으로 그것을 표현해야 할 시기이다. 그 표현들이 다소 낯설고 새로워 보일 수 있지만, 그중에 어떤 것들은 짧은 유행을 타고 사라져버릴지 모른다. 하지만 어떤 것들은 새로운 미래를 열어가는 진정한 대안으로 굳건히 뿌리내리게 될 것이다. 그리고 그 같은 대안들이 교회의 미래와 새로운 전통을 만들어가는 일에 있어 중요한 역할을 하게 될 것이다.

숨과 쉼 공동체주택협동조합은 이제 첫걸음을 떼는 아기와 같다. 담임 성직자로서 공동체에 대한 기대도 있고, 꿈도 있다. 그러나 필자의 기대나 꿈보다 중요한 것은 함께 살아가게 될 공동체 구성원들, 그리고 그 공간에서 함께 예배를 드리게 될 공동체 구성원들과 함께 하나님을 경청하고, 성령의 안내를 받으며 한 걸음씩 나아가는 것이라고 생각한다. 이미 앞서 산 여러 교회들이 그 길을 열었고, 걸어가고 있다. 그리고 저마다의 빛깔과 향기를 갖고 비전을 살아가고 있다. 숨과 쉼 공동체 역시 성령의 인도를 받으며 숨과 쉼 공동체의 고유한 빛깔과 비전을 형성하여 나가게 될 것이라고 믿는다.

앞으로 생겨날 교회의 공동체 협동조합주택들 또한 구성원들의 지향과 특성에 따라 다양한 목적과 방식으로 공동체를 형성해 나갈 것이라고 믿는다. 어떤 공동체들은 교회 공동체로서의 성격에 중심을 두기도 하고, 어떤 공동체는 선교와 사역에 중심을 두는가 하면, 어떤 공동체들은 새로운 수도적 공동체를 지향하기도 할 것이다. 또 어떤 공동체들은 복합적인 성격의 공동체를 지향하기도 할 것이다. 중요한 것은 어떤 성공적 모델에 대한 모방보다, 자신의 고유한 소명과 예언자적 상상력에 기초한 다양한 사례들이 지속적으로 시도될 수 있기를 기대한다. 다양한 모습의 공동체들이 꽃피는 여정을 한동안 보내는 일이 지금 한국 교회에 필요할 것이라고 생각한다.

5. 주거문제를 통한 한국 교회의 선교를 위한 제안

얼마 전 '희년 함께'에서 영국 교회에서 진행되고 있는 Coming Home 프로젝트를 중심으로 포럼을 여는데 발제를 맡아 달라는 부탁을 받았다. 발제를 준비하기 위해 Coming Home 보고서를 꼼꼼히 읽으면서 필자 역시 주거와 관련한 교회의 역할이 중요하다는 점과 교회가 할 수 있는 다양한 실천들에 대한 상상을 할 수 있게 되었다.

보고서를 읽으면서 주거문제를 대하는 영국 교회의 태도와 관점에서 가장 인상적이었던 점은 교회가 온 국민의 주요 관심사인 주거문제를 중심으로 주거를 넘어 환경문제, 차별과 소외의 문제, 불평등의 문제 등 현재 지구촌이 직면하고 있는 심각한 위기들에 대하여 교회와 신자들이 대안적 태도와 관점을 지닐 수 있도록 안내하고 있다는 점이었다. 단지 교회와 신자들만이 아니라 교회와 신자들이 중심이 되어 사회와 정부를 향해 하나님 나라의 비전을 선포하고 실천을 통해 보여주고 있다는 점이었다.

이를 위해서 영국 교회는 교회와 그리스도인들이 집에 대하여 어떤 태도와 생각을 가져야 하는지를 다섯 가지로 정리하였다. 첫째로 주택은 지속 가능해야 하는데 이를 위해 집은 환경과 조화를 이루어야 하고, 집이 위치한 자연세계와의 조화를 이루어야 함을 말한다. 둘째로는 안전하다고 느낄 수 있는 것이어야 한다. 셋째로는 주택의 안정성을 말하는데, 주택의 안정성을 가능하게 하려면 가난한 사람들도 원하는 곳에서 지불 가능한 비용으로 집을 구입하거나 임차하여 가정과 공동체를 이루며 살 수 있어야 한다고 말한다. 넷째 정의에서는 주택의 사회성에 대하여 말하는데, 주택은 이웃과 함께 공동체를 이룰 수 있는 곳이어야 하며 고립화와 개별화되고 있는 주거문화를 극복할 수 있어야 한다고 말한다. 그리고 다섯째로는 삶을 즐기며 기쁘게 귀가할 수 있는 곳이어야 한다고 말하고 있다.

교회가 관심을 가지고 대응해야 할 사회적 이슈들은 너무도 많다. 기후문제, 실업과 불안정 고용의 문제, 평화와 통일문제, 급격한 고령화의 문제, 차별과 소외의 문제 등. 어느 하나 중요하지 않은 것이 없고, 모두 다 필요하고 중요한 사안들이다. 그중에서도 필자가 주택문제에 주목하는 것은 주택문제가 매개가 되어 국민들이 다른 사안들에 관심을 가질 수 있는 길을 열 수 있지 않을까 하는 기대가 있기 때문이다. 집과 땅은 지금 한국사회 국민들의 가장 큰 관심 사안이며, 국민들은 자신과 자녀들의 행복한 삶을 위해 반드시 해결되어야 할 문제라는 데 이견이 없다. 만일 교회가 주택문제에 대하여 국민적 공감을 얻을 수 있는 발언과 대안적 실천을 해나갈 수 있다면 한국 교회는 가장 광범위한 차원에서 교회의 신뢰를 회복할 수 있는 토대를 만들어나갈 수 있을 것이라고 생각한다.

영국 교회는 영국 주택문제의 근본적 해결은 정권에 따라 변하는 정파적이고 단기적인 정책으로 불가능하다는 점을 주요하게 지적하고 있다. 주택문제의 해결을 위해서는 사회적 약자들을 배려하면서도 전체 국민의 이해를 대변할 수 있는 문제해결의 주체가 정파를 넘어서 일관되게 이 문제해결을 위한 목소리를 내어야 할 필요성에 대하여 말하고 있다. 영국 교회는 이 지점에서 교회의 역할이 중요하다고 말하고 있다. 단지 목소리를 내는 것으로 그치지 않고, 교회나 그리스도인들이 가지고 있는 토지와 건물, 자산을 하나님의 것으로 인정하고, 청지기로서의 올바른 태도와 실천을 해나가는 모범을 보여야 함을 강조하고 있다.

지금 한국 교회가 주택문제에 대해 성서적이며 선교적인 태도와 입장을 천명하고 스스로 모범을 실천하는 일은 추락된 교회의 신뢰를 회복하고, 교회의 새로운 선교적 환경을 조성하는 데 있어 중요한 역할을 할 것이라고 믿는다. 그런 점에서 영국 교회의 실천사례는 한국 교회가 실천할 수 있는 여러 가능성들을 모색하는 데에 많은 상상력을 제공해 줄 수 있다고 생각한다.

가장 먼저, 교단을 넘어서 전체 교회적 차원에서 실천할 수 있는 일은 토지와 주택에 대한 성서의 가르침과 교회의 입장을 정리하고, 전체 국민들과 사회 그리고 정부를 향해 선포하는 일일 것이다. 이를 기반으로 정부 정책과 제도를 만드는 과정에 교회의 입장과 목소리를 반영하도록 하는 일일 것이다. 둘째는 각 교단 차원에서 할 일이다. 각 교단은 소속 교회들이 전체 교회의 선언을 실천할 것을 합의하고 결의하는 과정을 준비하고 조직하는 일, 교단의 자산을 통해 실천 가능한 모범을 보여주며 지역의 교회들이 이를 실천할 수 있도록 격려하고 교육하고 안내하며 지원하는 일일 것이다. 마지막으로 지역 차원의 교회들은 각 교회들이 지니고 있는 건물과 토지와 공간을 지역사회와 공동체의 필요에 맞게 개방하고 사용할 수 있는 방안을 모색하며 실천하는 일이다. 영국의 사례에서도 보았듯이 지역의 교회들이 교파를 넘어서 협력하며 지역사회의 필요에 응답하는 일을 공동으로 진행할 수 있다면 이 또한 아름답고 좋은 일이 될 것이다.

6. 나가는 말

이 글을 읽는 독자들이라면 현재 주거문제와 관련된 여러 교회와 공동체들의 다양한 시도나 사례들에 대하여 어느 정도 정보를 알고 있을 것이다. 가장 많은 사례는 교회 공동체가 중심이 되어 시작한 공동체 주택의 사례들이거나, 교회가 가지고 있는 공간을 지역사회의 필요를 위하여 선교적으로 리모델링하고 운영하는 사례들이 아닐까 한다. 그 같은 사례들이 많다는 것은 현재의 조건에서 한국의 교회들이 자기 필요나 역량에 비추어 시도해 볼 수 있는 여지가 가장 크기 때문이 아닐까 생각한다. 필자는 이 같은 사례들이 더 다채롭고 풍요롭게 펼쳐질 수 있기를 기대한다.

다른 한편으로는 영국의 사례에서 보았듯이 한국 교회의 특성과 조건에 맞는 더 다양한 실천들이 가능할 수 있기를 기대하며, 신자들의 개인적 참여를 통해 시도할 수 있는 사역들까지 활성화될 수 있을 것이라고 생각한다. 그리고 그 같은 실천들이 지역사회에서 교회들 사이에 협력을 통하여 진행될 수 있다면 그 가능성은 더욱 커질 수 있다고 믿는다.

글을 마무리하면서 마지막으로 나누고 싶은 것은, 주택과 토지 문제에서 교회가 할 수 있는 역할에서 가장 중요한 것이 무엇일까에 대한 것이다. 주택문제에 대한 교회의 접근이 당면하고 있는 교회의 선교적 필요를 넘어, 땅과 주택 문제를 대하는 그리스도인들 의식의 변화, 이를 통한 국민의식의 변화를 위해 교회가 역할을 할 수 있지 않을까 하는 기대이다. 땅과 집을 대하는 국민의식의 변화, 어쩌면 그것이 문제를 해결하는 가장 중요한 열쇠가 아닐까 생각한다. 그리고 토지와 주택문제와 관련하여 종교가 할 수 있는 가장 중요한 역할이 그것이고, 지금 한국사회에서 종교만이 그 목소리를 자유롭게 낼 수 있지 않을까 생각한다.

코로나19 팬데믹 시대의 마을목회와
교회 건물의 공공성

1판 1쇄 인쇄 _ 2021년 12월 24일
1판 1쇄 발행 _ 2021년 12월 30일

엮은이 _ 노영상
펴낸이 _ 이형규
펴낸곳 _ 쿰란출판사

주소 _ 서울특별시 종로구 이화장길 6
편집부 _ 745-1007, 745-1301~2, 747-1212, 743-1300
영업부 _ 747-1004, FAX /45-8490
본사평생전화번호 _ 0502-756-1004
홈페이지 _ http://www.qumran.co.kr
E-mail _ qrbooks@daum.net / qrbooks@gmail.com
한글인터넷주소 _ 쿰란, 쿰란출판사
페이스북 _ www.facebook.com/qumranpeople
인스타그램 _ www.instagram.com/qrbooks
등록 _ 제1-670호(1988.2.27)
책임교열 _ 박은아

© 노영상 2021 ISBN 979-11-6143-654-8 93230

책값은 뒤표지에 있습니다.
이 출판물은 저작권법에 의해 보호를 받는 저작물이므로 무단 복제할 수 없습니다.
파본(破本)은 구입처에서 교환해 드립니다.